MECHANISM OF
CROSS-BOUNDARY LEARNING

越境的学習のメカニズム

実践共同体を往還し
キャリア構築する
ナレッジ・ブローカーの実像

石山恒貴
Ishiyama Nobutaka

福村出版

JCOPY 〈出版者著作権管理機構　委託出版物〉

本書の無断複写は著作権法上での例外を除き禁じられています。複写される場合は、そのつど事前に、出版者著作権管理機構（電話 03-5244-5088、FAX 03-5244-5089、e-mail: info@jcopy.or.jp）の許諾を得てください。

目 次

序 章
曖昧な越境的学習という概念への注目

第1節　越境的学習という言葉の一般的な理解　9

第2節　越境的学習が注目される背景　10

第3節　本書の構成　17

第1章
越境的学習の定義

第1節　越境的学習の従来の定義　19

第2節　本書における越境的学習の定義　26

　　1　越境的学習の対象者　26

　　2　越境的学習の時空間　30

　　3　越境的学習の起点　35

第3節　学習転移モデルと越境的学習の関係性　39

第4節　OJT（on the job training）、Off-JT（off the job training）、
　　　　自己啓発に対する越境的学習の位置づけ　43

　　1　OJT・Off-JT・自己啓発という枠組みに関する批判的検討　43

　　2　OJT　45

　　3　Off-JT　48

　　4　自己啓発　50

　　5　越境的学習の位置づけ　51

第5節　経験学習と越境的学習の関係性　54

　　1　経験学習とは何か　54

2　経験学習と越境的学習の関係性　57

第2章
越境的学習における境界

　第1節　内部労働市場という境界　61

　　1　内部労働市場という概念　61

　　2　日本型雇用慣行と内部労働市場　64

　　3　越境的学習と内部労働市場という境界　67

　第2節　実践共同体という境界　70

　　1　実践共同体：状況的学習、正統的周辺参加および意味の交渉　71

　　2　正統的周辺参加とアイデンティティの形成　76

　　3　実践共同体と知識創造　78

　　4　越境的学習と実践共同体という境界の意義　83

　第3節　キャリアにおける境界　84

　　1　バウンダリーレスキャリアの提起　85

　　2　バウンダリーレスキャリアの理論的特徴　87

　　3　バウンダリーレスキャリアへの批判　89

　　4　バウンダリーレスキャリアと越境的学習　90

第3章
ナレッジ・ブローカー

　第1節　実践共同体におけるナレッジ・ブローカー　93

　第2節　実践共同体におけるナレッジ・ブローカーの概念　96

　第3節　越境的学習とナレッジ・ブローカーに関するモデル　103

　第4節　類似概念の整理：ゲートキーパー　107

　第5節　類似概念の整理：ネットワーク理論　108

第4章
越境的学習とナレッジ・ブローカーに関するリサーチクエスチョンの設定

第1節　RQ の設定　115

第5章
二枚目の名刺の概要と調査分析の全体像

第1節　調査方法の概要　119

第2節　中間支援組織：二枚目の名刺　120

第3節　二枚目の名刺の NPO サポートプロジェクト　123

第6章
社外活動に関する定量調査

第1節　本調査の目的、方法とサンプルの詳細　127

　　1　調査の目的と分析の枠組み　127

　　2　調査の方法とサンプルの詳細　128

第2節　調査項目　129

　　1　社外活動の種類　129

　　2　本業の遂行状況　132

第3節　分析結果　133

　　1　因子分析と尺度構成の結果　133

　　2　社外活動に関する t 検定の結果　134

　　3　1要因の分散分析の結果　135

第4節　考察と本章調査の限界　143

　　1　考　察　143

　　2　本章調査の限界　145

第7章

二枚目の名刺・サポートプロジェクトに関する事例分析

第1節　本事例分析の調査対象と目的　147

第2節　調査と分析の方法　149

 1　調査方法　149

 2　分析方法　150

第3節　事例分析の結果　150

 1　本事例におけるサポートプロジェクトの概要　150

 2　異なる状況の認識　152

 3　企業側メンバーの行動　160

 4　ナレッジ・ブローカーの役割　161

第4節　考察とまとめ　165

 1　理論的意義　165

 2　実践的意義　167

 3　本章の研究の限界と今後の課題　167

第8章

越境的学習の効果（醸成される能力）の尺度化の試み

第1節　調査と分析の方法　169

 1　調査と分析の全体像　169

 2　第1段階の分析の方法　169

 3　第2段階の調査の方法　170

第2節　第1段階の分析の結果　171

 1　概念および結果図に基づくストーリーライン　171

 2　サポートプロジェクトで醸成される能力　178

第3節　第2段階の分析の結果　186

1　調査の方法とサンプルの詳細　186

2　能力に関する因子分析　187

3　サポートプロジェクトの実施前と実施後における、
本人と上司の平均得点の差に関する分析　189

4　交差遅延効果モデルによる分析　192

第4節　考察とまとめ　195

1　理論的意義　195

2　実践的意義　198

3　本章の調査の限界と今後の課題　199

終　章
組織と個人が越境的学習をいかすために（理論的意義と実践的意義）

第1節　RQ の解明結果　201

第2節　理論的意義　205

1　越境的学習の効果と内部労働市場　205

2　実践共同体のジレンマ　207

3　越境的学習とキャリア　208

4　ナレッジ・ブローカーの類型　210

第3節　実践的意義　211

1　個人の視点　211

2　企業の視点　213

第4節　今後の研究課題の方向性　214

1　越境的学習の種類、特徴、効果　215

2　実践共同体と越境的学習　216

3　キャリア理論と越境的学習　216

4　ナレッジ・ブローカー　217

あとがき　219

注　221

参考文献　225

序　章

曖昧な越境的学習という概念への注目

第1節　越境的学習という言葉の一般的な理解

　越境学習という言葉が、日本の企業の人事部門の実務家の間で注目されはじめている。たとえば、10万人以上の人事部門の実務家が参加する「日本の人事部」という会員組織は、そのホームページ上の人事辞典において「『越境学習』とは、ビジネスパーソンが所属する組織の枠を自発的に『越境』し、自らの職場以外に学びの場を求めることを意味します」[1]と越境学習を定義している。具体的な例としては社会人大学院、民間のビジネススクール、社外の勉強会などがあげられている。また越境学習は、企業内研修とも自宅の個人学習とも異なる、と示されている。

　この説明は、現状の越境学習に関する一般的理解にほぼ近いと思われる。この説明においては、越境学習を従来の企業における人材育成の3種類の枠組み、「OJT（on the job training）」「Off-JT（off the job training）」「自己啓発」を援用しつつ位置づけようとしていると考えられる。「所属する組織の枠を自発的に『越境』し」という表現、および企業内研修とは異なる、という定義を前提とすれば、企業内部の人材育成の枠組みである OJT と Off-JT と越境学習は異なる概念ということになる。他方、所属する組織の枠以外で学ぶということになれば、自己啓発と越境学習は類似の概念ということになるかもしれない。ただし、自宅の個人学習は自己啓発に含まれると考えられるが、これは越境学習からは除かれている。そのように考えると、越境学習とは、個人学習など一部の領域を除いた自己啓発の一種を特に強調したもの、とみなせるかもしれない。しかし、ことさら自己啓発の特定の領域を強調することに、それほど重要な意義があるのだろうか。

　本書ではこのような疑問に答えるために、まず第1章において越境学習

を詳細に定義する。また、本書では越境学習を「越境的学習（cross-boundary learning）」と呼ぶ。これは、定義における学習を促す行為が、「越境」という直接的な行為に限定されるものではなく、詳細は第1章で述べるが、「越境的」と呼称するほうが適切な広範な行為が含まれると考えるからである。

第2節　越境的学習が注目される背景

　越境的学習が企業の人事部門の実務家に注目される背景はどのようなものであろうか。本節では、その背景を5種類に区分して説明していく。

　第1の背景は、職場を学習環境としてみなす研究群（中原, 2012a）からの注目である。職場での学習に関する研究はワークプレイスラーニング（workplace learning：以下、WPLという）研究と呼ばれる。WPL研究を荒木（2008）が、「職場志向」と「越境志向」で分類したことが、学習と越境の関係に注目が集まる端緒となった。「職場志向」と「越境志向」とは、WPLの境界が主に職場内という境界（仕事経験や学習）を対象とするのか、越境（職場以外の学習活動）を対象とするのか、という差異である。そもそも荒木がWPLの境界に着目した理由は、企業で働く人の学びが、SNS（ソーシャル・ネットワーキング・サイト）など電子的な場による組織を越えた情報交換、社外の勉強会、社会人大学院などの物理的に組織を越えた場、という例のように、職場内だけでは学習活動を把握しきれないと考えたためであった。

　実際、荒木（2007, 2009）では、主に専門的職業従事者などの知識労働者が社外の勉強会に参加した効果が実証的に検証されている。ここで荒木が実証した効果は、個人の職業アイデンティティ獲得やキャリア形成への意欲向上など、知識労働者の「キャリア確立」が促されることであった。このように具体的な効果が実証されたことが、「越境志向」による学習、すなわち職場を越境する学習が注目を集める契機となった。

　第2の背景は、状況的学習、実践共同体および活動理論（たとえば、Engeström, 1987, 2008; Lave, 1988; Lave & Wenger, 1991; Wenger, 1998; Wenger & Snyder, 2000; Wenger, McDermott & Snyder, 2002）からの注目である。状況的学

習は、Vygotsky（1962）に端を発するとされる。Vygotsky は発達の最近接領域という、児童が独力で問題に対処できる領域と、他者の助けを借りて問題に対処できる領域の差分の概念を提唱したが、ここでは学習における他者との相互作用の重要性が示されている。他者が存在する日常という状況での学習（Lave, 1988）、あるいは熟練者による徒弟制的な学習（Brown, Collins & Duguid, 1989）という視点は、他者との相互作用に着目して発展してきたと考えられる。

　この他者との相互作用という文脈に立脚して、実践共同体という概念が唱えられている。実践共同体とは、「あるテーマに関する関心や問題、熱意などを共有し、その分野の知識や技能を、持続的な相互交流を通じて深めていく人々の集団」（Wenger, McDermott & Snyder, 2002, 邦訳書, 33 頁）を意味する。実践共同体では、特定の分野の知識や技能について同じ関心を有する人々が交流するので、個人と集団の双方が学びを深めることができるとされている。たとえば、先述の荒木（2007, 2009）が効果を実証した社外の勉強会が実践共同体の具体的な例である。

　ただし、第 1 章の定義の議論で詳細を述べるが、本来、実践共同体における学習が越境に直接結びつくわけではない。たとえば、Wenger（1998）は保険会社の保険請求処理の職場内に非公式に存在する、保険処理担当者たちによって形成されている実践共同体について調査している。保険処理担当者たちは、この非公式な実践共同体に自発的に参加し、管理者のいない互恵主義で開放的な雰囲気の中、ランチの場などで業務に関する工夫を編み出していた。この例は、むしろ越境ではなく、OJT、あるいは「職場志向」の学習を想起させる。つまり、会社や職場など、単一の文脈や文化を前提とし、似たような価値を追求する人々が交流し学びを深めていく状況である。

　この単一的な状況における学習と、複数の状況間における学習の差異を、香川（2011）は文脈横断論として整理している。文脈横断とは、簡単にいえば、学習者が複数の状況を横断する際に、そこで生じる葛藤、摩擦、軋轢、矛盾に注目する理論である。たとえば、ある個人がある実践共同体に参加しつつ、別の実践共同体にも参加すれば、それは文脈横断といえるだろう。荒木（2007, 2009）でいえば、職場という状況から、社外の勉強会である実践共同体という異なる状況へ移行したことが文脈横断になっている。

この文脈横断における葛藤、摩擦を Engeström（2008）は活動理論という枠組みから、越境という価値として捉え直す。活動理論の詳細は後述するが、端的にいえば、対話や多様なものの見方の枠組み、それらを構成するメンバーのネットワークなどの活動をシステムとして捉え、そのシステムがもたらす相互作用を分析していく理論（Engeström, 1987）である。つまり活動理論が分析する単位は活動システムということになるが、活動システムは単一でなく、複数の状況が存在すれば、複数の活動システムも存在する。

　Engeström（2008）によれば、複数の活動システムの間には境界が存在し、この境界を越えることが文脈横断であり、越境である。越境においては、「境界を超えて既存の実践に疑問を投げかけ、挑戦し、それを拒絶していくこと、境界を超えて既存の実践を分析すること」（Engeström, 2008, 邦訳書, 111 頁）および「境界を超えてプロセスの諸相を反省し評価すること、境界を超えて成果を統合・強化すること」（Engeström, 2008, 邦訳書, 112 頁）が必要とされる。

　ここで Engeström が意図していることは次のとおりであろう。ある活動システム（たとえば、特定の実践共同体もしくは職場など）において、その構成員にはその集団における特定の文化が、暗黙の前提として埋め込まれている場合が多いと考えられる。そのような場合、構成員はその集団における実践に疑いを持たず、問い直すことは少ないであろう。なお、実践共同体において、実践とは、共通の手法や基準を意味し、形式知と暗黙知の双方を含み、事例、物語、書物、論文、行動様式、倫理観などが該当する（Wenger, McDermott & Snyder, 2002）。Engeström のいう実践も、この解釈と同義と考えてさしつかえないだろう。

　ところが、活動システムを越境してみてはじめて、越境者には異なる実践の存在が認識される。越境先の活動システムでは、その構成員たちが、越境元と異なる実践を疑いもなく行っている姿を目の当たりにする。それに対し、当初、越境者は戸惑うであろう。慣れ親しんだ実践とは異なる越境先の実践を拒絶して、そのまま越境元に戻る人も存在するだろう。しかし、そのような越境者だけではないであろう。むしろ、今まで自分が暗黙の前提としていた越境元の実践、それは多様な実践の中の一形態にすぎず、それ自体を疑い、問い直す余地があることへの気づきを得る越境者がいるかもしれない。

Engeström の示す越境の価値はここにある。越境をしなければ、そもそも自分が属する活動システムの実践に、何ら疑問を感じないかもしれない。しかし越境という行為により、越境元の既存の実践に疑問を持つ確率が増えるのである。さらに Engeström は「境界を超えて成果を統合・強化する」とも述べている。つまり、ここでは既存の実践に疑問を投げかけ問い直すだけではなく、越境先と越境元の異なる実践を統合・強化し、新しい実践を紡ぎ出す可能性が示されているのである。この場合、活動システムに新しい実践が、いわば注入されることになるため、その状況は個人と集団が同時に学びを深めること、と言い換えることができるかもしれない。新しい実践により、個人と集団が学びを深めることは望ましいことではあろう。しかし、そのような状況が簡単に実現するものではないことは容易に想像がつく。既存の実践への問い直し、および異なる実践の統合・強化という事象が可能であるかどうか、可能であるとしたらどのようなメカニズムで実現するのか、これらの問いは本書の主要なテーマでもある。

第3の背景は、経営学およびネットワーク理論からの注目である。経営学では、組織の境界についての研究が蓄積されている。組織のイノベーションにとっては、組織の境界を越え、外部の情報・知識を取り入れるための組織の吸収能力が重要とされてきた（Cohen & Levinthal, 1990）。たとえば、研究組織においては、外部の最新の技術情報・知識を組織内に浸透させる、その研究組織内のコミュニケーションのスターともいうべきゲートキーパー（gatekeeper：門番）という存在が知られている（Allen & Cohen, 1969）。ゲートキーパーは、バウンダリースパナー（boundary-spanner：境界をつなぐ人）と呼ばれることもあり、組織の境界という問題は経営学の重要な研究課題であった。

また、ネットワーク理論においても境界は重要な研究課題である。ネットワーク理論では、知識・情報の伝達を、紐帯という概念に基づき考える。知識・情報の伝達は紐帯の強弱と関係する。小さな単位で、日常的に顔を合わせ、制度的・組織的に設定された集団では、成員は強い紐帯でつながっている。このような強い紐帯で構成される異なる小集団を連結するネットワークが弱い紐帯である（Granovetter, 1973）。すなわち、多様な集団にコンタクトするためには、弱い紐帯が有利になると考えられる。この紐帯に関する議論を発展

させた概念が、構造的空隙（structural holes）である。構造的空隙とは、2つの
コンタクト間の重複しない関係を意味する。そこで、構造的空隙の位置取りを
占めれば、唯一、連結されていない2者間の知識・情報を橋渡しできる存在に
なる（Burt, 1992; Lin, 2001）。

このネットワーク理論の説明を、先述した第2の背景と関連づけると、強い
紐帯で結ばれた集団を、実践共同体あるいは活動システムとみなすことができ
よう。個々の実践共同体あるいは活動システムは、簡単にはつながらない。そ
こで、弱い紐帯、あるいは構造的空隙の位置取りにある存在が、連結していな
い2者（実践共同体あるいは活動システム）をつなぐ。そして、連結していない2
者がつながった結果、何らかの便益が生じると考えるのである。

第3の背景をまとめてみると、組織の境界、あるいは2つのコンタクトの重
複しない関係である構造的空隙など、表現こそ異なるものの、境界をつなげる
ことの重要性が示されていることでは共通している。

第4の背景は、キャリア理論からの注目である。キャリア理論においても、
境界という概念は重要である。境界に注目する代表的な理論がバウンダリーレ
スキャリア（境界のないキャリア）である。バウンダリーレスキャリアは Arthur
（1994）が提唱した。Arthur は、従来のキャリア理論は、境界が閉じられた組
織内でのキャリアに過度に注目していたとし、シリコンバレーなどでの個人の
移動の観察から、組織と階層が安定的でなくなった環境下においては、境界の
ないキャリアに焦点を当てることが重要だと指摘した。バウンダリーレスキャ
リアとの関連が深いキャリア理論が、プロティアンキャリアである。プロティ
アンキャリアは、Hall（2004）が提唱した。Hall は組織内での成功、昇進に比
重を置く伝統的キャリアから、個人の価値観に比重を置くプロティアンキャリ
アを重視すべきだと主張した。外形的に組織の境界を越えてキャリアを形成し
ていくことがバウンダリーレスキャリアであり、キャリアの内的な状況に着目
した理論がプロティアンキャリアであるといえる。

バウンダリーレスキャリアとプロティアンキャリアが、境界という制約を
外してキャリアを考える必要性を説いたことに対し、Gunz, Evans, & Jalland
（2000）は、バウンダリーレスキャリアが強調するほど境界の消滅が一般化し
たわけではなく、むしろキャリア境界は必然的に残ると主張した。バウンダ

リーレスキャリアでは、企業、組織の境界の消滅に重点が置かれているが、他にも、職業、産業、地理など様々なキャリア境界が存在する。また客観的なキャリア境界の他に、実質的に移動を拒む主観的キャリア境界（たとえば、新卒採用しか行わない会社の方針などの障壁）も存在する。そこで、Inkson, Gunz, Ganesh & Roper（2012）は、むしろ境界が存在する前提で、どのように境界横断を行っていくのかという点に、キャリア理論は注目し研究すべきだとする。組織、職業の境界を横断する場合には、個人にとっては大きな変化が生じるわけであり、キャリアの中断などの問題も発生する。あるいは、キャリア境界の横断そのものの経験が、個人の発達につながる可能性もある。

　キャリア境界の存在の程度に関する議論は興味深いものであるし、重要な論点である。しかし、存在の程度がいずれにせよ、キャリア境界の重要性が注目されていることでは一致している。従来のキャリア理論では、長期的に安定している環境が想定され、それゆえ、キャリア境界を越えないキャリア形成を前提に理論が蓄積されてきた。このように第4の背景は、キャリア境界をいかに越えるか、という観点からの越境への注目である。

　第5の背景は、社会人の社外勉強会・交流会への参加、という観点からの注目である。豊田（2012）は、自己啓発を通信講座など「個人で学ぶもの」と、大学院やスクールなど「制度化された場において集団で学ぶもの」の2種類に区分し、なおかつこの2種類には含まれないインフォーマルに形成された集団での学びを、勉強会・交流会として定義している。勉強会・交流会は、メディアにおいて、勉強会と呼ばれることもあれば、異業種交流会と呼ばれることもある。

　豊田によれば、勉強会・交流会は、3回のブームが発生しているという。第1次ブームは1979年前後である。この時期は日本経済が高度成長期から低成長期に変わる節目であった。それゆえ、働く人に知識と情報で武装する必要性が強く認識されていたことがブームの理由ではないか、とされる。第2次ブームは1980年代後半から90年にかけての時期だとされる。この時期は円高不況からバブル発生に至る時期で、社外の知識、人脈づくりという要素が着目され、ブームが生じた。第3次ブームは2008年以降に生じている。この時期の特徴も経済の後退局面であり、若手社員が社内だけにいることによる成長の限

表序－1　越境的学習が注目される5種類の背景

背景	依拠する主な理論	背景の特徴	効果
1	WPL 研究	職場を学習環境としてみなしたうえで、職場以外の学習に注目	知識労働者の「キャリア確立」など
2	状況的学習、実践共同体および活動理論	複数の状況間における学習の差異、文脈横断に注目	既存の実践への問い直し、および異なる実践の統合・強化
3	経営学およびネットワーク理論	組織の境界、構造的空隙など、境界をつなげることに注目	境界をつなげたことによる便益の発生
4	キャリア境界に関する理論	不安定な環境におけるキャリア境界に注目	キャリア境界を越えることに伴う個人のキャリア形成
5	社会人の社外勉強会・交流会	社外にインフォーマルに形成された集団での学びに注目	社内では得られない学習の機会

出所：筆者作成

界を自覚し、社外に機会を求めたことがブームの理由だという。

　豊田のブームに関する主張としては、日本経済の後退局面の時期に、働く人が社内だけの学習に限界を感じ、社外に機会を求めたということになろう。では、働く人は、実際に社内だけの学習に限界を感じ、勉強会・交流会に参加しているのであろうか。この点を実証的に調査したものが、舘野（2012）の研究である。舘野は、社外の勉強会への参加理由について因子分析を行い、4因子を得ている。第1因子は、人との交流を志向する「フレンド志向」である。第2因子は、不安やストレスを理由とする「不安・ストレス志向」である。第3因子は、自身や仕事の見つめ直しを考えている「キャリア志向」である。第4因子は、新しい着想や考え方を求める「イノベーション・成長志向」である。

　舘野は、さらにこの4因子に基づきクラスタ分析を行い、4クラスタを得ている。4クラスタの名称は、それぞれ「不安・フレンド先行型」「キャリア・成長志向型」「積極的な理由なし型」「成長・イノベーション型」である。舘野の分析を考慮すると、勉強会・交流会に参加する理由は一様なものではないことがわかる。しかしながら、「積極的な理由なし型」を除く3クラスタについては、理由は異なるものの、社内では獲得できない人脈、不安の解消、キャリア形成、新しい知識を社外に求めている。このように第5の背景は、具体的に社会人の勉強会・交流会という存在が認識されるようになった、という観点からの注目である。

序 章　曖昧な越境的学習という概念への注目

　ここまで、越境的学習が注目される5種類の背景について述べてきた。5種類の背景について、要約して示したものが、表序-1である。

　表序-1にあるとおり、越境的学習が注目される背景は、学際的である。様々な研究領域における成果が交差して、注目されていることがわかる。本書では、これらの学際的な研究成果に基づきながらも、主として経営学の観点から、企業の人材育成の領域における越境的学習について解明していくことを目的とする。

第3節　本書の構成

　次の章からの本書の構成について説明したい。本書は、序章および第1章から終章までの章により構成される。

　第1章では、越境的学習についての定義を行う。5種類の背景で述べたとおり、越境的学習は様々な研究領域により、異なる観点から論じられている。それゆえに、定義についても統一的な見解が存在するわけではない。そこで、従来の定義についてレビューしたうえで、本書の研究関心に基づき越境的学習の定義を行う。

　第2章では、境界について先行研究をレビューする。5種類の背景にあるとおり、研究領域によって、越境する対象の境界の種類も様々である。境界の種類により、越境に関する意義、効果も異なるものと考えられる。そこで、特に重要だと思われる境界について論じていく。たとえば、内部労働市場の境界、実践共同体の境界、キャリア境界などである。

　第3章では、ナレッジ・ブローカーについて論じる。ナレッジ・ブローカーとは境界をつなぐ存在であり、知識の仲介者である。詳細は第1章において述べるが、越境的学習には境界を越えるという行為と、境界をつなぐという行為の双方が含まれる。境界をつなぐという行為の越境的学習における位置づけについて述べていく。第4章は、第3章までの先行研究のレビューを踏まえ、越境的学習の研究上の課題について述べる。その課題に基づき、本書におけるリサーチクエスチョンを設定する。

17

なお、第2章の第2節および第3章は、『経営行動科学』（Vol.29, No.1, pp.17-33）初出の「企業内外の実践共同体に同時に参加するナレッジ・ブローカー（知識の仲介者）概念の検討」を加筆修正したものである。

　第5章から第8章では、設定したリサーチクエスチョンを実証的に解明する。第5章から第8章までの一連の実証的解明は、NPO法人二枚目の名刺（以下、二枚目の名刺という）の事例研究により行った。そこで第5章では、二枚目の名刺の活動内容や特徴について述べる。第6章では、二枚目の名刺と共同で行った定量調査の結果について述べる。第7章では、二枚目の名刺が取り組むプロジェクトに関する観察調査と聞き取り調査について述べる。第8章では、二枚目の名刺のプロジェクトに関する定量調査について述べる。

　終章では、本書における研究の理論的意義と実践的意義を述べる。本書における研究の解明事項と考察が、働く人および働く人が属する組織、集団にとって、何らかの意義を有することとなれば幸いである。

第 1 章
越境的学習の定義

第 1 節　越境的学習の従来の定義

　序章で述べたように、越境的学習には様々な研究領域からの注目がある。しかし、越境的学習そのものの明示的な定義はそう多くはない。そこで、明示的な定義である 3 種類を比較し、本書としての再定義につなげていく。

　越境的学習そのものを直接規定し、その後の学習論に影響を与えたものが中原（2012a）の定義である。中原は越境学習[2]を「個人が所属する組織の境界を往還しつつ、自分の仕事・業務に関する内容について学習・内省すること」（中原，2012a, 186 頁）と定義する。中原はこの定義に際し、組織、職場学習、経験学習、越境学習の位置取りを、図 1-1 のように示している。

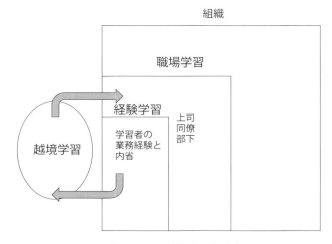

図 1-1　越境学習の位置づけ
出所：中原（2012a）187 頁の図 7-1 を抜粋して作成

組織においては、WPL 研究で示されたとおり、職場は学習環境として存在する。職場には上司、同僚、部下が存在し、その相互作用により学習が発生する。図1－1では、その状況を職場学習と捉えている。職場学習と経験学習は関連している。経験学習についての詳細は後述するが、ここでは図にあるとおり、学習者が業務を経験し、それを内省し、内省した結果をまた業務に反映させる、というサイクルによる学びであるとしておく。つまり、職場学習と経験学習は異なる概念ではあるものの、職場学習において生じた上司、同僚、部下との相互作用が、経験学習による内省のサイクルで学びとして深まるという構造が、ここでは示されている。

　その構造に対し、越境学習は外部に位置取りされている。これは、越境学習が「組織外において行われる学習」（中原, 2012a, 186頁）であり、「越境学習は、多くの場合、組織の定める就業時間外において個人の自由意志によって生起する」（中原, 2012a, 187頁）からである。ただし、組織の外部に位置取りされているからといって、越境学習と職場学習および経験学習が完全に分離されているわけでもない。それは、個人が「組織の境界を往還」するからである。

　具体的には、次のようなプロセスが想定されるだろう。まず、個人は職場学習の相互作用の中で学習する。経験学習においては、業務経験と内省を繰り返し、職場学習の相互作用の学びを深めていく。その状態で個人は組織の外に越境する。越境先で、職場の業務に関連する内容について学ぶ。その学びを前提とし、組織の内部に戻り、職場学習と経験学習により、再度内省する。このようなサイクルの総体が越境学習として捉えられる。

　このように職場学習、経験学習、越境学習は異なる概念ではあるものの、学習が生起する時空間においては重複している領域がある。ただし、中原の定義において越境学習の重要な特徴とされているものが、「組織外」で「就業時間外」に、「個人の自由意志」で行われるという点である。つまり、越境学習が行われる物理的な場所は「組織外」であり、時間は「就業時間外」であり、学習の起点は「個人の自由意志」ということになる。また、越境学習の対象者は、社会人であり、もっと具体的には、組織に所属する働く人ということになろう。この3つの特徴が典型的に当てはまる例は、豊田（2012）の定義した社会人の社外勉強会・交流会ということになろう。

第1章　越境的学習の定義

　中原は、自身の定義した越境学習の特徴ゆえに、その研究は経営学・組織論の射程外に存在することになったとする。なぜなら越境学習の起点は個人の自由意志であり、組織の影響の及ばないところで行われるため、組織がコントロールできないからである。

　次に、WPL 研究の流れに基づく荒木（2008）の定義を検討しよう。先述のとおり、荒木は WPL 研究を WPL の境界に基づき「職場志向」と「越境志向」で分類している。同時に荒木は、学習観を「経験による内省学習観」と「参加学習観」で分類している。「経験による内省学習観」は Kolb（1984）の経験学習に基づくものであるが、経験学習の詳細については後述する。「参加学習観」は、先述の状況的学習および実践共同体に基づく学習観である。

　境界の区分である「職場志向」と「越境志向」の軸と、学習観の区分である「経験による内省学習観」と「参加学習観」の軸の2軸により、WPL 研究は4種類に分類される。つまり「越境志向」も学習観の軸により区分され、「経験による内省学習観」に基づくと「越境経験アプローチ」になり、「参加学習観」に基づくと「越境参加アプローチ」になる。

　この荒木の分類は、越境的学習そのものの定義ではなく、研究に関する定義ではあるが、「越境経験アプローチ」と「越境参加アプローチ」の定義は、越境的学習の定義に近しいものといえるだろう。「越境経験アプローチ」は、「経験による内省という学習観に立ち、職場を越境した学習活動全体にも目を向けて個人の熟達を促す経験に着目する立場」（荒木, 2008, 125 頁）と定義される。「越境参加アプローチ」は、「参加による学習観に立ち、職場だけでなく、職場を越境した学習活動全体に幅広く目を向けていこうとする立場」（荒木, 2008, 124 頁）と定義される。

　この2種類の定義を比較すると、研究の対象とされている学習は「職場および職場を越境した学習活動全体」と共通の定義をされていることがわかる。荒木の示す学習の具体例としては、「越境経験アプローチ」では、職場と職場を越えた範囲に存在する実践共同体のインフォーマルな学習（Viskovic, 2005）などである。「越境参加アプローチ」では、実践共同体としての社内の部門横断的な問題解決チームや勉強会（Wenger, McDermott & Snyder, 2002）や社内外の勉強会（荒木, 2007）などである。つまり、職場を越境した学習だけでなく、職

21

場における学習も包含され、その双方を捉えて学習活動全体としている。これは、中原（2012a）の越境学習が、その行われる物理的な場所を「組織外」と規定していたのに対し、「組織内外」と規定する立場だと考えることができよう。

そうなってくると、学習が生じる時間は「就業時間外」とは限らない。時間については「就業時間内外」ということになる。さらに学習の起点も「個人の自由意志」とは限らない。社内の部門横断的な問題解決チームなどは、「組織の意図」も関与して組成されるものであろう。他方、社内外の勉強会は「個人の自由意志」によるものだろう。以上をまとめてみると、荒木の越境学習の定義においては、それが行われる物理的な場所は「組織内外」であり、時間は「就業時間内外」であり、学習の起点は「組織の意図および個人の自由意志の両方を含む」ことになる。また荒木の定義においても、対象者は中原と同じく、組織に所属する働く人であると考えられるが、実践共同体としての社内外の勉強会に参加しているのは知識労働者（荒木, 2007）、という言及もあることから、働く人の中でも知識労働者が注目されている。

中原と荒木の定義にはこうした差異はあるものの、経験学習による内省が包含されていることでは共通している。越境的学習における学びには内省が重要な要素であることが、この共通性から見て取ることができる。

中原、荒木に続く、第3の定義として、香川（2011）の文脈横断論としての定義を検討する。香川は文脈横断を「異なる状況や集合体をまたぐ過程全般を指す総称」（香川, 2011, 614頁）であるとし、越境を「集合体間の乖離をつなげる改革実践を指すもの」（香川, 2011, 614頁）としている。

先述のとおり、香川の議論は状況的学習に基づく。特にEngeström（1987）のいう活動理論の第3世代に属する議論である。ここで、Engeströmのいう活動理論の第1世代から第3世代について、簡単に述べておきたい。第1世代の論者は、Vygotsky（1962）である。Vygotskyは、人間の行為の要因に、「媒介する人工物」という概念を取り入れたことで画期的とされる。従来の人間の行為の要因は、行為の主体と対象という2要因によって理解されてきた。しかしVygotskyは行為が主体に直接つながるのではなく、媒介物が存在するとした。図1-2をご覧いただきたい。

人の高次精神機能[3]が形成されるにあたり、現実の刺激Aが直接、現実の

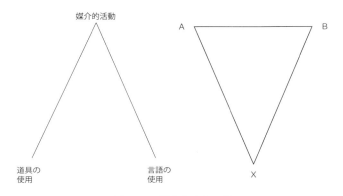

図 1-2　媒介する人工物
出所：Vygotsky（1962, 邦訳書）113 頁の第 1 図および 140 頁の第 2 図

刺激 B をもたらすわけではない。A と B を媒介の刺激 X が結合することにより、A と B の関係は間接的に確立されるのである。具体的には、この X は媒介的活動を意味する。媒介的活動は、記号の使用と道具の使用の両者から構成される。ただし、道具と記号は区別されるべきものだ。道具は、自然を征服するための人間の外的活動手段である。他方、記号は人間自身を支配する内的活動手段である。このように道具と記号は異なるものであるが、人工物として人間の高次精神機能を形成する媒介の役割を果たす。

　Vygotsky は媒介という概念を導入したことにより、集団的状況と個人的反応の方向を捉え直した。従来の心理学は、発達は社会化の方向に進むと考えた。つまり、ある程度形成された個人の高次精神機能が、集団の中で展開され、発達していくのである。Vygotsky は、その方向を正反対に考えた。高次精神機能は、最初は集団の関係性として形成されるが、その後、その関係性が個人における精神機能として転化するのである。

　このように、Vygotsky は、人工物という媒介による集団、あるいは人と人との関係性が個人における精神機能を発達させることを唱えたという点で、状況的学習の出発点となる理論の位置づけを占めている。ただし、Engeström は発達の帰結が個人の精神機能であるなど、分析の単位が個人であるところに第 1 世代の議論の課題があるとする[4]。

活動理論の第2世代は、Leont'ev（1978）が代表的な論者である。Leont'ev
は、Vygotsky の理論を継承し、発展させた。簡単にいえば、分析の単位が個
人にとどまらず、集団活動が視野に入ったところが第2世代と呼ばれるゆえん
であろう。たとえば、Leont'ev は狩猟に関し、次のように説明する。活動と
いう概念は、動機に結びついている。ある人が、食物を欲するという動機を有
し、それが活動に結びついたとする。しかし食物を得るためには、食物を直接
得ることではない行為を行わなければならない。たとえば、道具をつくり、そ
の道具を他人に与え、他人の獲物を一部得るなどの行為である。これらの行為
は、全体的な目的とは枝分かれした諸目的を持つ行為であり、こうした部分的
な目的を有する諸行為の総体が活動である。

　ここで Leont'ev が述べていることは、活動が分析単位としての個人に閉じ
るのではなく、たとえば狩猟における集団の分業につながるということであ
る。しかし、集団で分業されている狩猟の行為（たとえば動物を追い立てる行為）
はもともとの動機とは直結しないものが多く、場合によっては無意味にさえ思
える。そうなってくると、労働の分業における行為というものは、活動本来の
動機を見失ってしまうかもしれない。

　このように、Leont'ev は活動を個人と集団という観点から捉えた。これは
個人だけが分析単位だった第1世代の議論を、個人と集団の双方に拡張させた
という点で評価できる。しかし Engeström は、Leont'ev の理論は活動を集団
的活動システムのモデルには拡張しなかったと批判する。そこで、Engeström
は、対話、多様なものの見方、活動システムの相互作用を理解するツールなど
を用意することが第3世代の役割なのだとした。つまり第3世代とは、個人と
集団で構成される活動の詳細を理解するための理論的枠組みを構築した理論な
のである。

　では、活動理論を第3世代まで振り返ったところで、香川の定義に戻ろう。
香川は、個人の認知活動が個人の頭の中に閉じられたものではなく、個人と状
況は分かちがたくつながっているとする。換言すれば、認知は自己から環境に
拡大され、環境は自己の一部になっている。つまり何かを学ぶとは状況をつく
ることであり、知識の意義は構成される状況によって変化するものでもある。

　そうなると、異なる状況（異なる活動システム、あるいは実践共同体など）にお

ける学びはどうなってしまうのだろうか。ある活動システムから別の活動システムに個人が越境した場合、個人はある環境の一部から、別の環境の一部に変容してしまうということなのだろか。こうした疑問に関心を寄せて研究課題とするものが、文脈横断論であり、越境である。

なお、第3世代の活動理論は、複数の活動システムのネットワークに焦点を当てている。第2世代までの活動理論は、複数の活動の関係性には着目してこなかったことから、文脈横断論と越境は、第3世代の活動理論に基づくことになる。

ここまでの検討を踏まえると、香川の定義は、中原および荒木の定義と、かなり差異の大きいものであることがわかるだろう。文脈横断論の関心は、異なる状況、あるいは集団をまたぐことにある。個人と状況は分かちがたくつながっているため、異なる状況をまたいだ場合には、各々の立場の相違による矛盾と葛藤が出現する。越境とは、この矛盾や葛藤に向き合い、粘り強く変革していくことである。変革の対象は、分断された個人と状況（集団）ではなく、分かちがたくつながっている個人と状況（集団）である。

香川は、具体的な文脈横断の例として、学校から日常、学校から職場など時間的に前後する形で移動する「状況間移動」、ある部署のメンバーが他の部署のメンバーと連携して作業に取り組むように現在の状況の目的達成のために他の状況にアクセスする「間接横断」、異なる状況のメンバーが場所や時間を共有して交流する「多重混成」の3種類を示している。

ここからわかることは、香川の定義の対象者は、中原や荒木のように、組織に所属する働く人に限定されているわけではない。学校から日常という「状況間移動」も明示されており、学生は当然対象になると考えられるが、学生のみならず「異なる状況をまたぐ人」すべてを対象とすることになる。また、組織に属する人が対象ではないので、物理的な場所、時間を組織の基準で考えることも妥当ではない。「異なる状況をまたぐ」場合のすべての時間と場所が該当しよう。また、学習の起点も、個人と状況が分かちがたくつながっているのであれば、いずれの意図によるものか、という問い自体があまり意味をなさないであろう。

香川と、中原および荒木の定義は、単純に比較できない性質のものであろう

表 1-1　定義の比較

定義名	定義者	対象者	場所	時間	学習の起点
越境学習	中原（2012a）	組織に所属する働く人	組織外	就業時間外	個人の自由意志
「越境経験アプローチ」および「越境参加アプローチ」	荒木（2008）	組織に所属する働く人、特に知識労働者に注目	組織内外	就業時間内外	組織の意図および個人の自由意志
文脈横断論	香川（2011）	異なる状況をまたぐ人すべて	異なる状況をまたぐ場合	異なる状況をまたぐ場合	つながっている個人と状況

出所：筆者作成

が、香川の定義のほうが、対象とする範囲が広いことがわかる。以上の3種類の定義の比較をまとめてみると、表1-1のとおりとなる。

第2節　本書における越境的学習の定義

　先述のとおり、本書では企業における人材育成という観点で越境的学習を捉えていくことを目指している。そのような観点で、代表的な3種類の定義との比較を踏まえつつ、本書としての越境的学習の定義を行っていきたい。

1　越境的学習の対象者

　まず、対象者である。中原と荒木の定義においては、対象者は「組織に所属する働く人」になっている。他方、香川の対象者は「異なる状況をまたぐ人すべて」であり、働く人に限定されない。

　たとえば香川（2012）では、看護学生が学内学習から臨地実習に越境した事例が示されている。その事例においては、看護学生に、学内学習にも臨地実習にも還元できない「第3の知」としての「越境知」が生じていた。臨地実習は、広義に捉えればインターンシップの一種と考えることができる。インターンシップに関わる越境の事例としては、石山・新目・半田（2016）がある。ここでは、経営学部の授業を受講した大学生が、その授業と関連づけられ編成さ

特徴	具体例
職場学習、経験学習と連続	社会人の社外勉強会・交流会
WPL研究の一部、経験学習と連続	社内の部門横断的な問題解決チーム、社内外の勉強会
活動理論の第3世代に属する	状況間移動、間接横断、多重混成

れたカリキュラムであるインターンシッププログラムを経験している。このインターンシッププログラムは、大学に対して企業が全面的に協力し、産学連携で一貫性が担保された内容になっていた。そのため、大学生らにとっては、企業の現場の実習であっても、学習内容は予測可能なものになっていた。それにもかかわらず、インターンシップの事後に大学生らが学んだと自覚していた内容は、事前には本人が予想できていなかった事柄が多かった。大学生らが主として学んでいたことは、視点の拡大と自身のスキルや志向性に関する新しい気づきであった。視点の拡大と自身への新しい気づきがあったことで、大学生らはその後のゼミやサークルでの振る舞い、キャリア志向に変化が生じていた。

　大学生らに視点の拡大と自身への新しい気づきがもたらされた主な原因は、ふだんは接することの少ない社会人とともに業務を行い、社会人の振る舞いを観察する、社会人ならではの観点からのフィードバックをもらう、など様々な相互作用が生じたからであった。すなわち、大学から企業へ越境したことで、企業という異なる文脈からの学びを得たことになる。

　これらの事例を考えれば、越境的学習の効果は明らかに学生にも生じている。したがって広義の越境的学習の対象者は、働く人に限定はされないであろう。すなわち、香川の定義に基づき、「異なる状況をまたぐ人すべて」を対象者とすることが妥当であろう。

　しかしながら、本書は企業における人材育成の立場から越境的学習を捉えていくことに関心を有している。中原（2012a）は、組織の影響の及ばないところで行われるがゆえに、越境学習の研究は経営学・組織論の射程外に存在することになったとしていた。ところが、文脈横断論の観点から考えると、個人と組織（集団）は状況の中で分かちがたくつながっている。そのために、越境は、個人と組織（集団）の双方に変革をもたらす。そう考えると、越境的学習とは、組織の影響の及ばない個人が越境しているようでいながら、組織には影響を及ぼしていることになる。また、そもそも「組織の影響の及ばない個人」と

いう見方にも再考が必要かもしれない。

このような観点から、越境的学習は、学習論において、従来は看過されてきた個人と組織（集団）の関係性の見直しを可能にする研究領域であると考える。すなわち、組織との関係性を有した個人に焦点を絞ることには意義があると考える。そこで本書では、越境的学習の狭義の対象者を「組織との関わりを有する働く人、働く意思のある人」と定義する。組織の定義について深入りはしないが、経営学の対象とする組織とする。なお、組織には、営利組織と非営利組織がある。非営利組織（NPO）にはNPO法人、社団法人など多様な法人格があり、また法人格が存在しない任意団体の場合もある。いずれにせよ、非営利組織とは、社会課題に取り組むことを目的として結成された組織（横山,2003）であるが、本書における組織とは経営学の射程と同じく営利、非営利の双方を含むものとする。

また、「組織に所属する」ではなく、「組織との関わりを有する」と定義する理由は、働く人を雇用者に限定しないためである。現在の日本においては、働く人に占める雇用者の割合は約9割[5]であり、日本社会は雇用社会ということができる。しかし、本来、働く人と雇用者は同義ではない。実際、1940年代の日本の就業形態を見れば、働く人の約3分の2は自営業者（自営業主と家族従業者）であった（清家,2013）。その後、高度経済成長時代に日本の雇用者の比率は増加の一途をたどり、自身が属する企業における長期の安定した雇用こそが重要だと考える「雇用が財産」という発想が日本社会の大勢を占めることになる（諏訪,2017）。

こうした「雇用が財産」という発想が支配的な状況では、働く人における雇用者以外の就業形態が注目されなくなってしまう。しかし、第2章で詳述するが、越境的学習における主な境界の中には、内部労働市場（自身が属する企業とその他の企業を区分する概念）の境界がある。雇用者と自営業者にとって、内部労働市場の境界には大きな意味の差が存在し、こうした差に着目することで内部労働市場の境界の特徴を分析することもできる。さらには、近年はインディペンデント・コントラクター[6]と呼ばれる雇用者と類似した働き方が登場し、両者を区分する必然性も少なくなっている。ところが自営業者であっても、たとえばインディペンデント・コントラクターならインディペンデント・コント

ラクター協会に属するなど、組織との関わりは有している場合が多い（秋山・山田, 2004）。このような理由から、働く人を雇用者に限定することを避けるため、「組織と関わる」という表現を使用することとした。

　また、「働く人」だけでなく「働く意思のある人」を定義に含めるのは、キャリアブレイクという概念を考慮したためである。ポストモダンとは、誰にとっても普遍性の高い大きな物語を喪失した世界（須藤, 2017）であると考えられる。これに対し世界経済もポストモダンに突入したと考えるべきであり、雇用の安定性は盤石ではなく、個人も予測可能な軌道を喪失したと考え、キャリア形成に臨む必要が生じる（Savickas, 2011）。雇用の安定を前提としないのであれば、継続就業が基本という状態も前提ではなくなる。それゆえに、キャリアという観点において、離職期間は空白を意味するブランクではなく、キャリアブレイクとして捉えるべきだ、と考えることも必要であろう（片岡・石山, 2016; 福沢, 2009）。実際、片岡・石山（2016）のインタビュー調査によれば、離職期間にじっくりと今までのキャリアの内省を行い、そのうえで任意団体や NPO など様々な人的ネットワークへの参加を経験することで離職者の自己効力感が高まり、再就業など新たなキャリアへの展開につながったことが報告されている。この場合の任意団体や NPO など様々な人的ネットワークは実践共同体に相当するものであり、荒木（2008）が示す「越境参加アプローチ」に近い状況と考えられる。

　つまり、たまたま離職期間中であれば「働く人」には該当しないものの、その期間にも「越境参加アプローチ」のような越境的学習は生起している。また、任意団体や NPO など実践共同体とは関わりを有しているし、再就業すれば「働く人」の位置づけに戻ることになる。このように考えると、離職期間のように、働いていないが働く意思を有する人を越境的学習から除くことは、ある時点だけを切り取って対象者を区別する狭い観点ということになろう。そこで、本書では「働く意思のある人」を対象者に含める定義を採用する。

　ここまでの議論を踏まえ、以下のとおり、定義 1 と定義 2 を設定する。

定義 1　広義の越境的学習の対象者は、「異なる状況をまたぐ人すべて」である

定義2 　狭義の越境的学習の対象者は、「組織との関わりを有する働く人、働く意思のある人」である

2　越境的学習の時空間

　次に、越境的学習の対象範囲となる空間と時間について検討する。中原の定義では、越境的学習の対象範囲となる空間については「組織外」、時間については「就業時間外」であった。荒木の定義はこれに組織内の時空間も含むため、空間については「組織内外」、時間については「就業時間内外」となっていた。他方、香川の定義では、時空間とも「異なる状況をまたぐ場合」になっていた。

　中原の定義では、越境的学習の価値は組織外に生起することに依拠している。組織内では得られない知識と情報にアクセスできるからこそ価値があり、だからこそ対象範囲は組織外の時空間になる。他方、荒木の定義は、むしろ公式性を帯びた職場における学習と、非公式な職場内外での学習を区分し、後者の越境的学習としての価値を重視していると考えられる。非公式な職場内外での学習とは、具体的には実践共同体としての社内の部門横断的な問題解決チームや勉強会（Wenger, McDermott & Snyder, 2002）や社内外の勉強会（荒木, 2007）などである。これらの学習は従来の経営学的視点での人材育成では注目の程度が低かったものであり、だからこそ荒木の定義は明確にこうした学習に焦点を絞る意義を強調していると考えられる。そう考えると、中原と荒木は、企業の人材育成という観点で、従来注目されていなかった領域を照射しようという意図では共通している。

　中原と荒木の定義に対し、香川が定義する越境的学習の時空間は、「異なる状況をまたぐ場合」を意味している。そもそも香川の定義に、経営学の人材育成において未開拓である研究領域を照射しようという意図はない。ある状況と異なる状況を分かつ境界をまたぐことそのものが文脈横断であり、越境となる。

　つまり、境界を越える行為自体を越境的学習とみなすことができることになる。そうなると、そもそも境界という概念をよく検討してみる必要があるだろ

う。境界とは所与のものではなく、研究者が規定するものでもなく、むしろ、社会的な実践の中で埋め込まれ、再生産されるものである。あるいは当事者によって意図的につくり出され、定義されるものでもある（青山・茂呂, 2000; 青山, 2010）。たとえば青山（2010）は、他国からの情報などを遮断する事例が該当する「障壁」、制限された情報だけを伝える「制限」、企業が消費期限を偽装するために関係者だけに暗号を伝える「暗号」などを境界設定の事例としている。青山は、日常の実践の中で、境界設定の事例はありふれているとする。

　境界が設定できるものであれば、固定的な性質ではなく、変容していく性質のものと考えることが自然であろう。実際、香川（2011）は、境界は「変容」するし、また1種類とは限らず、「多重境界性」を有するとしている。たとえば異なる共同体が存在したとしても、共同体の実践が進むことによってメンバーの関係性が変化し、境界が再構成されることがある。これが「変容」である。また、すべての人が共通して同じ境界を認識しているとは限らない。各人のものの見方、あるいは自己の位置づけをどのように考えるかによって、ある人はある共同体の中に境界を感じないが、別の人は複数の境界の存在を認識するかもしれない。これが「多重境界性」である。詳細は後述するが、たとえば実践共同体は非公式で職場の隙間にも存在するとされる（中西, 2013a; Wenger, 1998）。すなわち、共同体自体も、その存在が見えにくいものである。したがって境界とは、変容し、多重に存在し、見えにくいものでもあるだろう。

　このように境界自体が曖昧で見えにくいものであるとすれば、越境的学習の対象となる境界についてはどのように考えるべきであろうか。あらゆる境界を越境的学習の対象とする、という考え方もあろう。しかし、対象とすべき境界は、それを越えた際に企業の人材育成という観点で意義のある性質のものに限定したほうが本書の目的には合致する。それでは、越えた際に、人材育成に意義のある境界の性質とはどのようなものであろうか。

　序章で述べた越境的学習が注目される5種類の背景において、共通していた要素は、境界を越えたからこそ、越えなければ獲得できない新しい情報、知識、視点にアクセスできることであった。すなわち、その前提としては、通常では自らが準拠している境界に閉じられた「状況」が存在していることになる。自らが準拠している状況では獲得できない新しい情報、知識、視点がある

からこそ、越境によるそれらの獲得に関する価値が生じる。新しい情報、知識、視点が獲得できれば、企業の人材育成の観点からも意義があると考えることができよう。

具体的には、自らが準拠している状況とは何を示すのであろうか。それは、日常的に、情報、知識、視点を獲得できる状況である。たとえば5種類の背景にあるように、組織、職場、実践共同体、活動、強い紐帯で結ばれた集団、キャリア境界で閉じられた範囲など、様々な状況が想定される。そこで、「自らが準拠している状況」と「その他の状況」を分かつ境界の詳細については、第2章で検討する。ここまでの議論を踏まえ、越境的学習の対象となる境界については、以下のとおり定義3を設定する。

定義3　越境的学習の境界とは、「自らが準拠している状況」と「その他の状況」との境を意味する

越境的学習の対象となる境界が定まったことで、対象範囲の議論に戻ろう。定義3の境界とは、それを越えれば人材育成の意義が存在する境界である。そうであれば、それを越える場合は、すべて対象範囲として定めるべきであろう。具体的な時空間として、「組織外」あるいは「就業時間外」などのように限定すると実態と合致しなくなるだろう。ただし、中原の定義にある「往還」という概念を見逃してはならない。定義3にある、「自らが準拠している状況」は、越境によって消滅するわけではない。境界によって分かたれているだけで、「自らが準拠している状況」が存在することに変わりはない。越境は一方向ではなく、「その他の状況」に戻ることが想定される。

たとえば、石山（2013）は、企業で働く人が、企業外で自主的に組成された勉強会・研究会に参加した際に生じる学習について、インタビュー調査で分析している。その調査においては、調査対象者らは、企業外の勉強会・研究会における学習内容を、自らが所属する企業に伝えようとしていた。石山はこれを「還流プロセス」と呼ぶ。「還流プロセス」において、多くの場合に観察されることが、還流への企業内部からの反発である。たとえば、「かぶれじゃないんですけど、覚えていること（企業外での学習内容）を勝手にやっていると思われ

ると嫌だった。『変なこと覚えてきて』って言われるんですね。『そういうことは、うちでは必要ないから』」（石山, 2013, 124頁）、あるいは「聞いてきた情報を、そのまま社内で話すと言葉が通じない。（中略）これは私の考えなんだけど、と言ったときに、意味がわからない、勝手にやっていよ、とかいう反応で」（石山, 2013, 125頁）などのインタビュー記録が、この反発に該当する。調査対象者らは、よかれと思い、企業外での学習内容を所属企業内に伝えようとするのだが、企業外の勉強会・研究会における文脈から切り離された形式知としての専門用語、専門知識を単純に伝達しようとしても、企業内の文脈と折り合わず、反発が生じるのである。

　しかし、反発を受けた後、調査対象者らは伝達の工夫を始める。企業内での説明を、「タイミングを見計らって話す」「社内用語と関連づけて話す」「メタファー（たとえ）を使って話す」などの工夫を行うようになる。つまり、企業外の学習内容について、単純に形式知としての専門用語、専門知識を伝達するのではなく、社内との文脈に溶け込むように再構成して伝達するようになる。

　このように「還流プロセス」においては、企業外と企業内を調査対象者が往還することで、文脈の違いを意識したコミュニケーションを意識するようになるという学習が示されていた。この場合の学習は、「自らが準拠している状況」（企業内）から「その他の状況」（企業外の勉強会・研究会）に越境した際に、越境先である「その他の状況」でのみ生じたわけではない。「自らが準拠している状況」と「その他の状況」を往還し、その状況の差異を経験するからこそ、学習が生じたわけである。

　また、往還の学習における重要性は、実践共同体の「二重編み」という概念（Wenger, McDermott & Snyder, 2002）においても説明できる。「二重編み」とは、たとえば企業内において、個人が実践共同体の一員であると同時に公式的な業務組織の一員として複数の役割を果たし、実践共同体で得た最先端の専門知識を業務組織で試し、試した結果を実践共同体に持ち帰り議論するなど、知識創造のための学習のループが回ることを意味する。

　「二重編み」を松本（2013a）は、介護施設における学習療法の事例で示している。学習療法とは、音読や簡単な計算により認知症の予防や改善を行う療法であり、医学的効果が実証されているため、介護施設においてその導入が図ら

33

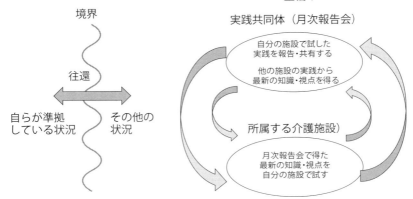

図1-3 往還と二重編みの比較
出所：松本（2013a）を一部参考とし、筆者作成

れている。しかしその導入は簡単ではないため、複数の施設が学習療法の勉強会（実践共同体としての）を結成していた。その勉強会では「月次検討会」という位置づけで、各施設の学習療法の実践状況が報告され、検討される。勉強会に参加した職員は、「月次検討会」で共有された内容を自分の施設で試し、その実施状況を再度、「月次検討会」で報告する。

松本は、この仕組みが「二重編み」にあたるとする。実践共同体である「月次検討会」で得た知識や視点を、公式組織である介護施設の業務において試し、さらにその結果を実践共同体である「月次検討会」に持ち帰るからである。その際には、実践共同体である「月次検討会」において、公式組織である介護施設の業務と距離を置くことができる。距離を置くことで、日常の繁忙の中では実現できない、業務のあり方をじっくりと内省する機会を得ることも重要だとする。

往還と「二重編み」を比較したものが、図1-3である。「二重編み」は、往還の具体的な1事例とみなすことができよう。往還とは、自らが準拠している状況と、その他の状況を行き来することを意味する。「二重編み」の場合、自らが準拠している状況とは「属する介護施設」であり、その他の状況とは、実

践共同体としての「月次検討会」になる。介護職員は、「属する介護施設」から「月次検討会」へ越境する。「月次検討会」で最新の知識と視点を得る。「月次検討会」から「属する介護施設」へ越境して戻り、最新の知識と視点を日常の業務の中で試す。その後、再度、「属する介護施設」から「月次検討会」へ越境し、「月次検討会」で試してみて、うまくいったこと、いかなかったことを報告・共有する。その報告・共有に関して「月次検討会」得られた意見を参考に、さらに新しい取り組みを「属する介護施設」で試す。

　このように「二重編み」においては、「自らが準拠している状況」と「その他の状況」を行き来するという往還が連続的に生じ、螺旋状に学びが深まっていく。松本（2013a）は、こうした「二重編み」の機能が、ループ学習として機能し、実践共同体と公式組織に相互作用が生じ、補完的な学習をもたらすとする。ここまでの議論を踏まえると、越境的学習の意義は、往還によりもたらされるプロセス全体によって、もたらされることがわかる。したがって、越境的学習の対象範囲について、以下のとおり定義 4 を設定する。

定義 4　越境的学習の対象範囲は、越境者が境界を往還し、境界をつなぐ、一連のプロセス全体が該当する

3　越境的学習の起点

　次に、越境的学習の起点について検討する。中原の定義によれば、起点は「個人の自由意志」となる。この場合、想定されている具体的な越境的学習の例は、社会人の社外勉強会・交流会であり、そのため起点は組織の意図に左右されない「個人の自由意志」となる。他方、荒木の定義において、起点は「個人の自由意志」だけでなく「組織の意図」が含まれるものと考えられる。なぜなら、越境的学習の具体例に、社会人の社外勉強会・交流会のみならず、社内の部門横断的な問題解決チームなどが含まれるからである。社内の部門横断的な問題解決チームは Wenger, McDermott & Snyder（2002）があげる実践共同体である。詳細は後述するが、実践共同体の主要な提唱者である Wenger は実践共同体とビジネスの関係性を重視しており、実践共同体がビジネスユニッ

トやチームという存在と同様に企業の成功を左右するので、企業が公式に支援をすべきだとまで明言している（Wenger & Snyder, 2000）。荒木は職場以外に非公式に存在する実践共同体への参加を越境的学習として重視しているが、実践共同体にビジネスとの関係性が存在するとすれば、その参加は「個人の自由意志」だけで捉えきることはできず、「組織の意図」も含まれると考えるべきであろう。

　定義3と定義4に則して考えるなら、越境的学習とは、「自らが準拠している状況」と「その他の状況」を往還している状態を意味する。荒木の定義に従えば、往還の起点は、「個人の自由意志」と「組織の意図」の双方を含むことになろう。ただし、越境的学習に関して定義すべき論点は、むしろ往還の起点ではなく、「境界を往還しているという個人の認識の有無」であるかもしれない。石山（2013）では、越境的学習を行う際に、学習者が意図的に「自らが準拠している状況」と「その他の状況」を往還していることが語られている。

　「そこは違う集まりでさ、すごい、いろんな人が集まってる。（中略）それがどうも苦手でね、やっぱり議論がかみあわないんだよね。普通の企業勤めしている人たちとは違うんだよね。いつもなんか気持ち悪い思いするんだけど、でもなんか、たまにはそういうとこいって刺激うけなきゃとか、我慢して、時々は顔だしてんだけど。それね、なかなかすごく居心地悪い。まだね、自分としてもよくわかんないけど、たまには自分の居心地悪い世界にもいかないと。時々さ、今日も来なきゃよかったって思うんだけど、まさにアウェイ感だよね」（石山, 2013, 126頁）。この語りにおいては、自分にとって日常的に接しない職種の人々が集まる居心地の悪い勉強会に、意図的に参加することが学びになると認識されていることが示されている。また、自分にとって「居心地の悪い場所」は「アウェイ」と表現されている。さらに、次の学習者の語りも同様な認識を示している。

　「アウェイ感はある程度大事だと思いますね。外にいかなきゃいけないっていうのは、やっぱり自分のメンタルモデルをとか、自分に無いものをこう、自分でこわすとか、自分では得られなかった情報を出し入れするというのが、たぶん僕の目的にはなっていると思うんで」（石山, 2013, 126頁）。この語りについても、「アウェイ」という表現が登場する。「アウェイ」に行くことで、自分の

常識が壊され、自分が獲得していなかった情報を得られることを期待していることが示されている。

　2人の学習者は共通して「アウェイ」という表現を使用していたが、居心地が悪く自分の常識が通用しないが、新しい情報を獲得できる場、という点でその意味は共通しているようだ。すなわち、これらの語りにおける「アウェイ」とは、「自らが準拠している状況」ではなく、「その他の状況」を意味していると解釈して間違いはないであろう。

　なぜ「その他の状況」は「アウェイ」と表現されるのであろうか。その手がかりは、実践共同体における「アイデンティティ」という概念に存在するだろう。Lave & Wenger（1991）によれば、実践共同体に参加した後に、個人の役割、貢献が増加していくと、実践共同体における個人の考え方・振る舞い方も変わる。「アイデンティティ」とは、実践共同体における個人の考え方・振る舞い方を意味する。さらに、「アイデンティティ」とは共同体において人が自分を見る見方であり、他人からの見られ方である。Lave & Wenger は、実践共同体において自己の「アイデンティティ」が形成されていく過程自体が学習であるとしている。

　たとえば、マネージャーや技術者になることは個人の知覚だけではなく、個人がマネージャーや技術者から受容・承認されてこそ成り立つ部分もある。つまり、学習とは学習者が世界を知覚することにより得る「アイデンティティ」だけではなく、世界が学習者を知覚する「アイデンティティ」でもある（Brown & Duguid, 2001）。

　この「アイデンティティ」の形成という考え方から「アウェイ」を説明すると、次のようになるだろう。「自らが準拠している状況」においては、自らが知覚し、他人からも知覚されている「アイデンティティ」が存在する。しかし文脈の異なる「その他の状況」に越境すると、自分に対する自らの知覚も他人からの知覚も異なったものになり、「アイデンティティ」は流動的で、その文脈においては、これから形成すべきものとなる。自分の「アイデンティティ」が安定していないので居心地の悪さを感じる。この居心地の悪さが、「アウェイ」と表現されるのである。

　ただし、「アウェイ」であるからこその学びもある。「自らが準拠している状

況」とは異なる、「その他の状況」という文脈における「アイデンティティ」を形成していくことが、語りにもあった、自分の常識を壊し、自分が獲得していなかった新しい情報を得ることにつながる。

　それでは、越境的学習の起点に関する議論を整理してみよう。中原と荒木の定義において、越境することの起点は「個人の自由意志」であるのか、「組織の意図」であるのか、という議論があった。しかし越境的学習においては、「アイデンティティ」の形成が学習とみなされる。それゆえ、「自らが準拠している状況」から「その他の状況」という「アウェイ」に越境し、「自らが準拠している状況」とは異なる「アイデンティティ」を形成することに学習の意義がある。この「アイデンティティ」とは、自らに対する自らの知覚と他人の知覚でもある。それゆえ、「その他の状況」での「アイデンティティ」を形成するには、自分が境界を越えたことを自覚し、「アイデンティティ」の形成の過程にあることを認識する必要があるだろう。このように考えていくと、起点が「個人の自由意志」であるのか、「組織の意図」であるのか、という論点よりも、「境界を往還しているという個人の認識の有無」が重要であると考えられる。

　なぜなら、「境界を往還しているという個人の認識」がなければ、「その他の状況」における「アイデンティティ」の形成は開始されず、学習も成立しないからだ。すなわち越境的学習の定義の重要な論点として、「境界を往還しているという個人の認識」をあげることができるだろう。したがって、越境的学習の定義5を以下のとおり設定する。

定義5　越境的学習は、境界を往還しているという個人の認識が存在することで成立する

　ここまで述べてきた定義1から定義5を、本書における越境的学習の定義として設定し、その後の議論を進めていく。

定義1　広義の越境的学習の対象者は、「異なる状況をまたぐ人すべて」である

第1章　越境的学習の定義

定義2　狭義の越境的学習の対象者は、「組織との関わりを有する働く人、働く意思のある人」である

定義3　越境的学習の境界とは、「自らが準拠している状況」と「その他の状況」との境を意味する

定義4　越境的学習の対象範囲は、越境者が境界を往還し、境界をつなぐ、一連のプロセス全体が該当する

定義5　越境的学習は、境界を往還しているという個人の認識が存在することで成立する

第3節　学習転移モデルと越境的学習の関係性

　前節において越境的学習の定義を設定した。以降、その定義に基づき、類似の概念との関係性の整理を行う。長岡（2006）は企業内の人材育成における学習モデルを提示し、その種類として、学習転移モデル、経験学習、状況的学習などを並列的に分類した。

　学習転移モデルとは、学校教育等で個人が特定の文脈に依拠せずに、転用可能な知識、技能を学ぶことを意味する（Anderson, Reder & Simon, 1996; 長岡, 2006）。学習転移モデルは教室などの、特定の文脈に依拠せず、日常的とはいえない時空間で知識、技能が個人に内化する。すなわち「状況にとらわれないところで獲得される知識は、すべての状況に一般的に当てはめることが可能で、幅広い状況に持ち運ぶことができるが、運んだり使ったりする経路やその過程で変化をこうむることが比較的少ない」（Lave, 1988, 邦訳書, 13頁）のである。

　学習転移モデルに対し Lave（1988）は、大人の学習においては、他者が存在する日常という状況での学習に意味があるとした。その例として、大人が日常的に行う計算は学校教育による方法とは異なるものであることが示されている。すなわち、学習転移モデルを前提とした教室での学習だけでなく、日常の文脈における学習の意義を Lave は強調したのである。もっとも、この Lave の主張に対しては、Anderson, Reder & Simon（1996）が強硬に反対意見を述

39

べている。Anderson, Reder & Simon は数学に絞って学習転移モデルと状況的学習の差異を論証している。すなわち、状況的学習の効果は先行研究では明確に証明されていないが、多くの先行研究では学習転移の効果が実証されているとする。それゆえに、状況的学習の効果を過度に強調することは、学習の実態を正しく反映していない議論であると主張する。

Lave と Anderson, Reder & Simon の議論は、学校の数学テストでの得点とスーパーマーケットでの計算や模擬実験における有意な相関の有無などをめぐってなされる。しかし、香川（2011）が指摘するように、Lave の示す結果には、学習転移の一部に有意な相関があり、また有意な相関がなくとも、テストの特徴を踏まえると、転移していないとはいいきれない結果も存在する。

この議論を、相関の数値などだけを根拠に、転移がある、ない、とそのモデルの優劣だけを論じることは、神学論争に近い面があり、それ自体が決着することは難しいかもしれない。神学論争が突き詰められていくと、文脈に依拠しない教室で行われる学校教育は、万能であるのか、まったく意味がないのか、という議論にもなりかねないが、そのような議論が明確な結論に至ることは、困難であると思われる。むしろ Lave の議論は、学習転移モデルが学習に関してあらゆる局面を説明できてしまう、という視点への限界を示したことに価値があるといえよう。

そもそも、学習転移モデルが依拠する学習観は、「個体主義的な主知的な学習観」（西口, 1999, 7 頁）であり、「学習といえば、人がその『頭の中』に知識を体系的に貯蔵し、将来、何らかの課題場面に直面したときに、過去に獲得した適切な知識を効率よく引き出せるようにしておくこと」（西口, 1999, 7 頁）という考え方を意味する。西口（1999）によれば、この個体主義的な学習観は、行動主義心理学と認知主義心理学によって培われている。行動主義では、刺激による反応に報酬が与えられるという「条件づけ」により学習が形成されるという学習観がある。この学習観によって「反復練習」が強調され、反復されて積み上げた基礎技能が、あとで役に立つと考えられることになる。しかし、行動主義は認知主義により批判を受けることになる。認知主義は、人間は意味づけをして知識を再構成できなければ学習できず、そのため反復練習よりも、学習者側の意味づけの活動や、学習者自身が考えて学ぶことが重視される。西口

は、こうした行動主義に対する認知主義の批判の貢献は大きいとしながらも、行動主義も認知主義も個体主義であることに変わりはないとする。なぜなら結局は、頭の中の特定のまとまり（知識や技能）を学習者個人が活用することが前提とされ、しかもそのまとまりが特定の文脈と切り離されているからだ（佐伯, 1995; 柴田, 2014）。この個体主義に対する批判は、コンピュータ科学で、人間の知識だけを系列的に埋め込んだ処理に限界があり、文脈依存で総合判断できる人間と機械の相互作用としての並列分散処理のほうに優位性があったことから生じた。また、文脈に依存した学習に関する人類学の研究からも生じた（西口, 1999）。

　このように、状況的学習は行動主義と認知主義の学習観に対する批判から生じたものであり、したがって学習転移モデルに対しても批判的立場にある。同様に、先述した活動理論は、高次精神機能の発達を、人と人、人と集団、集団的活動システムという相互作用から捉えるため、個体主義とは対置される、状況を重視した学習を意味することになる。

　学習転移モデルと状況的学習を、子どもによる「科学」という観点から、湯澤（1998）は「学校知」と「日常知」として表現する。子どもの思考はしばしば非科学的とみなされ、それが科学的にならないのは、学校における教育が不十分であるからと思われることがある。これは、子どもが学校の教育で特定の内容とは独立した「一般的な」科学的思考法を身につけ、それを生活全般に応用できるという考え方の前提があるからである。しかし、湯澤は、教師や教科書の道筋にしたがい段階的に子どもに科学的思考法を身につけさせる「一般的手続き重視」型教授法には限界があるとする。それは「学校知」ともいうべきものであり、子どもは学校固有の状況でなければ「学校知」を応用することができない。

　湯澤は、日常の子どもの思考が非科学的であるわけではなく、むしろ子どもたちが自ら日常生活の中で課題を発見していく「日常知による問題解決」型教授法こそ有効であるとする。日常知に基づき、仲間との関わりを重視することで、「地面が平ら」という日常知が、「地球が丸い」という日常知に再構成され、子どもの理解が深まるという。

　なお、西口も湯澤も、教室の学習が、すべて個体主義的学習、あるいは学校

知である、と主張しているわけではない。教室においても、工夫を凝らすことで特定の文脈に基づく状況的学習を行い、「日常知」を学ぶことは十分に可能である。あくまで、特定の文脈に依拠しない「一般的」な教授法が行われているときに、それが学習転移モデルや「学校知」に該当することになる。

　では、学習転移モデルの限界に対処する学習とは具体的にどのようなものなのか。語学習得という例をあげれば、日本語教育の方法として重要なことは、日本語がよくできるという学習者のアイデンティティの獲得が必要であり、そのためには、単に教室で日本語の知識と技能を獲得するだけでなく、教室に日本人を呼び込み、あるいは教室の外に出て、日本人と関わりを持つ社会的実践が必要である（西口, 1999）。それでは、企業の人材育成においては、どのような対処が考えられるであろうか。

　長岡（2006）は、学習転移モデルについて、理論的体系が整備されている範囲内での学習としては有効だが、企業の人材育成においては、多くの限界が存在すると指摘する。たとえば、企業の実務家は、アカデミックな理論そのものを学ぶことよりも、学んでいることをどのように現場に応用できるか、ということに関心を持つ。そのため、たとえば企業内の集合研修で、「この研修で知識や技能を学べば、あとで役に立つ」と説明されても、具体的に役に立つ場面が想定できないと、興味関心がわかないばかりか、ストレスにつながる。また、企業の現場においては、その現場特有で、その現場にしか通用しない知識が存在する。企業においては、そのような現場の文脈依存の知識に価値があることが多く、また専門性の高い知識である場合も多い。ところが学習転移モデルで習得する知識や技能の前提は、文脈に依存しない、いつでもどこでも取り出せて役に立つ知識や技能である。つまり、企業内で価値の高い暗黙的で文脈に依存する知識や技能を学習転移モデルで学ぶことは難しいことになる。

　西口にせよ長岡にせよ、学習転移モデルを全面的に否定しているわけではない。反復練習にせよ、学習者が意味づけをして学ぶことにせよ、無意味というわけではないだろう。しかし、企業の人材育成の多くの局面では特有の文脈を重視した状況的学習が必要とされるであろうし、それに対して学習転移モデルが万能であるという学習観を前提としてしまうと、齟齬をきたしてしまうだろう。

第 1 章　越境的学習の定義

　ここまで、学習転移モデルと状況的学習の差異について述べてきた。状況的学習は、個体主義的な学習転移モデルへの批判により生じてきたことが明らかになった。ただし、越境的学習とは、状況的学習に基づくものの、単一の状況下で生起する学習ではなく、あくまで異なる状況を往還した場合にのみ生起する学習である。企業内において、学習転移モデル、単一の状況下における学習、異なる状況を往還する場合の学習は、どのように位置づけられるのであろうか。この点について、次節で検討したい。

第4節　OJT（on the job training）、Off-JT（off the job training）、自己啓発に対する越境的学習の位置づけ

1　OJT・Off-JT・自己啓発という枠組みに関する批判的検討

　越境的学習の定義2において、狭義の越境学習の対象者を「組織との関わりを有する働く人、働く意思のある人」と定めた。この対象者の定義に対応する学習活動は、職業能力開発と呼ばれる。

　原（2014）によれば、職業能力開発とは「仕事に役立つ能力やスキルを身につけるための学習活動」（原, 2014, 5頁）であり、さらに、企業内訓練、自己啓発、公共職業訓練の3種類に分けられる。企業内訓練とは、「就業者が勤務先の指示・命令によって、勤務時間内に、企業が負担して行う能力開発」（原, 2014, 5頁）を意味し、さらに、OJT（on the job training）、Off-JT（off the job training）の2種類に分けられる。OJTとは「ふだんの仕事をしながらの学習」（原, 2014, 5頁）であり、Off-JTとは「ふだんの仕事を離れて行われる訓練」（原, 2014, 6頁）である。他方、自己啓発とは「個人が、勤務先の指示ではなく、自分の意思で、就業時間外に自身で費用を負担して行う、今の仕事やこれから就きたい仕事にかかわる学習」（原, 2014, 6頁）を意味する。

　公共職業訓練は国や都道府県などが個人に行う訓練であるが、本書では「組織との関わり」という点から越境的学習を分析するため、公共職業訓練との対比は行わず、OJT・Off-JT・自己啓発に対する越境的学習の位置づけを検討す

る。

　先行研究においては、OJT・Off-JT・自己啓発に関する今日的な批判的検討が見られるようになってきている。たとえば、谷内（2002）は、日本の企業内教育はOJTを中心とし、それをOff-JTが補完する形で発展してきたとする。ただし、その発展は日本型雇用を前提とした枠組みであるため、管理職やゼネラリストを意識した画一性・同質性の強いものになっているという。具体的には、職務遂行に必要な知識とスキルの習得のみに過度に傾斜していることが問題だとされる。そのため、経営戦略との連動性、専門性、個人のキャリア形成、社外への視点などの観点が看過されてしまう。

　また谷内は、OJTを中心にOff-JTが補完するという枠組みは、上司や教育担当者が職務に必要な知識やスキルを与えるという「アウトサイド・イン型の教育」であり、能動的学習ではないし、応用性も低いと批判する。この点については、中原（2012b）も同様の批判的検討をしている。まず、OJTは「上司─部下間の教育指導関係」が強調されるため、それ以外の多様な他者からの影響による学習が考慮されていない。では、OJTを補完するOff-JTがその点に対処しているかといえば、そこにも課題がある。OJTとOff-JTを俯瞰する上位の学習理論が存在せず、また一般企業においてOJTはライン長の管轄、Off-JTは人事部・人材開発部門の管轄とされたため、OJTとOff-JTは補完関係にあるというよりも、それぞれの施策が分断されて実施されてきたということが現実であるとされる。

　OJTとOff-JTが、上司や教育担当など、上方からの影響に傾斜した学習に限定されるのであれば、自己啓発が個人による能動的な要素を補完することが期待されよう。しかし自己啓発についても、「どちらかというと個人が行う資格取得などを意味する場合が多く、『外に開かれた学び』ととらえられることはあまりない」（中原・金井, 2009, 285頁）との指摘があるように、谷内（2002）の指摘する能動性、専門性、個人のキャリア形成、社外への視点などの学習の観点を補完できるか、という点については課題が残る。したがって松本（2013b）のように、OJT・Off-JT・自己啓発は人材育成においては古典的な枠組みであり、実践共同体のように非規範的視点（現場における実践に基づく視点）から学習を促す枠組みを追加的に位置づける必要性がある、との指摘が生じる

ことになる。

　本節では、これらの OJT・Off-JT・自己啓発に関する批判的検討を踏まえつつ、その枠組みに対する越境的学習の位置づけを考えていく。そこで、まず、OJT・Off-JT・自己啓発の特徴をそれぞれ検討する。

2　OJT

　OJT については、原（2014）の定義を紹介したが、厚生労働省の職業能力開発基本調査の定義[7]には、OJT および計画的 OJT という 2 種類の定義がある。OJT とは、「日常の業務に就きながら行われる教育訓練のことをいう。直接の上司が、業務の中で作業方法等について、部下に指導することなどがこれにあたる」とされる。計画的 OJT とは、「日常の業務に就きながら行われる教育訓練（OJT）のうち、教育訓練に関する計画書を作成するなどして教育担当者、対象者、期間、内容などを具体的に定めて、段階的・継続的に実施する教育訓練をいう。例えば、教育訓練計画に基づき、ライン長などが教育訓練担当者として作業方法等について部下に指導することなどを含む」とされる。これらの定義によれば、OJT は「日常的な業務の中で行われること」、および、主に「上司、ライン長が部下に指導すること」の 2 点が特徴であることがわかる。なお、平成 27 年度に計画的 OJT を正社員に対して実施した事業所は 59.6％、正社員以外に対して実施した事業所は 30.3％である（厚生労働省, 2016）。

　では OJT のこのような特徴は、どのようにもたらされたのであろうか。谷内（2002）は、OJT の日本における起源は、戦後直後に米国から導入された監督者訓練プログラムである TWI（training within industry）と管理者訓練プログラムである MTP（management training program）にあるとしている。これらのプログラムは企業内の教育訓練の方向性を示すという点では画期的であったが、日本の企業の現場の実践になじまない部分もあり、次第に OJT は日本独特の特徴を兼ね備えるようになっていく。谷内は、高度成長期、オイルショック、平成不況などの時代を通じて、OJT は人事制度の職能資格制度の進展、および小集団活動の発展と連動してきたとする。

　職能資格制度とは、職務（仕事）で処遇するのではなく、能力（人）で処遇

する制度である。そのため、企業内教育では、新入社員、中堅社員、管理者教育というような階層別に能力を規定する全社統一的な教育に比重が置かれることになる。また、小集団活動が企業経営の効率化と社員の動機づけ強化においに効果を発揮する中で、OJT はその効果と連動する形で、職務遂行に必要な知識とスキルの習得に傾斜していく。内田（2016）は、それゆえに「やってみせ、説明し、やらせてみて、補修指導する」4段階訓練法[8]が日本になじみやすく OJT として定着していったと指摘する。こうした歴史的経緯によって、OJT を中心とする企業内訓練が、管理職やゼネラリストを意識した画一性・同質性の強いものになっていったと考えられる。

　では、具体的には OJT はどのような内容で実施されているのであろうか。今野・佐藤（2002）は、OJT の進め方とは、上司が部下の育成目標と現状の能力のギャップを把握し、そのギャップに基づき訓練の項目を設定し、次に実施計画を作成して進めていくものだとする。そのためには、部下に困難で多様な仕事を与えていくことになる。原（2014）では、仕事をしながら行う学習活動の項目について主成分分析を行い、「人から学ぶこと」「参加して学ぶこと」「仕事に役立つ情報を共有すること」の3項目が OJT にあたるとした。「人から学ぶこと」とは、上司や同僚の仕事ぶりを見て学ぶこと、アドバイスを受けること、などが該当する。「参加して学ぶこと」は部下や同僚にアドバイスをすること、担当外の仕事をすることなどが該当する。「仕事に役立つ情報を共有すること」は、ミーティングなどにおける情報の共有が該当する。今野・佐藤においては、OJT はあくまで上司が行うことであるが、原においては、上司に限らず職場全体の相互の影響として OJT を捉えていることがわかる。すなわち、原のほうが OJT の実態をより広く考えていることになる。

　小池（1997）は、さらに OJT の実態を広く考える。小池は OJT をフォーマルな OJT とインフォーマルな OJT に区分する。フォーマルな OJT とは、指導員が対象者に指導するものであり、内容は4段階訓練法とほぼ同じものである。しかし小池は、インフォーマルな OJT こそ高度な技量形成に資するもので、重要だとする。インフォーマルな OJT とは、はば広く深い OJT と言い換えることもできる。具体的には、簡単な仕事から困難な仕事へ進む序列形式や持場間の交代移動などがこれにあたる。ホワイトカラーの例をあげれば、経理

畑のホワイトカラーが、入社後に工場の原価管理を経験した後、製造課、事業部などの必要な技量の重なりを補う人事異動を繰り返し、経理に関して製造、製品、組織、市場の経験をはば広く深めていくことを意味する。つまり、小池の指摘する「はば広く深い」OJT とは、長期にわたるローテーションであり、キャリア形成のあり方そのものを意味しているといえる。

　ここまで、日本における OJT の歴史や特徴を概観してきた。OJT は日本の職能資格制度などの人事制度と連動し、企業内訓練において、Off-JT や自己啓発よりも中心的な役割を果たしてきたことがわかる。また狭義に捉えれば上司や指導員からの指導になるが、広義に捉えれば、職場の構成員全体の相互の影響であり、長期にわたるローテーションであり、キャリア形成のあり方まで意味する。

　このように、OJT を分析するにあたっては、その多義性に留意する必要があろう。ただし、同時に先行研究は共通して、日本における OJT は人事制度と連動したものであり、それゆえに効果的であるが、個別企業において特有の職務のスキルや知識を習得するものであり、同質性が強いものであることを指摘している。また、OJT を広義に捉えた場合、原（2014）が指摘する「人から学ぶこと」「参加して学ぶこと」「仕事に役立つ情報を共有すること」という要素には、職場全体の構成員の相互の影響がある。OJT が同質性をもたらし、職場全体の構成員の相互の影響があるという特徴は、日本の職場の性質を的確に捉えていると考えられる。

　たとえば大野（2005）は、日本的経営は「水平的管理」を特徴とする「職場集団」を生み出すという。「職場集団」においては、チームワークはピア・プレッシャーに基づき形成される。ピア・プレッシャーとは、職場の同僚間の相互配慮であるが、相互監視でもある。労働者の責任感を醸成し、トヨタ生産方式に代表されるリーン生産を可能にするが、仕事上のストレス疾患の原因にもなる。OJT の同質性と職場全体の構成員の相互の影響は、大野のいうピア・プレッシャーと共通した特徴であると指摘できよう。

　この OJT の特徴は、学習理論の観点からは、状況的学習により説明できると考えられる。先述のとおり、Engeström（2008）の活動システムにおいては、構成員にはその集団における特定の文化が、暗黙の前提として埋め込まれ

ている。その集団を実践共同体と考えれば、構成員はその集団における実践
（共通の手法や基準であって、形式知と暗黙知の双方を含む事例、物語、書物、論文、行
動様式、倫理観など）を学ぶ（Wenger, McDermott & Snyder, 2002）。OJT におい
ては、職場全体の構成員の相互の影響により、その企業の文化・実践を学ぶこ
とになる。

　つまり、OJT とは、香川（2011）の文脈横断論としての越境的学習の定義に
おける、文脈を横断する以前の、単一の状況で文脈を学ぶ行為である。すなわ
ち、OJT には越境的学習との重なりは、ほとんど存在しないといえる。むし
ろ、OJT の限界を補うためにこそ越境的学習の意義が存在するともいえるが、
この点については、第 2 章第 1 節の「内部労働市場という境界」の分析で、再
度詳しく検討する。

3 Off-JT

　OJT に関する先行研究においては、企業内訓練の中核は OJT であり、Off-
JT はあくまで補完的要素として位置づけられていた。それゆえ、OJT と同様
に、管理職やゼネラリストを意識した画一性・同質性の強い企業内訓練を支え
る性質を有することになる。そこで、具体的な Off-JT の特徴を分析してみよ
う。厚生労働省の職業能力開発基本調査によれば、Off-JT とは「業務命令に
基づき、通常の仕事を一時的に離れて行う教育訓練（研修）のことをいい、例
えば、社内で実施する教育訓練（労働者を 1 か所に集合させて実施する集合訓練な
ど）や、社外で実施する教育訓練（業界団体や民間の教育訓練機関など社外の教育
訓練機関が実施する教育訓練に労働者を派遣することなど）を含む」と定義[9]されて
いる。

　平成 27 年度に企業が Off-JT に支出した費用の労働者一人当たり平均額
は、2.1 万円である。企業が正社員に対して過去 3 年間（平成 25 年度～平成 27 年
度）に Off-JT に支出した費用の実績は、「増減なし」が 35.2％、「増加した」
が 24.8％、「減少」が 6.2％、「実績なし」が 32.4％であった。すなわち、正社
員に対する Off-JT の実施率は 66.2％ということになり、これは計画的 OJT
の 59.6％を上回っている。一方、企業が正社員以外に対して、過去 3 年間（平

成 25 年度〜平成 27 年度）に Off-JT に支出した費用の実績は、「増減なし」が10.4％、「増加した」が 30.3％、「減少」が 4.1％、「実績なし」が 53.1％であり、正社員以外に対する Off-JT の実施率は 44.8％ということになる（厚生労働省, 2016）。

今野・佐藤（2002）によれば、Off-JT には 3 つの分野が存在する。第 1 の分野は、組織を横割りにした階層別研修であり、新入社員教育、監督者教育、管理者教育などが該当する。第 2 の分野は、組織を縦割りにした、営業、生産、研究開発などの専門別研修である。第 3 の分野は特定の課題に関連して組織を横割りにした、国際化教育や高齢者の能力再開発教育などの課題別研修である。また、今野・佐藤は 3 つの Off-JT の利点をあげる。第 1 の利点は多くの人に同時に教育ができること、第 2 の利点は社内外の専門家から日常業務では習得できない知識や情報を得ることができること、第 3 の利点は部門を越えて社員が集まり交流を深める機会を得ることである。

小池（1997）は、技能形成において決定的に重要な要素は OJT であるものの、Off-JT も仕事経験を整理し理論化するうえでは重要だとする。とりわけ、初期キャリアの数年における基礎的なノウハウ形成、環境変化に対する知識形成、長期のキャリア形成における階層別研修、という点で意義があるとする。

以上の先行研究の Off-JT の特徴をまとめてみると、第 1 の特徴として、日常的な職場で行われる学習ではなく、教室などにおいて行われる集合研修であることがあげられる。こうした教室などの集合研修は、前節で述べた学習転移モデルに相当するものとして整理できる。

Off-JT の第 2 の特徴は、社内の同質的な職務のスキルと知識を学ぶという点である。この点で、Off-JT は OJT の特徴と類似しており、だからこそ補完要素に位置づけられていると考えられる。とりわけ階層別研修において、同期入社あるいは同職位の社員と交流を行うという点では、社内という同一の文脈で学びを深めることを意味していよう。階層別研修は集合教育であるが、多くの場合、合宿研修あるいは懇親会などにより、同期入社あるいは同職位の社員と交流を行う機会が用意されている。このような機会は、教室という時空間における学習転移モデルであるとは考えにくく、むしろ社内という同一の文脈における日常の学びであることから、OJT と同様に単一の状況における学習が

生じているといえよう。

Off-JT の第 3 の特徴は、単一の状況を越えた学びが存在することだ。たとえば、今野・佐藤が指摘する専門家から日常業務では習得できない知識や情報を得る、部門を越えて社員が集まり交流を深める機会を得る、などの機会がこれに該当する。こうした機会は、定義 3 における「越境的学習の境界とは、『自らが準拠している状況』と『その他の状況』との境」に該当する境界を、学習者個人が越えたと認識する場合もあると考えられる。そのため、Off-JT は一部、越境的学習と重複する領域も存在するとみなすことができよう。

ここまでの議論を整理すると、Off-JT の大半は学習転移モデルに属すると整理できるが、一部、越境的学習に属する領域もあることになる。

4　自己啓発

先行研究において自己啓発は、OJT と Off-JT の補完的な位置づけにあり、OJT と Off-JT に比べ、自己啓発に対する経営学の関心は低かったといえよう。また、中原（2012a）の定義では、越境学習は「組織外」で「就業時間外」に「個人の自由意志」で行われる。この定義は、自己啓発の特徴と類似しており、それゆえ、越境学習と自己啓発の差異が不明確になっている面もあると考えられる。こうした観点も含め、自己啓発の特徴を検討していきたい。

厚生労働省の職業能力開発基本調査によれば、自己啓発とは「労働者が職業生活を継続するために行う、職業に関する能力を自発的に開発し、向上させるための活動をいう（職業に関係ない趣味、娯楽、スポーツ、健康増進等のためのものは含まない）」と定義[10]されている。

自己啓発の実施状況であるが、平成 27 年度に企業が自己啓発支援に支出した費用の労働者一人当たり平均額は、0.5 万円である。また平成 27 年度に自己啓発を行った者は、正社員では 45.8％、正社員以外では 21.6％である（厚生労働省, 2016）。

自己啓発の具体的な内容としては、本、通信教育などの自習および専門学校などの講座の受講があげられている（原, 2014; 今野・佐藤, 2002）。さらに原（2014）が「働くことと学ぶことについての調査（2008 年調査）」[11]に基づき、

自己啓発に対するニーズを分析している。それによれば、第1位が「資格取得」で21.6％、第2位が「英語」で17.7％、第3位が「PC・情報処理」で11.6％、第4位が「医療・看護・介護・福祉」で7.1％、第5位が「経理・財務」で5.4％、第6位が「英語以外の語学」で4.8％となっている。以下、5％未満の項目が続くが、その項目においても資格取得関連の項目が多い。平成28年度能力開発基本調査においては、自己啓発の実施内容は正社員では、「ラジオ、テレビ、専門書、インターネット等による自学、自習」が49.4％、「社内の自主的な勉強会、研究会への参加」が29.1％、「社外の勉強会、研究会への参加」が24.1％、「民間教育訓練機関（民間企業、公益法人、各種団体）の講習会、セミナーへの参加」が22.9％、「通信教育の受講」が19.4％である（厚生労働省, 2016）。

　ここまでの自己啓発の特徴を整理すると、自己啓発は資格取得へのニーズが主である。形態としては、本、インターネットなどで自学・自習を行う、もしくは講習会・セミナーへ参加することが主である。この特徴は、学習転移モデルに該当するといえよう。他方、能力開発基本調査にあるように、「社内外の勉強会、研究会への参加」も自己啓発に含まれていることがわかる。これは、複数の状況での学習に該当していると考えられるため、越境的学習と重なる領域であるといえよう。なお、先述のように、平成27年度に自己啓発を行った者は、正社員では45.8％、正社員以外では21.6％であり、実施比率は全体の中では少数にとどまっている。

5　越境的学習の位置づけ

　本節では、OJT・Off-JT・自己啓発という枠組みを検討してきた。この枠組みに対し、越境的学習の位置づけを明らかにしたものが、図1-4である。
　図1-4は2軸から構成される。縦軸は、状況的学習と学習転移モデルのいずれに該当するのかという区分である。横軸は、学習が生起しているのは、単一の状況であるのか、複数の状況であるのかという区分である。右上の第Ⅰ象限は、複数の状況において状況的学習を行う場合が該当する。左上の第Ⅱ象限は、単一の状況において状況的学習を行う場合が該当する。左下の第Ⅲ象限

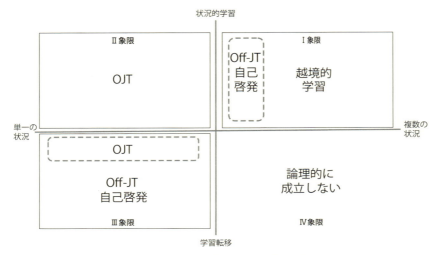

図1-4　OJT・Off-JT・自己啓発に対する越境的学習の位置づけ
出所：筆者作成

は、単一の状況において学習転移に基づく学習を行う場合が該当する。右下の第Ⅳ象限は、複数の状況において学習転移に基づく学習を行う場合が該当する。

　OJTは先述のとおり、狭義に捉えれば上司や指導員からの指導になるが、広義に捉えれば、職場の構成員全体の相互の影響であり状況的学習に該当する。また、職場という単一の集団の実践（共通の手法や基準であって、形式知と暗黙知の双方を含み、事例、物語、書物、論文、行動様式、倫理観など）から学ぶものであるため、単一の状況に該当する。よってOJTの大半は、第Ⅱ象限に該当する。ただし、計画的OJT、またはフォーマルなOJTにおいて指導員が定められた内容を対象者に指導する場合は、学習転移モデルに該当すると考えられる。そこで、一部のOJTは第Ⅲ象限に該当する。

　Off-JTの大半は教室における集合訓練が前提となり、学習転移モデルに属するものであった。また、社内の同質的な職務のスキルと知識を学ぶという特徴は、転移するとしても、単一の状況だけを対象とする学びを示すものであった。したがって、Off-JTの大半は第Ⅲ象限に該当する。ただし、一部のOff-JTには、部門を越えて社員が集まり交流を深めるなどの機会が存在した。こ

れは、複数の状況における状況的学習に相当するものであり、よって一部の
Off-JTは第Ⅰ象限に該当することになる。

　自己啓発については、資格取得へのニーズが主であり、そのために通信教
育、本、インターネットなどで自学・自習を行う、もしくは講習会・セミナー
へ参加していることが特徴であった。これは学習転移モデルに該当する。こう
した自学・自習、あるいは講習会・セミナーへの参加には、学習者個人が境界
を越えたと認識するほどの状況の変化があるとは考えにくい。よって、自学・
自習、あるいは講習会・セミナーへの参加は、単一の状況に該当する。した
がって、自己啓発の大半は第Ⅲ象限に該当することになる。ただし、「社内外
の勉強会、研究会への参加」も自己啓発に含まれていることから、これは複数
の状況における状況的学習に該当する。よって、一部の自己啓発は第Ⅰ象限に
該当することになる。

　なお、第Ⅳ象限は、複数の状況における学習転移モデルが該当する。しか
し、複数の状況における学びとは、文脈の違いによる葛藤から生じる。他方、
学習転移モデルは、文脈の違いを考慮せずに学習が生じると考える。よって、
複数の状況における学習転移モデルとは、論理的に成立しないと解釈すべきも
のであろう。

　ここまでの議論を整理すれば、学習の領域は第Ⅰ象限から第Ⅲ象限までが該
当するが、OJT・Off-JT・自己啓発という枠組みは主として第Ⅱ象限と第Ⅲ象
限のみを包含するものである。例外的に、一部のOff-JTと自己啓発が、第Ⅰ
象限に存在する。他方、越境的学習とは、定義4にあるとおり、「越境者が境
界を往還し、境界をつなぐ、一連のプロセス全体」であるから、第Ⅰ象限の全
体を包含する特徴を有することになる。そこで、越境的学習の命題を次のよう
に定める。

命題1　越境的学習は、単一の状況と複数の状況という軸、および状況的学習
　と学習転移モデルという軸を設定した場合、複数の状況で状況的学習を行う
　場合に該当する

　本節の議論を要約すると、OJT・Off-JT・自己啓発という枠組みの限界は、

第Ⅰ象限に存在する学習の重要性を看過していたことにあるといえるだろう。換言すれば、日本の企業においては、同質的な学習が重視され異質性に基づく学習が看過されていたともいえるが、この点は次章第1節の「内部労働市場という境界」において考察する。また、越境的学習は、OJT・Off-JT・自己啓発という枠組みにおいて看過されてきた第Ⅰ象限に位置づけられることが示され、異質性に基づく学習を担う意義があることが示唆される。この点について考察することが、以降の本書の重要な目的のひとつになる。

第5節　経験学習と越境的学習の関係性

　前節では、OJT・Off-JT・自己啓発という枠組みと越境的学習の対比について検討した。これは、OJT・Off-JT・自己啓発という枠組みと越境的学習との違いが明らかではないことから検討を進めたものである。同様に、越境的学習との違いが明らかでない学習概念に、経験学習がある。そこで、本節では、経験学習と越境的学習の関係性について検討する。

　先述のとおり、長岡（2006）は学習の種類として、学習転移モデル、経験学習、状況的学習を並列的に分類していた。越境的学習は状況的学習に依拠しているため、経験学習とは区分されるものとなる。また先述のとおり、中原（2012a）の定義では職場の外部に位置づけられている越境学習から、職場に戻ってきたときに経験学習で内省して学びを深めるという関連性が示されていた。では、本書で定義した越境的学習と経験学習はどのような関係性にあるのだろうか。

1　経験学習とは何か

　関係性を検討するにあたり、経験学習とは何かについて、まず簡単に述べておきたい。

　長岡（2006）が指摘する経験学習の特徴は、実務家が企業における現場経験から、自分なりの経験知を紡ぎ出すことにある。中原（2013）は、経験学習の

特徴を、学習における経験・実践の重視と、経験の内省の重視の2点であるとする。では、その特徴を具体的に見ていこう。

Kolb & Kolb（2005）によれば、経験学習理論は学際的に多くの学問分野の知見を統合して成立したものである。Kolb & Kolb は、経験学習理論とは従来の学習観を一変させるものであるとする。その特徴は、学びとは結果でなく、プロセスであると考えることである。なぜなら、すべての学びとは、学び直すことを意味しており、その学び直しとは、世界に適応する際の葛藤の解消のプロセスだからである。このように経験学習とは、学習転移モデルが想定するように、何らかの知識やスキルが個人に内化していくことには注目せず、学びとは世界に適応する有機的なプロセスであると考え、人と環境の相互作用に注目する。それゆえ、学びとは知識やスキルが個人に内化していくこととは考えず、人と環境の相互作用をとおして知識を創造するプロセスであると考える。

こうした経験学習における学びの表出は、熟達という概念で示される。熟達という概念では、Dreyfus（1983）が示す5段階の区分が有名である。Dreyfusによれば、熟達には一定の時間を要し、「初心者」「見習」「一人前」「中堅」「熟達者」という5段階に区分することができる。ある専門領域において一定の時間を蓄積すれば、多くの人は「一人前」の段階までは到達することができる。「一人前」とは、その専門領域に関する全体的な認識を分析的に行い、決断を合理的にできる段階である。これは、何か与えられている特定の課題があるときには、その課題については適切に分析でき、合理的にその対処方法を決断できる状態を意味する。ただし、あくまで全体的な認識が分析的であることから、その対処方法は部分最適にすぎない可能性がある。いわば、上司などが設定した課題そのものに適切に対処することはできるが、その課題と全体のつながりを視野に入れた、より根源的な課題解決にはうまく対処できない段階であるともいえる。この「一人前」の状態を突破し、「中堅」以上の段階に至るためには、人と環境の相互作用をとおして知識を創造するという経験学習のプロセスを積み重ねていくことが必要になるわけだ。

「中堅」と「一人前」の差異は、「中堅」が全体的な認識を有機的に行うことにある。すなわち、「中堅」は経験学習の積み重ねにより、世界に適応する際の葛藤の解消を繰り返し、世界を有機的な視野で捉えることに熟達していく。

そのため、特定の課題に対処しなければならないときであっても、その課題を世界から分断された課題と捉えるのではなく、世界の有機的な位置取りの中に存在する課題と捉えることになる。こうした捉え方が前提となると、課題への対処は部分最適な対処ではなく、全体最適な対処を行うことができるようになるのである。

「中堅」の段階を経ると、最終的には「熟達者」の段階へ到達する。「熟達者」と「中堅」は、全体的な認識を有機的に行うという点では共通している。しかし「中堅」が決断を合理的に行うのに対し、「熟達者」は決断を直観で行うという差異が存在する。これは「熟達者」が経験学習を積み重ねたことにより、全体を有機的に捉えたうえで、さらにその全体を合理的にひとつひとつ分析するのではなく、複雑に入り組んだ世界に存在する課題の核心を直観で把握できる状態に到達していることと解釈できるだろう。直観が、勘や直感ではないことに留意が必要である。あくまで、直観により世界を解釈し、その核心を把握していることを意味するのである。つまり、経験学習により、繰り返し世界に適応し、人と環境の相互作用から学び取ったゆえに獲得できた段階なのである。

なお、熟達の5段階については、Benner（2001）の看護師の熟達が有名である。Benner によれば、第5段階に到達した看護師は、膨大な経験に基づき、的外れの診断や対策を検討するという無駄をせず、直観により正確な診断を行うことができる。その臨床診断は看護師と医師から高く評価され、医師からも助言を求められるほどになる。

では、具体的には経験学習とはどのように進めることで実現するのだろうか。松尾（2006）は、不動産営業、自動車営業、IT コーディネーターなどの職種を調査し、それぞれの職種に異なった信念[12]があり、職種ごとに異なる信念の存在が経験学習を促進し、熟達を実現することを明らかにしている。これは、世界との葛藤を解消し、人と環境の相互作用を実現するには、個人のメタレベルに存在する信念という方向づけが重要であるからと考えることができよう。

また、経験学習はリーダーシップ開発にも有効とされる。日常の経験の系統化（McCall, 1998）、配属・異動に伴う修羅場、権限の拡大などの経験により一

皮むけること（金井, 2002）、マネージャーとしての仕事経験（谷口, 2006）など、職場における経験がリーダーシップ開発に有効であることが示されている。

　経験学習の具体的なプロセスは、経験学習モデル（Kolb, 1984; Kolb & Kolb, 2005）としてまとめられている。経験学習モデルは4段階のサイクルである。まず「経験の把握」として、現場において具体的な経験（concrete experience: CE）をする。次に「経験の転換」として、具体的な経験を内省的に観察（reflective observation: RO）する。その後、再度「経験の把握」として、内省的に観察した経験を抽象的に概念化（abstract conceptualization: AC）する。さらに再度「経験の転換」として、抽象的に概念化した経験を現場で積極的に実験（active experimentation: AE）する。現場の実験（AE）は、再度、現場の具体的な経験（CE）につながることでサイクルは1周する。このサイクルが螺旋状に積み上がっていくことで、経験学習は深まるとされる。

2　経験学習と越境的学習の関係性

　ここまで述べてきたとおり、経験学習の特徴は、人と環境の相互作用をとおして世界に適応する際の葛藤の解消を繰り返し、世界を有機的な視野で捉えることにある。人と環境の相互作用を重視し、文脈に依存しない知識や技能が普遍的に転移されることを想定していない点では、状況的学習の考え方と類似している。しかし、経験学習の学びの方向性は個人の熟達であり、状況的学習が有する個人と状況が分かちがたく結びついているという視点が重視されているわけではない。越境的学習は状況的学習に基づく学習概念であるので、この点において経験学習と異なることになる。越境的学習においては、学びが深まっていくと、個人、越境元の状況、越境先の状況にそれぞれ変化が生じていくことになる。しかし経験学習の結果として重視されるのは、熟達に示される個人の変化である。

　このような違いはあるものの、経験学習サイクルは、越境的学習における学びのプロセスを巧みに説明できる可能性を有している。経験学習サイクルを、本書における越境的学習の定義に照らし合わせると、図1-5のようなモデルとして表現できる。

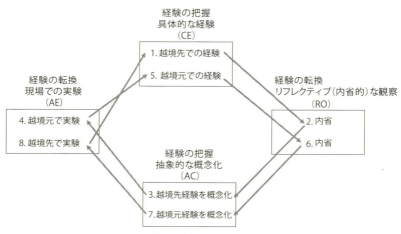

図1-5 越境的学習における学びのプロセスモデル
出所：Kolb & Kolb（2005）に基づき、筆者が加筆して作成

　モデルは、まず「1. 越境先での経験」で開始される。学習者は、境界を越え、越境先という自らが準拠している状況とは異なる状況を経験する。次に学習者は、異なる状況での経験を「2. 内省」する。内省することをとおして、越境先における自分にとっては未知の経験に関して、「3. 越境先経験を概念化」することになる。越境先経験を概念化することで、越境元へと戻った学習者は、越境元において越境先経験を実験してみる。これが「4. 越境元での実験」である。しかし、越境元での実験は容易には成功しない。越境的学習の定義4において先述したとおり、たとえば企業内に企業外の形式知を持ち帰っても、企業内の文脈とは異なるため、学習者はおおいに反発を受けることになる。このような反発を含む、実験に対する越境元での様々な反応を学習者は経験することになる。これが「5. 越境元での経験」である。実験に対する反応をとおして、学習者はうまくいったこと、うまくいかなかったこと、今後の対応方法など、多様な「6. 内省」を行うことになる。その内省をとおして、「7. 越境元経験を概念化」する。この概念化には、越境的学習の定義4で先述した、文脈と切り離された形式知をそのまま越境元に持ち込んでもうまくいかないので、越境元の文脈に溶け込ませる工夫を行うなどの取り組みが、例と

第1章　越境的学習の定義

して当てはまるだろう。越境元経験を概念化して時点で、学習者は再度、境界を越え、越境先に赴く。そして概念化した越境元経験を、「8. 越境先で実験」してみることになる。たとえば、越境先で、越境元で反発された経験を共有し、その対処案としての「越境先で獲得した知識を越境元の文脈に溶け込ませる工夫」について越境先のメンバーで話し合うなどの行為も実験に該当するだろう。この実験をとおして、学習者は再度「越境先での経験」をすることになる。すなわち、越境先と越境元を往還した2重のサイクルが、モデルの開始時点に戻ることになる。これにより、越境的学習のプロセスのモデルは2重に回った後に開始時点に戻るので、プロセスは螺旋状に回転を継続することになる。

　この越境的学習のプロセスのモデルは、経験学習サイクルに重ね合わせたものである。そのため、個人の熟達が結果として重視され、個人と状況が分かちがたくつながっているという状況的学習の視点に欠けるように見えるかもしれない。しかし、このプロセスには「4. 越境元での実験」と「8. 越境先で実験」という要素が含まれている。実際には、学習者はこの要素において越境元および越境先の状況に影響を与え、その影響はさらに「1. 越境先での経験」と「5. 越境元での経験」で他者との相互作用をとおして拡大していくことになる。すなわち、このプロセスのモデルは、個人、越境元の状況、越境先の状況にそれぞれ変化を生じさせていくという点で、経験学習サイクルに基づきながらも、状況の変化を巻き込んだ越境的学習を生起させているといえる。

　この点から、越境的学習と経験学習は概念的には明確に異なるものの、越境的学習が進行していくプロセスの中では経験学習サイクルが同時に生起していることが示される。すなわち中原（2012a）の定義のように、職場外で越境学習が生じ、職場内に戻った場合にだけ経験学習が生じているわけではない。むしろ越境的学習を行う際には、学習者は経験学習サイクルを同時に進行させ、その結果、個人と状況が相互に変化していくことになる。そこで、越境的学習の命題を次のように定める。

命題2　越境的学習の過程では、経験学習サイクルが同時に進行し、その結果
　　　として個人と状況が相互に変化する

59

また、「3. 越境先経験を概念化」と「7. 越境元経験を概念化」については、学習転移モデルとの類似性についての疑問が生じるかもしれないため、その点についても述べておきたい。先述のとおり、学習転移モデルとは、状況とは切り離されて生成された知識が、あらゆる状況で応用可能になるという人間の認知活動に基づく考え方である。経験を概念化したものが、その段階で状況とは切り離された知識となり、これが異なる状況で応用されるなら、ここで述べている事象は学習転移に基づく説明と類似しているように見えるかもしれない。

　しかしこの要素は、学習転移としての認知活動を示したものではない。越境先と越境元を往還している個人は、あくまで自らと関わりのある複数の状況という文脈に基づいた概念化を行っているのであり、文脈が存在しない概念を生成しているのではない。したがって、ここで述べている概念とは、越境先と越境元という複数の状況に紐づいた概念ということになり、学習転移としての認知活動とは区別される。ただし、この複数の状況が異なる状況であるにもかかわらず、それをどのように紐づけていくのかという点は、状況的学習および実践共同体の理論においても簡単には説明できず、議論の存在するところであろう。この課題については、知識の仲介者であるナレッジ・ブローカーの議論において、第3章で詳細に検討する。

第2章

越境的学習における境界

　前章では越境的学習について、5つの定義と2つの命題を設定した。これにより、越境的学習の概要の把握は可能になったと思われる。しかしながら、定義にあるように、越境的学習においては、境界を越えるという行為が学習を生起させるために必要不可欠である。だとすれば、どのような境界を越えたのかという、境界自体の検討が必要になろう。境界については、「越境的学習の境界とは、『自らが準拠している状況』と『その他の状況』との境を意味する」と定義3で示している。本書では、自らが準拠している状況として、内部労働市場、実践共同体、キャリアという3種類の状況を考える。この3種類の境界を越えることに、経営学の人材育成の観点から、今日的な意義があるとみなすためである。そこで、順次、この3種類の状況、そしてその状況が生成する境界について検討していきたい。

第1節　内部労働市場という境界

1　内部労働市場という概念

　本来、労働市場における契約は市場原理に委ねれば効率的であるはずであろう。よって、転職時の賃金決定などは市場原理に委ねること、すなわち労働市場は競争的であることが効率的になると考えられる。しかし、労働市場の賃金メカニズムは必ずしもそのようにはならず、特定の企業に継続的に在籍するほど賃金水準が高くなる現象が観察された。Doeringer & Piore（1971）はその理由の解明に取り組んだ。具体的には、米国における75社以上の経営者と労働組合の面接を行い、その結果、企業内における企業特殊技能、OJT、慣

行といった要因により、内部労働市場という概念を構築したわけである。内部労働市場とは、個別の企業の内部を労働市場とみなす考え方であり、外部の労働市場よりも賃金が高く設定される理由を説明することができる。個別の企業には、その企業だけに通用する技能があるが、その技能は企業内の訓練としてOJTが行われることで育成される。そうであれば、内部労働市場に労働者が長期に在籍することが重要であり、企業にとって外部の競争的労働市場よりも内部労働市場のほうが効率的になる。内部労働市場が存在すると、労働者には雇用の保障と昇進という利益が生じる。企業には転職率の減少や労働者の募集・選抜・訓練の効率性という利益が生じる。

　さらにWilliamson（1975）は、取引コストの節約という観点から内部労働市場の優位性を説明した。市場においては何らかの要因で失敗が生じることがあり、その失敗に対処するためのコストが取引コストである。労働に関していえば、労働者に関する情報を十全に把握することは難しく、また労働者は自分の利益を最優先するという機会主義[13]的な行動をとる可能性がある。このような問題に対して、内部労働市場に労働者が長期的に在籍することになれば、労働者の技能の把握もでき、機会主義的行動が抑制できる。つまり、内部労働市場が存在することによって、取引コストが節約できるのである。

　このように、個別の企業においては、内部労働市場という労働者が長期に在籍する条件が整う。そのため、内部労働市場に新しく労働者が参加し、なじむことは簡単ではない。この組織に新参者が参加し、なじんでいくこと（社会化されること）は組織社会化という理論で整理されている。高橋（1993）は組織社会化の一連の研究をレビューしたうえで、組織社会化を参入前社会化と参入後社会化に区分している。参入前社会化とは、参入者が組織に参入する前の段階であり、予期的社会化と呼ばれる事前段階での参入予定の組織への理解度の向上が重要となる。実際に組織に参入した後の社会化が、参入後社会化である。参入した組織の内情が期待と異なると参入者は、「現実ショック」と呼ばれる衝撃を感じ、組織に「幻滅」する。この「幻滅」に対処し、新参者が円滑に組織になじんでいくためには「組織社会化学習内容」と「組織社会化戦術」が必要となる。

　「組織社会化学習内容」とは、組織社会のために学習すべき内容を意味す

る。Chao, O'Leary-Kelly, Wolf, Klein & Gardner（1994）は、歴史（職場や組織の背後の歴史、伝統）、言語（特別な用語、スラング）、政治（実際に組織で何が効くか、影響力のある人）、人々（同僚と仲良くする）、組織の目標と価値（組織の目標と価値が自分と一致）、成果のための熟練（求められている成果へのスキル、能力）という6項目が学習内容にあたるとする。ここで、注目すべきは歴史、言語、政治という項目であろう。これらの項目は企業文化に深く根差すものであろうし、マニュアルなどに形式知化されて書いてあるわけでもない。参入者が何らかの努力を行い、一定の時間を要してはじめて理解が進むものであろう。

　「組織社会化戦術」とは、組織社会化を促進するために組織側が行う参入者に対する働きかけである。Cable & Parsons（2001）は、「組織社会化戦術」を、文脈（公式的な集合研修の機会など）、内容（将来のキャリア・パス、昇進機会などを明らかにすること）、社会的側面（同僚といい関係を築くことができ、学べている）という項目で整理している。学習内容が歴史、言語、政治など企業文化に深く根差すものであれば、公式的な集合研修の機会だけで把握することは難しいだろう。それだけに、「内容」や「社会的側面」に関する組織側の働きかけが重要となろう。

　学習内容を理解するためには、「組織社会化戦術」のみならず、参入者個人の行動も必要となる。Kim, Cable & Kim（2005）は、プロアクティブ行動と呼ばれる個人が主体的に組織に働きかける行動のうち、とりわけ「肯定的フレーミング」（物事の肯定的な側面を見ようとする行動）と「一般的な関係構築」（会社の社交的な集まりに参加する行動）が、組織社会化に影響を与えているとした。「一般的な関係構築」により組織内の多様な人々と知り合うことは、歴史、言語、政治などの企業文化の理解を促進する効果があると考えられる。したがって、プロアクティブ行動の中でも、「一般的な関係構築」に影響力があったことは理解できる。

　ここまでの議論を整理すると、個別の企業内の労働市場を意味する内部労働市場は、その成立に必然性があり、しかもそこに労働者が長期に在籍することは、労働者にとっても企業にとっても利益があることがわかる。それゆえに、内部労働市場は長期に在籍する労働者たちが醸成する特有の文化が存在すると思われるが、組織社会化理論において、そのことが示されている。ある組織に

参入しようとする労働者にとっては、その組織の歴史、言語、政治など企業文化を理解することが社会化に重要であり、そのため組織側の働きかけも、個人の行動も、企業文化の理解につながる項目が存在する。

もっとも、単純に労働者がその企業に属していれば、内部労働市場の恩恵にあずかることができるわけではない。Doeringer & Piore（1971）は、内部労働市場には一次労働市場と二次労働市場があるとする。二次労働市場とは、その内部労働市場に多数の入職口があるものの短い期間で契約される職務である。また、昇進や異動の権利がほとんどない職務が該当する。一次労働市場の職務の賃金は高く、雇用の保障があり、昇進の機会も多いことに比べ、二次労働市場では賃金は低く、就労環境は劣悪で学習機会も少なく、それゆえ離職率も高い。日本でも、内部労働市場の多様性に関する研究蓄積があり（西村・守島, 2009; 平野, 2009）、内部労働市場を一律に理解することには留意が必要である。

2　日本型雇用慣行と内部労働市場

内部労働市場には多様性があるとしても、企業側と労働者の双方に利益がある仕組みであり、そのため特有の文化が形成されることを前節では述べてきた。特有の文化が存在するということは、内部労働市場における境界が強固なものであることが示唆される。このように内部労働市場という概念そのものによって、その境界の強固さがもたらされることになる。そのうえで、さらに内部労働市場の境界を強固にする要因がある。それが、日本型雇用慣行である。内部労働市場に、日本型雇用慣行という要因が組み合わされることにより、境界はより一層強固なものとなり、境界を越える行為への制約は大きくなる、ということが本節の主張である。

では、まず日本型雇用慣行から検討していこう。日本型雇用慣行は、いわゆる三種の神器（年功賃金、終身雇用、企業別労働組合）、あるいは非専門的なキャリア・パスや配置転換の存在が特徴であるとされる（Abegglen, 2004; Dore, 1973; Ouchi, 1981）。もっとも、そうした理解は表層的であるという指摘がある。実際の日本型雇用慣行においては、新規学卒者が定期採用され、体系的な企業内訓練と広汎で柔軟な職務配置により技能形成がなされ、その技能は定期昇給によ

り人事評価される。そのうえで、正社員は小集団活動で生産性向上に努める。生産性向上の結果として人員削減され、職が奪われないよう、定年まで雇用保障される。これらの暗黙の仕組みは、ホワイトカラーもブルーカラーも同様に適用され、企業別組合がその状況をモニタリングする。ここまでの一連の条件が組み合わされてはじめて日本型雇用慣行が成立するとされる（森口, 2013）。

　この森口の一連の条件は、近年、メンバーシップ型と表現される雇用慣行と同じ内容を示していると考えられる。メンバーシップとは、採用にあたって職務を重視するのではなく、個別企業への適応性を重視する雇用慣行を意味する（濱口, 2013）。もともと、国際比較における日本の雇用の特徴として、企業において職務定義が重視されていないことが指摘されてきた（Marsden, 1999）。森口の指摘する条件のうち、定期採用された新規学卒者が柔軟な職務配置により技能形成されていくという部分が、日本において職務定義が重視されないことと関連する。日本型雇用慣行では、新卒採用された正社員の大多数が幹部候補者として扱われ（海老原, 2013）、先述したインフォーマルな OJT により、長期に関連する部門を人事異動していくことで技能形成される（小池, 1997）。技能形成が長期にわたるため、昇進に関しても一定の期間を要するようになり、こうした昇進の仕組みは、「おそい選抜」と呼ばれる。「おそい選抜」で昇進が決着しないことにより、幹部候補者である大多数の正社員の動機づけは維持され、異常対応や改善を行うことができるようになるが、この技能形成は「知的熟練」と呼ばれる（小池, 1981, 1991）。

　一連の小池の日本型雇用慣行における職務の柔軟性に基づく配置転換の強みを、青木（1989）も同様に評価している。青木によれば、日本の企業には、人事管理が集中化され、強度のタテの昇進構造が存在する。同時に正社員は頻繁に部門を越えて配置転換されるが、それが可能になるのは人事管理が集中化して行われるからである。このタテの昇進構造（集中化した人事システム）とヨコの配置転換（分権化された情報システム）が併存し、情報が縦と水平に行き渡る仕組みこそが、日本企業の競争優位であり、「双対原理」と呼ばれる。

　他方、日本型雇用慣行における職務の柔軟性に基づく配置転換を否定的に捉える論者もおり、八代（2009）においてその論旨が代表的に示される。八代の説明はこうだ。日本型雇用慣行においては、未熟練労働者が新卒として一括採

用される。労働者は、長期間にわたり配置転換によって多能工として育成される。多能工であるがゆえに、頻繁な配置転換が必要となり、また未熟練労働者を熟練化するために個人単位の仕事も集団で行い、極度にチームワークを重視する。業務を集団で行えば、意志伝達の時間を要し、手待ち時間も生じ、これが慢性的な長時間労働を惹起する。結果として、慢性的な長時間労働と、転勤を含む頻繁な配置転換は、強い拘束性のある働き方につながる。日本型雇用慣行は、長期にわたる配置転換が前提となり、正社員への雇用保障が必要となるので、一見、正社員を保護しているようであるが拘束に他ならず、長時間労働も発生するので、夫婦がともに働く形態をとるのは事実上困難となる。つまり、正社員にとっても、家庭生活の犠牲を強いる仕組みとなる。

　日本型雇用慣行に関する肯定的な論と否定的な論について述べてきたが、いずれの論も正社員が長期にわたり、個別企業に在籍するという点では一致している。それを肯定的に捉えれば、雇用保障であり技能形成の機会になる。否定的に捉えれば、正社員の閉じ込めであり、時間と空間の拘束である。こうした正社員の長期間にわたる囲い込みについては、「見えざる出資」という説明もある。「見えざる出資」とは、日本型雇用慣行においては、年功賃金であるために若年期には労働者の生産性が賃金を上回る現象が生じ未払い賃金が累積すること、および長期間特定の企業に在籍することで企業特異的な熟練が形成される、という２点の特徴があるが、中途で企業を退出することになると、この２点についてそれまで拠出してきたリターンを放棄することになるため、結果的に退出の障壁になる、という考え方である（加護野・小林, 1989）。

　「見えざる出資」は、職務を特定しない総合職（正社員）が長期間、特定の企業に囲い込まれる理由を巧みに説明しているといえるだろう。先述したように、もともと内部労働市場とは、労働者が長期に在籍する要因によって成立する概念である。くわえて、日本型雇用慣行のもとでは、新卒一括採用された正社員が、職務を特定されないまま総合職として長期に技能形成されていくからこそ、より一層、内部労働市場にとどまる方向性が強くなる。

　さらに、日本の人事部門は規模と権力が大きく、標準化されたルールと手続きを重視する中央集権的要素を有し（Jacoby, 2005）、柔軟な配置転換を優先して厳密な職務調査は軽視し、人事評価は曖昧にとどめて、むしろ長時間残業、

職務変更、転勤を厭わず会社に尽くす態度を評価するという傾向もある（福井, 2009; 濱口, 2013; 熊沢, 1997）。日本の人事部門のこのような傾向は、正社員の特定企業への囲い込みを強化する方向に作用するであろう。

　ここまでの議論を整理すると、次のようになる。メンバーシップ型とも呼ばれる日本型雇用慣行の特徴は、職務が特定されない正社員が長期にわたり企業に在籍することにある。したがって、もともと内部労働市場は労働者が長期に在籍する要因によって成立しているわけだが、日本型雇用慣行はさらに労働者が在籍する方向性を強化する。すなわち、内部労働市場における境界は、日本型雇用慣行によってより強固になり、かつ長期間維持されることになる。ただし、日本型雇用慣行が囲い込みの対象とするのは、主に正社員である。そのため、正社員と正社員以外の間に、内部労働市場における境界の強固さの捉え方には差があることが想定される。

3　越境的学習と内部労働市場という境界

　内部労働市場という境界について検討を進めてきた。それでは、越境的学習と内部労働市場という境界は、どのような関係性にあるのだろうか。内部労働市場の境界が強固であるならば、越境的学習において、その境界を往還するには困難さが伴うだろうし、困難であるかわりに、学習の効果も高いことが想定される。ただし、もし現時点において日本型雇用慣行が変質し、その影響が弱まっているのであれば、境界はそれほど強固ではないということになる。この点において確認しておきたい。

　日本型雇用慣行の変化の程度については、それ自体が研究課題として多くの議論がなされているところであり、ここでは深入りは避けたい。しかしながら、正社員の長時間労働の傾向は変わらない（山本・黒田, 2014）、就業者に占める正社員の比率が減少したわけではなく、転職率や勤続年数などの雇用に関する統計的な数値からも日本型雇用慣行が弱まったという論証はできない（海老原, 2012; 山田, 2016）など、日本型雇用慣行が抜本的に変化していないことを指摘する先行研究は多い。実際、労働政策研究・研修機構『第7回勤労生活に関する調査』（2016年）によれば、第1回調査からのトレンドを見る

と、「終身雇用」を支持する割合は 2001 年に 76.1％と、一度低下したものの、再び上昇に転じ、2015 年（今回調査）では 87.9％まで上昇している。しかも、終身雇用の支持は中高齢層だけに多いわけではなく、若年層においても、20代が 87.3％、30 代が 88.4％と高いものになっている。同様に、「組織との一体感」についても 2004 年に 77.8％と若干低下した後、上昇を続け、今回調査では 88.9％となっている。さらに、「年功賃金」を支持する割合も上昇を続けており、今回調査では 76.3％に至っている。つまり、労働者側は、日本型雇用慣行を支持する割合が若年層を含めて高く、しかもその支持の程度は近年高まっていることになる。

　さらに、日本企業の人事施策が変化しているかどうかについての検討も必要だろう。先述のとおり、日本型雇用慣行下の内部労働市場の境界が強固になる主な要因として、正社員の職務を特定しないという特徴があげられていた。この正社員の職務を特定しないという人事ポリシーを能力主義、職務を特定する人事ポリシーと整理した場合、近年の日本企業では能力主義に職務主義の考え方を一部取り入れ、その折衷施策を役割主義と呼称している場合がある（平野, 2006, 2011）。役割主義において職務の取り入れが機能しているのであれば、日本型雇用慣行は本質的に変化する可能性があろう。しかし、山田（2017）は役割主義と呼称している制度の大半は、新卒一括採用の入社年次を昇進の判断基準に含める年次管理を併用しているため、実質的に職務の取り入れが機能しているわけではなく、本質的には能力主義に基づく人事管理が継続しているとする。

　ここまでの議論から、日本型雇用慣行が本質的に変化していると結論づけることは難しく、やはり日本型雇用慣行下の内部労働市場の境界が強固になるという環境は継続しているといえるだろう。もっとも、近年、非正規社員比率が上昇傾向にあり、その点で日本型雇用慣行が変質したという指摘もあろう。この状態の解釈は、非正規社員の増加と正社員を対象とする日本型雇用慣行の継続が併存していると考えることができ（清家, 2013）、むしろ日本型雇用慣行が変わらず正社員だけが極端に保護されているからこそ、そのひずみの帰結として非正規社員が増加している（八代, 2009）という指摘もある。内部労働市場には二次労働市場も存在し多様性があることは先述のとおりであり、内部労働市

場の構成員だからといって、その影響が一律であるわけではない。ここまで述べてきた日本型雇用慣行の特徴を考慮すると、日本型雇用慣行下の内部労働市場の境界をより明確に意識するのは正社員であると考えられる。

　定義に基づけば、越境的学習の対象は正社員に限定されるわけではない。ただし、越境的学習が生起するのは、学習者が境界の存在を認識している場合であり、日本型雇用慣行下の内部労働市場の境界については、正社員において越境的学習が生じる可能性が高いだろう。では、正社員が日本型雇用慣行下の内部労働市場の境界を往還することに、どのような意味があるのだろうか。

　定義3にあるとおり、越境的学習は「自らが準拠している状況」と「その他の状況」が境界になる。正社員は、属する内部労働市場、すなわち属する企業を「自らが準拠している状況」と考えることになる。組織社会化理論のレビューにあるように、内部労働市場では労働者が長期に在籍することにより、組織特有の文化が形成される。正社員にとっては「自らが準拠している状況」においては、組織特有の文化が存在することになる。越境的学習は、特有の文化が存在する状況とその他の状況を往還することによって学びが存在することを主張することになる。

　しかし、ここでは、内部労働市場の境界を越え、異なる状況を往還することに、それほどの意味があるか、という疑問を検討しなければならないだろう。なぜなら、むしろ従来の人材育成の議論は、内部労働市場の境界内部における単一の状況の学びに焦点を合わせていたからだ。ここでは、その議論を2点の論点にまとめて説明する。第1の論点は、小池（1981, 1991, 1997）の主張である。先述のとおり、インフォーマルなOJTにより、内部労働市場の境界内部で長期にわたる技能形成が存在することで、「知的熟練」が実現する。この長期にわたる技能形成は、特定の文脈だからこそ学びが生じるという状況的学習の説明とも符合する。そのため、小池は、内部労働市場の境界を越える行為、具体的には過度な雇用の流動化は、日本の技能形成にとって望ましくないとする。

　また第2の論点として、内部労働市場の境界内部においても、単一の状況だけでなく、異なる状況の学びがある、という主張も考えられる。具体的な例は、経験学習で説明した金井（2002）の「一皮むけた経験」における配属・異

動に伴う修羅場、権限の拡大などの経験が該当しよう。配属・異動に伴う修羅場とは、たとえば新規事業の立ち上げ、海外出向などを意味し、たしかにそれらの経験は異動前とは大きく異なる状況の経験であるだろう。また、「一皮むけた経験」ほど劇的な経験ではなくても、日本型雇用慣行における職務を特定しないことによる広範で柔軟な職務配置、具体的には人事異動などによっても、職場と職場の境界を越え、異なる状況を経験できるのではないか、という主張もあろう。越境的学習と人事異動の効果の違いは、たしかに十分に検討すべき論点だろう。

　この2つの論点に対し、内部労働市場の境界内部の学びと、境界を往還する学びの差異については、本書の主要な検討事項として、第5章以降の実証調査で詳述する。ただし、第2の論点については、ここで筆者の見解を述べておく。「一皮むけた経験」で述べられている新規事業の立ち上げや海外出向などの配属・異動は、所属する組織とは大きく異なる組織文化との遭遇であるから、多くの場合、異なる状況の経験に該当するであろう。しかし、人事異動などの広範で柔軟な職務配置は、同じ組織文化のもとにおける状況に移動したことになる。越境的学習の定義において、境界は、学習者自身が「自らが準拠している状況」と「その他の状況」を認識するものに限られる。人事異動による同じ組織文化のもとにおける赴任先の新しい職場は、多くの場合、正社員にとって「自らが準拠している状況」と認識されるものだと考えられる。また、青木の「双対原理」にせよ、小池の「知的熟練」にせよ、人事異動は内部労働市場の境界内部の均質性を高める働きを有しているとみなしている。したがって、広範で柔軟な職務配置としての人事異動は、境界を越える行為とは考えにくく、越境的学習とは区分されるべきものであろう。

第2節　実践共同体という境界

　越境的学習における境界としては、実践共同体間の境界を想定することができる。序章において、越境的学習が注目される背景には、実践共同体が越境先として有力な学習の場になっているからであると述べた。しかし、実践共同体

第2章　越境的学習における境界

に関する研究は多様な観点からなされており、その定義、概念自体にも混乱が生じている面がある。そこで、本節では、あらためて実践共同体の概念の意味、意義について検討する。そのうえで、その境界を越えることが越境的学習にとって、どのような意味、意義を有するのか、ということについても検討する。

1　実践共同体：状況的学習、正統的周辺参加および意味の交渉

　先述のとおり、実践共同体とは、「あるテーマに関する関心や問題、熱意などを共有し、その分野の知識や技能を、持続的な相互交流を通じて深めていく人々の集団」（Wenger, McDermott & Snyder, 2002, 邦訳書, 33 頁）と定義されているが、具体的にはどのような共同体が、実践共同体に該当するのであろうか。

　実践共同体については、従来は同一企業内の存在が着目され（Wenger, 1998; Wenger & Snyder, 2000; Wenger, McDermott & Snyder, 2002）、仲介についても、同一企業内に複数に存在する実践共同体間の仲介が研究対象となってきた（Gherardi & Nicolini, 2002）。しかし近年では、職場から企業内外の実践共同体に越境する際の学習の効果に注目した研究（荒木, 2007, 2009）、企業外の実践共同体における学習の効果に注目した研究（石山, 2013; 松本, 2013a; 中原, 2012a; 中西, 2013a; 舘野, 2012）が増加している。

　これらの一連の研究における実践共同体とは、自発的な参加者を構成員とする勉強会、研究会が中心となる。たとえば、異なる介護施設の担当者による学習療法の研究会（松本, 2013a）、航空分野の技術者の交流（中西, 2013a）、労働者のキャリア形成に関心のある人々の研究会（石山, 2013）などである。また近年では、実践共同体が地域活性化において、従来は連携のなかった地域内外の利害関係者を橋渡しする役割を担ったという例が報告されている（湊, 2013; 西澤, 2008; 奥山, 2013; 佐藤, 2011; 田島・小川, 2013）。

　ここまでの具体例を鑑みても、実践共同体は広範に存在していることがわかる。それだけに、その定義、概念については、あらためて整理してみる必要があろう。先述したとおり、個体主義的な学習観に基づく学習転移モデルを批判する立場から状況的学習の研究が進んできた。学習転移モデルが、特定の文脈

71

に依拠せずに、個人は転用可能な知識、技能を学ぶため、学習とは、知識、技能が個人に内化すると考える（Anderson, Reder & Simon, 1996; 長岡, 2006）ことに対し、状況的学習は学習における他者との相互作用に注目する。他者が存在する日常という状況での学習（Lave, 1988）、あるいは熟練者による徒弟制的な学習（Brown, Collins & Duguid, 1989）という視点は、他者との相互作用に着目しているものだ。

　Lave & Wenger（1991）は、この他者との相互作用という視点を発展的に咀嚼し、実践共同体における学習を状況的学習と位置づけた。Lave & Wengerは学習を、単に個人に内化するだけのプロセスとは考えない。ここで、正統的周辺参加（legitimacy peripheral participation）という実践共同体を読み解く重要な概念が示される。

　学習転移モデル、とりわけ学校における学習を考えると、教授者が受け手に知識を伝達する。この際、教授者が行うことは、教え込み的（didactic）状況における教授（instruction）であり、それが学習とみなされる。一方、正統的周辺参加では、新参者と古参者の関係が想定されるが、古参者にも若い親方や大親方が存在するなど、関係者は多様である。若い親方、大親方とは徒弟制に基づく表現であるが、徒弟制に当てはまらない実践共同体においても、古参者に正統性の程度、参加の程度で多様性があるということでは共通している。すなわち、実践共同体において古参者に多様性があることを示す表現と解釈できる。学習転移モデルと異なり、新参者は実践共同体に所属すると同時に、直ちに何らかの実践、すなわち貢献を共同体に対して行うことになる。学習転移モデルでは、受け手は知識を教え込まれない限り無力な存在として考えられているのだが、正統的周辺参加では、新参者は即座に能動的な行為が可能な存在として想定されている。

　このように共同体に所属して、貢献を行うことが参加と表現される。新参者は、共同体の周辺に位置しながら実践（貢献）を行うことで、共同体のメンバーであるという正統性を認められる。実践（貢献）の度合い、すなわち参加の度合いが増加するほど正統性も増加していく。正統的周辺参加では、この参加の度合いの増加そのものを学習とみなすのである。

　なぜ、参加の度合いの増加が学習と考えられるのであろうか。新参者は共同

体内において、古参者に比べ、権力を有していない。しかし、まったく権力がないわけではなく、参加の増加により権力は増していくし、時には古参者の権力を脅かすこともある。Fox（2000）が示すように、実践共同体における権力はFoucault（1984）が述べる権力と本質的に同じものであり、明確に特定の誰かが所有するものではないし、共同体の中心に絶対的な権力の源泉が存在するわけでもない。むしろ共同体の様々な関係性に埋め込まれているものであり、それがゆえに新参者と古参者、新参者同士、古参者同士などの様々な権力の葛藤をとおして、共同体にローカル（独自的な）知識が創造され、新参者と古参者は自らの参加の程度の見直しを行うのである。くわえていえば、正統性が増加していくと新参者は古参者になるし、古参者が置換されてしまうこともある。このような不断の新参者と古参者の緊張関係は、共同体そのものの再生産にもつながるのである。

　正統性が増加していくと、新参者は共同体の資源へのアクセスを、より容易に行うことができるようになる。アクセスの増加により、新参者は共同体に埋め込まれている様々な暗黙知についての理解を深めていく。

　共同体における個人の役割、貢献が増加していく中で、個人の考え方・振る舞い方が変わること、すなわち共同体において自己のアイデンティティが形成されていくことを正統的周辺参加は学習とみなす。ただし、あくまで共同体において正統的とみなされることに熟練したことを共同体は学習とみなすのであり、非正統的なことの熟練は学習とみなされない（長岡, 2015）。

　共同体において、何が正統的な振る舞いで、何がそうでないかを区分し、かつ正統的に振る舞っていると他のメンバーから知覚されることは、もちろん容易ではない。共同体に埋め込まれた複雑な人間関係の権力構造を体感してこそ得られる知識であり、それゆえに共同体の内部でしか知ることのできない暗黙知となる。共同体の内部でしか知ることのできない暗黙知の生成を、Wenger（1998）は、「意味の交渉（negotiation of meaning）」という概念で説明する。

　図2-1は、実践共同体における「意味の交渉」が図解されたものである。「意味の交渉」とは、いわば実践共同体において、意味が形成・創造されるプロセスを示す。「意味の交渉」は、参加と具象化という2要素が両立することで可能になる。参加と具象化は異なる概念であるが、対立するものではない。

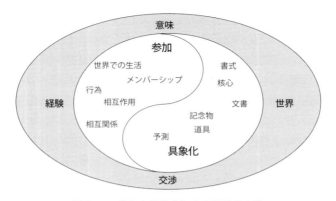

図 2-1 参加と具象化による意味の交渉
出所：Wenger（1998）63 頁の Figure1.1 を筆者が日本語訳

参加と具象化に相互作用が存在することで、はじめて「意味の交渉」が成立する。

　参加とは、先述のとおり、新参者、古参者など位置取りの異なる構成員が、それぞれの位置取りに応じた実践を行い、そこで権力関係の葛藤が生じることからもたらされる相互作用を意味する。他方、具象化とは、様々な実践を、人工物や言語など明示的な事柄に変換するプロセスを意味する。

　参加も具象化も、実践を意味として形成するにあたって有益なものである。しかし、それぞれに有益さとともに、課題も存在する。たとえば、Wenger は具象化の一例として、スローガンを取り上げる。実践をスローガンとして表現することは、わかりやすいことである。スローガンとして掲出されたことで、スローガンを目にした人々は、その含意を明確に理解することができる。しかし、明確なスローガンには落とし穴もある。本来、複雑に存在していた含意は、スローガンとして表出されたことで単純化され、子細な部分の含意は欠落し、読み取ることが不可能になってしまう。

　この具象化によって生じた単純化と意味の欠落を補うものこそ、参加である。参加によって生じる構成員間の複雑な相互作用があるからこそ、具象化で欠落した子細な部分の含意の理解が可能になる。Wenger によれば、参加による相互作用は日常世界のあらゆる局面で生じる。たとえば、職場の隙間に生じ

た実践共同体であれば、ランチや休憩時間などのとりとめのない会話の中で相互作用が生じていく。

　他方、参加にも限界がある。子細な部分の含意は理解できても、それが複雑さを帯びているからこそ、構成員に共通的に明確化した理解を促すことができない。参加による構成員の事象の解釈はそれぞれ異なるものとなり、人によっての差異が大きくなる。そのため、具象化による単純ではあるが、共通的な理解が必要となるのだ。

　このように参加と具象化は、人と人工物の相互作用であるとも考えられる。実践共同体における人と人工物の相互作用の理論的根拠のひとつとして、アクターネットワーク理論（Callon & Law, 1997; Latour, 1987）がある。アクターネットワーク理論では、知識は、アクター（人も人工物もいずれもアクターである）のネットワークの働きにより創造されると考える。Callon & Law（1997）によれば、存在物は異種の物質のネットワークであり、人工物は人と人工物のネットワークである。Callon & Law は、英国空軍の長距離飛行の戦術攻撃偵察用航空機の例で説明する。この航空機は 1955 年の冷戦時代の状況、具体的にはロシアの「脅威」に応じて製造された。この「脅威」自体が政治的・戦略的・技術的な異成分の混合物であり、それに対応する航空機は空気力学の法則、エンジニアチームの経験、英国産業の能力の相互作用により存在する。すなわちこの航空機は、技術者、政治家、資本家、金属、生産能力、風洞、予算などの混成物でもある。

　このアクターネットワーク理論の考え方は、状況的学習と関連づけられることとなった。Suchman（1987）は、人と機械の相互作用に関して、人の行為が状況に埋め込まれていることを前提にする重要性を指摘した。この前提が欠落していると、人工知能の研究は破たんをきたすことになる。同様にアクターネットワーク理論の考え方は、実践共同体にも反映されている。実践共同体の実践は、人と人工物のネットワークにより成立し、それが学習を促す。たとえば、リベリアの仕立屋という実践共同体における製品は、帽子、ズボン下、子ども服、フォーマルな衣服、高級スーツであるが、これらの人工物は親方、職人、徒弟がある順序で制作し、その制作過程を新参者は観察することができる。さらにそれぞれの衣服は、手縫い、足踏みミシン、アイロンかけ、裁断、

縫製により制作される（Lave & Wenger, 1991）。

　このように仕立屋という実践共同体は、親方、職人、徒弟、新参者という人と、衣服の種類や制作の過程、道具などの人工物が複雑に相互作用するネットワークで形成されている。この複雑なネットワークの実践に参加することで、学習が生起し、暗黙知を獲得することができる。このように実践共同体の暗黙知は参加し、自身がネットワークの一部になることで獲得できるものであるため、粘着性が高いのである。また、この参加は、実践共同体に「正統的」に参加していることではじめて可能になる。「正統的」に参加することで、実践共同体の境界の内部の人と人工物のネットワーク、換言すればデザインされた学習の資源にアクセスすることができる。このように、実践共同体においては正統性が学習の資源の前提となるので、「正統的周辺参加」が重要な概念になる。

　このように、参加と具象化は、実践共同体という日常世界を理解するための両輪であり、お互いの存在なくして構成員が世界を理解することは不可能になる。しかし、両方の存在があれば、実践共同体の境界の内部に存在する世界を理解することが可能になり、この世界を理解するプロセスが「意味の交渉」である。

　そもそも、日常生活世界の理解に関する記述は難しいとされる。人は、主観的な意味連関の中で世界を理解するが、実は世界は相互主観的でもある。人の主観的な知識の集積は、社会的な知識の集積によるものだが、その社会的な知識の集積は人の主観的な知識によりもたらされる（Schütz & Luckmann, 2003）。このように矛盾する日常生活世界の理解について、実践共同体においては「意味の交渉」という概念を用いることにより、世界の理解のプロセスを直截に示すことができたといえよう。

2　正統的周辺参加とアイデンティティの形成

　実践共同体における正統的周辺参加の重要性について述べてきた。正統性があれば、参加と具象化にアクセスでき、「意味の交渉」が生じ、実践共同体という世界の理解が進む。参加の程度が増し、「意味の交渉」により世界の理解

が進むことは、アイデンティティの形成と言い換えることができ、それは実践共同体における学習を意味する。

アイデンティティの形成が学習にあたることを Lave & Wenger（1991）は、断酒中のアルコール依存症者の共同体の例で説明する。この共同体において、新参者の第一歩の貢献は、共同体に参加している間は断酒するという意思表明にすぎない。しかしいずれは古参者として、断酒したいきさつとプロセスを新参者に語るようになり、最終的には共同体に訪れた飲酒者に対して共同体に参加するよう説得するまでの役割を果たすようになる。

この共同体では、アルコール依存症は一度かかったら、元には戻れないと考えられているが、飲酒と無飲酒（断酒）はコントロール可能なことと考えられている。すなわち、古参者になるということは、アルコール依存症でない（自覚していない）飲酒者から、断酒中のアルコール依存症者になることを意味する。新参者の段階では、自分がアルコール依存症であることを認められないが、古参者との関わり、対話によって自分との共通点を見出し、自分をアルコール依存症と認められるようになる。さらに、無飲酒について、持続的に努力するようになる。こうして、断酒中のアルコール依存症者というアイデンティティが形成されるが、このアイデンティティとは共同体において人が自分を見る見方であり、他人からの見られ方である。たとえば、マネージャーや技術者になることは個人の知覚だけではなく、個人がマネージャーや技術者から受容、承認されてこそ成り立つ部分もある。つまり、学習とは学習者が世界を知覚することにより得るアイデンティティだけではなく、世界が学習者を知覚するアイデンティティでもある（Brown & Duguid, 2001）。

Lave & Wenger は、正統的周辺参加は徒弟制の過程を一般化したものではないとする。これまで述べてきたように、学習とは個人が共同体でアイデンティティを形成する過程であり、同時に共同体自身が再生産される社会的実践の枠組みとして捉えたところに本質があるとしている。正統的周辺参加の価値は、Dreyfus（1983）の熟練研究に代表される認知的に個人がどのように熟練していくのかという研究が個人中心的にすぎ、社会構造が前提として成立してしまっているのに対し、熟練が生成される社会的文脈を、実践という枠組みで明確に分析したとして評価される（福島, 1993）。この福島の評価は、先述した

経験学習と越境的学習の位置づけの差異と関連している。Dreyfus（1983）の熟練研究は経験学習の代表的な論にあたるが、経験学習は個人と世界の相互作用を重視するものの、最終的な帰結としては、個体主義的な認知に基づき学習がなされ、知識と技能は個人に内化する。正統的周辺参加は、個人と世界の相互作用を個人だけに帰結させず、個人と状況が分かちがたく結びついたことを示した点に価値があろう。

しかし、Lave & Wenger が示した事例は、産婆、仕立屋、操舵手、肉屋、断酒中のアルコール依存症者、といずれも徒弟制であり、徒弟制そのものの学習との関連が強く意識されてしまう。そうであれば、実践共同体は徒弟的な共同体に限定されてしまうはずである。そこで、そのような限定が妥当であるのか、ということについて次に検討する。

3　実践共同体と知識創造

Lave らが提起した実践共同体の概念は、Wenger（1998）、Wenger & Snyder（2000）、Wenger, McDermott & Snyder（2002）の一連の研究によって、知識創造の場としての意義が強調され、いわば徒弟制からの拡張が意図されるようになってくる。

この一連の研究で共通的に主張される実践共同体の特徴は、メンバーが他者から選任され、境界が明確であり、目的が職務遂行である公式的組織と異なり、知識創造や専門性の向上に情熱を感じて、自発的に人々が集まるということである。実践共同体は参加者の自発性という特徴があるコミュニティであるため、互恵主義、信頼感、開放的な雰囲気が醸成され、それが知識創造に資することになる。

具体的には、まず Wenger は職場内に非公式に存在する実践共同体に注目した。すなわち保険会社の保険請求処理の職場内に存在する、保険処理担当者たちによって形成されている実践共同体である。Lave & Wenger は、もともと実践共同体は公式的な職場においても隙間に生じると述べており、この保険処理担当者たちの実践共同体はそれに当てはまり、隙間実践共同体と呼ばれる。先述した中西（2013a）の航空分野の技術者の交流における実践共同体も隙

間実践共同体と位置づけられている。隙間実践共同体は公式コミュニティに対する副次的コミュニティとして存在し、知識共有を促す機能があるとされる。

　保険処理担当者たちは、この隙間の非公式な実践共同体に自発的に参加し、管理者のいない互恵主義的で開放的な雰囲気の中、ランチの場などで業務に関する工夫を編み出していた。ただし、創造された知識は業務の改良など、従来と連続性がある限定的なものであることに留意が必要である。

　これに対し、より創発的で新規性の高い知識創造の例として、世界銀行、HP（ヒューレット・パッカード）などの多国籍大企業における職場横断的な実践共同体が示される。ここでは企業内の多様なメンバーが、関心のある専門性についての交流をすることによる知識創造の意義が強調されている。

　なぜ、実践共同体の知識創造の意義が強調されるのか。その理由は、公式的組織との差異にある。企業における事業別または機能別のユニットにおいては事業目標の達成が責務となるが、実践共同体では知識の創造が目的となる。企業におけるプロジェクトチームでは、チームの成果物、全体的な目標達成が責務となるが、実践共同体では領域（共通の関心分野）に全身全霊を傾けることが中心となる。こうした特徴に基づき、企業内の多様な関係者が互恵的、信頼的、開放的に交流することができるため、公式的組織だけでは得られない知識創造が可能となるのである。したがって Wenger & Snyder（2000）は、実践共同体がビジネスユニットやチームという存在と同様に企業の成功を左右するので、企業が公式に支援をすべきだとまで明言している。

　これらの事例にある実践共同体は、開催頻度は毎月、あるいは数か月に1回など一定の間隔を有しており、日常的に交流のある実践共同体とは異なる。また構成員は知識労働者であることが多い。この実態を、荒木（2008）は、実践共同体の概念が、日常的に構成員が濃密に交流する徒弟制のモデルから、構成員は知識労働者であり、その結びつきが緩やかであるというモデルへと拡張されていると指摘する。

　こうした、知識労働者が緩やかに結びつき知識創造がなされる実践共同体の特徴への注目は、IBM のメモリー・タイプライターなど新製品を開発するためのイノベーションに寄与した例（Brown & Duguid, 1991）、オーストラリアでの研究者間の交流（Nagy & Burch, 2009）、スコットランドの地域警備における

研究者と実務者の交流（Henry & Mackenzie, 2012）、学術雑誌における知識の共有（Ponton, 2014）へと発展している。

Nagy & Burch（2009）は、毎日一緒に働く必要はないが、構成員が自発的に集まり情報や知識を共有するという実践共同体には、非階層的、非公式的、決まったリーダーがいない、参加は自発的、暗黙知が蓄積される、などの特徴があり、こうした公式的組織と異なる性質が知識創造に適しているとする。だからこそ、研究者間の交流に実践共同体は重要な役割を果たすことができる。また Henry & Mackenzie（2012）は、地域警備の研究者と実務者という異なった領域の人々が同じ実践共同体の内部で交流する点に注目した。もともと、研究者と実務者は異なった文脈でコミュニケーションを行うため、それぞれだけに通用する暗黙知に裏づけられた会話も多く、共通の理解が成立しにくい。しかし、同じ実践共同体で交流した結果、当該共同体としての正統性が形成されていく過程において、研究者と実務者間の先述した「意味の交渉」が生じ、正統性のあり方を含めた意味での共通の理解が促され、知識創造へとつながっていくのである。「意味の交渉」という複雑な過程を経て、研究者と実務者は暗黙知を共有できるようになっていく。

ここまでのレビューをまとめてみると、実践共同体が知識創造の場として機能する理由は、多様な関係者が互恵的・信頼的・開放的に交流するという公式的組織と異なった特徴にある。そのため、知識労働者が自発的に緩やかに結びついている。ただし、HP などの多国籍企業の実践共同体の参加者数は 1,500 名にものぼり、当初示されていた小集団の実践共同体と一様に捉えていいのか、という指摘もある（Roberts, 2006）。

Roberts は、実践共同体が知識創造の場であるという本質は共通しているとするが、規模、業界ごとの知識創造の程度の違いに対して注意を払うことが必要だとする。そこで本書では、ここまでの先行研究レビューに基づき、実践共同体を、表 2-1 のとおり 2 種類に区分する。

Roberts の指摘するように実践共同体には多様性があり、その分類方法には様々な観点があり得るが、本書では同質型と異質型の 2 種類に区分する。Lave & Wenger（1991）が例示した徒弟制的労働者の共同体、Wenger（1998）の例示した同一職場の保険処理担当者の共同体に比べ、Nagy & Burch（2009）

第2章　越境的学習における境界

表2-1　実践共同体の区分

区分	同質型実践共同体	異質型実践共同体
成員	知識労働者とは限らない	主として知識労働者
成員の背景	同じ専門性や職能	異なる専門性や職能
境界	境界を越えない、局所的で、同じ企業、職場、地域などに存在	境界を越える、企業、職場、地域に限定されない場に存在
成員の交流頻度	成員は日常的に交流する	定期的に交流するが、その頻度は日常的ではない
徒弟制	徒弟制的な学習要素が存在	徒弟制的な学習要素はほとんど存在しない
知識	業務の改良など連続的枠組みに限定された知識の創造、知識の伝承	創発的な知識創造を重視
共同体の例	産婆、操舵士、肉屋、仕立屋（Lave & Wenger, 1991）、保険処理担当者（Wenger, 1998）、建設現場における技術者、現場監督、主契約者のそれぞれ異なる共同体（Gherardi & Nicolini, 2002）など	世界銀行、HPの共同体（Wenger, McDermott & Snyder, 2002）、社内外の研究会、勉強会（荒木, 2007; 石山, 2013）、オーストラリアでの研究者間の交流（Nagy & Burch, 2009）、学術雑誌における知識の共有（Ponton, 2014）など

出所：筆者作成

　が例示した自発的に集まり情報や知識を共有する知識労働者の共同体においては、知識創造のあり方が本質的に異なるからである。
　なお、留意すべきは、異質型であっても、正統的周辺参加の特徴が存在することである。たとえば、月に1回程度しか開催されない企業外の自主的な研究会などの異質型実践共同体を例に考えてみよう。昨今では、研究会の情報共有には、SNSが活用されることが多い。たとえば、Facebookのグループページが使用されているとする。そうなると、グループページには、研究会で作成されたパワーポイントなどのプレゼンテーション資料がアップロードされているかもしれない。また、構成員間のコメントのやりとりも存在するだろう。これらはまさに研究会に属する人工物である。そして、「プレゼンテーション資料」も「構成員間のコメントのやりとり」も、独立して存在しているものではなく、研究会の構成員との相互作用でネットワークされたアクターに他ならない。ところが、このグループページが、研究会の構成員に限定した非公開ページであるとする。だとすれば、研究会に「正統的」に参加しない限りグループページを閲覧することはできず、人工物へのアクセスは制限されているのだ。

81

このように、同質型と異質型に大きな差異はあるものの、正統的周辺参加は同質型だけに存在するのではなく、異質型にも枠組みとして定められていることでは共通している。

　また、Wenger（1998）、Wenger & Snyder（2000）、Wenger, McDermott & Snyder（2002）の一連の研究は後期実践共同体論とでもいうべきであり、Lave & Wenger（1991）が提示した人類学的な徒弟制の影響が濃い実践共同体論とは区分すべきだとする指摘がある（柴田, 2014）。これは、Wenger が実践共同体を企業における知識創造の場として活用し、経営に資する側面だけを強調しているという捉え方である。非公式で自発的な場である実践共同体を経営が公式的に支援するのであれば、もはや Lave & Wenger が提示した実践共同体とは性格が異なるものなのではないか、という点において後期実践共同体論に関する指摘は Wenger（1998, 2000）に批判的[14]である。したがって、経営学的に実践共同体を捉える後期実践共同体論は、人類学的に提起された実践共同体とは性格を異にするものだという批判にもつながる。これは、異質型実践共同体が本来的な実践共同体の範疇には属さないのではないか、という疑問にもつながるであろう。

　たしかに、企業・組織の実践共同体に対する介入の程度が増加するほど、実践共同体と公式組織の区別が曖昧になっていくという課題はあろう。社内プロジェクトのような性格が加味されれば、その共同体は実践共同体というよりも、公式組織に近いものだと考えるべきであろう。しかし、Wenger（1998, 2000）の指摘する知識創造によって経営に資する可能性もある実践共同体は、異質型実践共同体に含めることができ、それ自体は本来的な実践共同体の特徴に合致しているのではないか、と考えられる。

　上述のとおり、Lave & Wenger は、正統的周辺参加は徒弟制の過程を一般化したものではないと強調しており、あくまで個人が共同体でアイデンティティを形成する過程を学習として捉えたところに本質がある。本書では異質型実践共同体においても正統的周辺参加の枠組みが学習として機能していると考え、第5章以降においても異質型実践共同体を主要な調査対象としていく。

4 越境的学習と実践共同体という境界の意義

　実践共同体、特に異質型については、成員が日常的に交流するとは限らない。そうであれば、実践共同体が、越境的学習の定義における越境元としての「自らが準拠している状況」に該当するのか、という疑問が生じるかもしれない。この点について検討したい。

　Wenger（1998, 2000）によれば、実践共同体における実践とは、単なる情報やデータにとどまらない価値を生む行為であり、独自性の高い知識である。独自性は、共同体内の過去の交流の歴史で形成されており、暗黙の視点、前提、共通用語が存在し、他の共同体の成員は、表層的な会話を聞いても理解できないことが多い。したがって、実践共同体の境界における交流には困難が伴い、誤解が生じやすい。一方で、実践共同体においては、特定の分野の知識や技能について独自性の高い知識と価値が創造されるため、その外部への伝播の必要性が議論されることになる。

　このように、実践共同体は暗黙の視点、前提、共通用語の存在で、他の実践共同体と区分され、境界が生じる。そのような状況において、その実践共同体におけるアイデンティティも形成されることになろう。たとえば、異質型のように月1回程度しか参加しない研究会、ボランティア活動であっても、その研究会、ボランティア活動には歴史があり、継続的に参加してきた成員にしかわからない共通用語や暗黙の前提があるだろう。さらに成員は、それぞれの役割に応じて、その研究会、ボランティア活動におけるアイデンティティが形成される。

　このように実践共同体においても、「自らが準拠している状況」が生起するのであり、「その他の状況」との境界も内部労働市場と同様に成立することになろう。その意味で、実践共同体の境界は、越境的学習における境界として位置づけることができよう。

　なお、実践共同体には、境界の往還について関連する概念がある。その概念は、多重成員性と呼ばれる。多重成員性とは、同時に複数の実践共同体に所属すること（Wenger, 1998）、もしくは実践共同体と公式的組織に同時所属すること（Wenger, McDermott & Snyder, 2002）の2類型が示されている。実践共同体

と公式的組織に同時所属することは、図1-3における実践共同体の「二重編み」という概念ですでに説明したとおりである。「二重編み」とは、個人が実践共同体の一員であると同時に公式的組織の一員として複数の役割を果たし、実践共同体で得た最先端の専門知識を公式的組織で試し、試した結果を実践共同体に持ち帰り議論するなど、知識創造のための学習のループが回る（松本, 2013b）ことであった。この例においては、内部労働市場と企業外で自主的に結成されている様々な勉強会、研究会としての実践共同体（荒木, 2007, 2009; 石山, 2013）の間の境界を往還していると考えればわかりやすい。

　他方、同時に複数の実践共同体に所属する、という具体例については、ある人が自分の業務に関連する企業外の研究会と、ボランティア活動に同時に所属している場合などが該当しよう。この場合、一見、領域が異なる実践共同体であるが、たとえば組織マネジメントに関する知識などについて、共通する事項で学びが発生することもあるだろう。しかし、実践共同体においては、特定の分野の知識や技能についての知識が創造され、暗黙の視点、前提、共通用語の存在もあり、知識の独自性が高くなる。そのため、知識は簡単に境界の外には伝播されない。つまり、同時に複数の実践共同体に所属すると独自性の高い異なる知識に学習者が同時にアクセスすることになるが、その状況に学習者はどう対応するのか。越境的学習においてこの論点は重要であり、第3章で詳細を検討することとしたい。

第3節　キャリアにおける境界

　序章において、越境的学習が注目される背景として、キャリア理論の存在についても述べた。キャリア理論にはバウンダリーレスキャリア、あるいはキャリア境界をめぐる議論があり、そこではキャリア上の境界を越える意味と意義が論点になっている。そこで、本節では、バウンダリーレスキャリア、あるいはキャリア境界について概観した後に、越境的学習との位置づけを検討する。

1 バウンダリーレスキャリアの提起

バウンダリーレス（境界のないキャリア：boundaryless）という言葉は、1993年の米国経営学会（Academy of Management）のシンポジウムで、Robert de Fillipi と Michale Arthur によってテーマとして使用されたことが出発点とされる。バウンダリーレスという言葉自体は、General Electric の CEO であった Jack Welch の「境界のない組織（the boundaryless organization）」という言葉に着想を得て成立したとされる（Inkson, Gunz, Ganesh & Roper, 2012）。

「境界のない組織」という言葉は、General Electric 内の官僚的な組織の縦割りの弊害を乗り越えようという意味を示すものだった。しかし、バウンダリーレスという考えは、Arthur（1994）、およびその名前を冠した本（Arthur & Rousseau, 1996）により、新しいキャリアの概念を表すものとして発展していくことになった。

バウンダリーレスキャリアは、プロティアンキャリア（Hall, 1976, 2004）の概念を取り込んでいると考えられる。プロティアンキャリアは、個人が自らのキャリアを考えるにあたり、組織内での成功、昇進に比重を置く伝統的キャリアに対し、個人の価値観に比重を置くべきだとするキャリア理論である。プロティアンキャリアが個人の主観的な視点から理論化を図るのに対し、バウンダリーレスキャリアは客観的なキャリアの移動性の増加に基づいて理論化されている。

具体的には、Arthur & Rousseau（1996）は、単純化すれば、バウンダリーレスキャリアとは組織キャリア（organizational careers）の反対概念であるとする。組織キャリアの趨勢がバウンダリーレスキャリアに傾く証拠として、Arthur & Rousseau は、米国や日本の労働者の勤続年数がさほど長くないこと、世界の諸国で 500 名以上の規模の会社の社員の比率がさほど高くないこと、などを例示している。

これらの例示とともに、組織と階層が安定的であるという前提を有する組織キャリアの考え方がもはや通用しない典型例として示されるものが、シリコンバレーにおけるキャリアのあり様である。Arthur（1994）、Arthur & Rousseau（1996）が、もっとも重要なバウンダリーレスキャリアの特徴として

指摘することは、個別の企業の境界を越えて個人が移動することであり、これはシリコンバレーにおいて典型的だとする。シリコンバレーにおけるバウンダリーレスキャリアのあり様については、Saxenian（1996）が詳述している。シリコンバレーでは、個人が企業と産業を越えて移動し、その移動によりスキル、経験、ノウハウを獲得する。こうした学習が生起するのは、公式、非公式な集まりで個人が技術と市場の情報を交換でき、規模や専門性の異なる会社が流動的に協力して課題を共有し、失敗を繰り返し、試行錯誤するためである。いわば、地域全体が、個人も組織も境界のない実験場となっているわけだ。こうしたシリコンバレーの開かれた労働市場の代表的企業が HP である。HPは、シリコンバレーの開かれた労働市場の特性を理解し、会社を去った社員とも関係性を保ち、外部との関係性構築の重要性を認識し、地域の様々な活動に積極的に参画した。

　Saxenian は、シリコンバレーと対照的な地域として、ボストンを中心とするルート 128 をあげる。ルート 128 はシリコンバレーと同様の産業特性を有するにもかかわらず、1980 年代をピークに衰退し、持続的な発展を遂げるに至らなかった。ルート 128 を代表する企業が、Digital Equipment Corporation（DEC）である。DEC は、長期雇用慣行を有し、強固な内部労働市場を形成し、しばしば社員は DEC を世界そのものと評し、DEC と結婚したとも表現した。そのため、離職率は低く、社員の組織への忠誠心は強かった。DEC は、それ自体がひとつの世界であったため、経営者も管理職も地域とつながりを持とうとはせず、自社がルート 128 地域の一員であるとも考えてはいなかった。

　Saxenian は、シリコンバレーと HP の発展、ルート 128 と DEC の衰退は、労働市場の差異による帰結だとする。シリコンバレーの開かれた労働市場は、個人と組織が個別に有する知識を結合し実験と学習を促すが、こうした現象が生じなかったルート 128 は必然的に衰退せざるを得なかった。この観点から、Saxenian は、バウンダリーレスキャリアの価値を強調する。

　DEC については、Kunda（1992）の組織エスノグラフィ[15] においても、その内実が示されている。DEC は創業者の社員を大切にする姿勢で知られ、温情的な経営を実践していた。社員は、DEC に在籍することを誇りに思い、満足し、組織に忠誠を尽くしていた。そのため、誰に強制されるわけでもなく、身

を粉にして長時間働く傾向があり、燃え尽きてしまう社員も少なからず存在した。しかし、多くの社員はその状況を問題だとは思っていなかった。したがって、Kunda が作成した DEC の組織エスノグラフィを社員に読んでもらうと、「ここに書いてあることは事実だが、なぜこのように批判的なのか」という反応があったそうだ。

　以上の議論をまとめてみると、バウンダリーレスキャリアが課題としてあげる境界とは、組織と階層を安定的だと考える延長線上に存在する境界である。そうした境界は、DEC のような内部労働市場の境界に典型的に示される。内部労働市場の内部に閉じ込められた社員がいかに満足していようと、その境界を越えた交流がなければ、組織も個人も発展しないということが、Arthur（1994）、Arthur & Rousseau（1996）、Saxenian（1996）の主張であると考えられる。

2　バウンダリーレスキャリアの理論的特徴

　次に、バウンダリーレスキャリアの理論的特徴について検討してみたい。Sullivan & Arthur（2006）は、バウンダリーレスキャリアの重要な特徴は、物理的および心理的な両面の、境界を越える移動性があることだとする。もともと Arthur & Rousseau（1996）は、バウンダリーレスキャリアには 6 点の意味があるとする。シリコンバレーのような雇用者の境界を越えること、現在の雇用者より市場からの評価を重視すること、組織を越えるネットワークや情報が存在すること、序列や昇進など伝統的な組織の価値観を打ち破ること、個人や家庭の事情でキャリアの機会を拒絶すること、構造的な制約があっても境界のない未来を個人が認識できることの 6 点である。この 6 点を整理してみれば、転職する、地理的な移動を厭わず転勤する、具体的な人的ネットワークを形成する、などの物理的な移動性があることがわかる。さらに、市場からの評価を重視する、将来に備える、伝統的な価値観にとらわれない、などの心理的な移動性もあることがわかる。

　この物理的および心理的な両面の移動性に基づくキャリアの機会を増やすためには、Sullivan & Arthur（2006）は、バウンダリーレスキャリアの 3 点の

キャリアコンピテンシーを高めることが重要だとする。3点のキャリアコンピテンシーとは、knowing-why（個人の動機とアイデンティティであり、移動を進める原動力となる）、knowing-how（スキルと専門性であり、職務上の業績を達成するために必要な暗黙知まで含む）、knowing-whom（人間関係であり、同僚、プロフェッショナル組織、友人までの関係性を含み、様々な機会と情報を得る源泉である）として示される。

このようにバウンダリーレスキャリアは、物理面と心理面の移動性、3点のキャリアコンピテンシーを示すことによって、実践的にも個人と組織が理論をいかせるように工夫がなされている。しかしながら、これらの理論的特徴はあくまで概念的に示されたもので、実証性に欠けるという側面があった。そこで、この実証性を補強するために、Briscoe, Hall & DeMuth（2006）が、バウンダリーレスキャリアの尺度設計を試みた。その結果、バウンダリーレスキャリア尺度は、「バウンダリーレスキャリア志向性（boundaryless mindset）」と「物理的な移動の志向性（mobility preference）」の2つの下位尺度によって構成された。「バウンダリーレスキャリア志向性」は、物理的・心理的の両面で様々なキャリアの移動を行っていこうとする考え方を示しており、「組織外の人々と働くことを楽しむ」「組織外の仕事の機会が求められることを楽しむ」などの質問で構成されている。「物理的な移動の志向性」においては、実際に転職など、所属する組織を移動していくことを好む態度が示されており、「もし組織が終身雇用を提供するなら、他の組織で働く機会を求めることはないだろう（逆転項目）」「理想的なキャリアは、1つの組織だけで働くことだ（逆転項目）」などの質問で構成される。この2つの下位尺度は、異なるサンプルにおいて、有意な相関がない、弱い正の相関、弱い負の相関などを示し、いずれにせよ弁別性が高いことがわかる。

このようなバウンダリーレスキャリアの尺度の構成は興味深いものである。組織外の人々、仕事、プロジェクトの機会を求める志向と、実際に転職を厭わない志向は、個人においては異なる側面があることが示されたことになる。個人にとってのバウンダリーレスキャリアには、異なる志向が並存していることになろう。

3　バウンダリーレスキャリアへの批判

　バウンダリーレスキャリアが提起された経緯と、その理論的特徴について検討してきた。しかし、バウンダリーレスキャリアに対しては、その曖昧性、あるいは過度な強調についての批判が存在する。

　Gunz, Evans & Jalland（2000）は、バウンダリーレスキャリアは簡潔にいえば、組織による境界は、もはや個人のキャリアにとって制約にはならない、ということを主張しているとする。しかし、実際には境界の消滅が一般化したわけではなく、むしろキャリア境界は必然的に残るとする。たとえば、Saxenian（1996）はシリコンバレーにおけるバウンダリーレスキャリアの勃興を示したが、同じ産業においてルート128では、組織の境界が存在していた。また、バウンダリーレスキャリアでは、企業、組織の境界の消滅に重点が置かれているが、実際にはArthur & Rousseau（1996）は、地理、産業、職業、プロフェッショナル性、役割などのキャリア境界が存在するとしている。しかしながら、こうした企業、組織の境界以外の境界が消滅した証拠が明確に示されているわけではない。よって、キャリア境界が消滅したことを過度に強調するのではなく、むしろ丁寧にキャリア境界の影響を見ていくことが求められるとする。

　Inkson, Gunz, Ganesh & Roper（2012）も、キャリア境界に再度注目し、その研究蓄積を進めるべきだとする。批判の論点は次のとおりである。バウンダリーレスの境界自体の定義が曖昧で、組織の境界を越えることだけが重要であるとする研究もあれば、客観的・主観的の両面を含む多様なキャリア境界がすべて対象であるとする研究もある。また、仮にバウンダリーレスの境界を組織の境界だけに限定したとしても、労働市場がバウンダリーレスになったという統計上の証拠も存在しない。むしろ、勤続年数などの労働統計においては、世界的に見ても、キャリアの安定性を示すデータが多く存在する。

　また、キャリア境界は代替的な側面もある。組織の境界が、リストラクチャリングなどの組織側の理由で消滅すると、個人は何らかの新しいキャリア境界を再構築する動きを見せることがある。また、Saxenian（1996）の示すシリコンバレーの事例では、組織の境界はないかもしれないが、個人は、シリコンバ

レーという産業的および地理的な境界の内部に存在している。こうした観点を踏まえ、Inkson, Gunz, Ganesh & Roper は境界の消滅は明確な証拠に基づいておらず、むしろ、キャリア理論の発展のためにはキャリア境界を堅牢に定義すべきだとする。

4　バウンダリーレスキャリアと越境的学習

　つづいて、バウンダリーレスキャリアと越境的学習との関係性を検討していきたい。そもそもバウンダリーレスキャリアの意味するところは、「境界のないキャリア」であるから、境界が消滅していると考えると、その時点で越境的学習とは整合しなくなる。しかし実際には、バウンダリーレスキャリアの理論で強調されるのは、個人が物理的・心理的な移動性を有するとともに、その裏づけとしてキャリアコンピテンシーを高めていくことである。つまり、個人に何らかの動機づけや行動がなければ、移動はできない、換言すれば境界は越えられない、という考え方が前提にあるとみなすことができよう。したがって、バウンダリーレスキャリアの理論においても、あらゆる境界が完全に消滅したわけはなく、何らかの形で越えるべき境界は存在していることになる。ただし、従来に比べ、境界は強固なものでなく、越えることができる性質のもの、とみなしている、ということになるだろう。そう考えると、Gunz, Evans & Jalland（2000）および Inkson, Gunz, Ganesh & Roper（2012）の、キャリア境界そのものに対して研究関心を持つべきだ、とする主張は評価すべきものであろう。とはいえ、キャリア境界に目を向けることが、バウンダリーレスキャリアの価値を損なうわけではない。バウンダリーレスキャリアは、それ以前のキャリア理論の焦点が境界内に閉じられていたことに対して、越境の可能性を提示したという意味で画期的であると考えられる。

　次に論点となることは、バウンダリーレスキャリアの境界と越境的学習の境界の意味に差異はあるのか、ということであろう。バウンダリーレスキャリアの境界とは、主に組織の境界を意味するものの、そこには地理、産業、職業、プロフェッショナル性、役割などのキャリア境界も含まれていた。他方、越境的学習における境界とは、「自らが準拠している状況」と「その他の状況」と

の境を意味する。

　組織の境界は、バウンダリーレスキャリアの場合、先述した DEC が典型的な事例となる。DEC の社員は、その社内があたかも世界そのものであると考え、社外とつながりを持とうとする動機に乏しかった。これは本章の第 1 節における内部労働市場の境界と同様の事象を示しており、DEC の社員にとって、組織の境界内は「自らが準拠している状況」そのものと考えていいだろう。また、組織の境界に限らず、たとえば職業の境界において、看護職やキャリアコンサルタントなどの職業の場合、いつもその職業の人々と交流するのは心地よいが、様々な職業の人々との勉強会などに参加するときに違和感を覚えるのであれば、その場合も「自らが準拠している状況」と「その他の状況」との境が存在していることになろう。しかしながら、すべてのキャリア境界が「自らが準拠している状況」と「その他の状況」との境に該当するとは限らない。したがって、バウンダリーレスキャリアにおけるキャリア境界と越境的学習における境界は、重複する部分は多いものの、同一の概念ではない。バウンダリーレスキャリアにおけるキャリア境界の中で、「自らが準拠している状況」と「その他の状況」との境に該当する場合の境界のみを、越境的学習における境界として考えることができよう。

　さらに検討すべきは、バウンダリーレスキャリアにおいて、境界を往還するという考え方が存在するのか、という論点である。組織の境界を越える場合、それが転職という形であれば、転職元の組織には戻らないことになる。これは往還ではないし、転職者が転職先の組織にどのように対応していくのかという点については、本章第 1 節で述べた組織社会化研究の中で考慮すべき事象となろう。さらに、キャリア理論が生涯発達を前提としているため、常に不可逆的な一方向の事象のみに関心があるとすれば、往還という概念とは整合しなくなってしまう。

　しかし、ここで注目すべきは、バウンダリーレスキャリア尺度の下位尺度である「バウンダリーレスキャリア志向性」尺度である。もう一方の下位尺度である「物理的な移動の志向性」尺度は、具体的には主に転職の志向性を示す内容になっている。したがって、この尺度においては、往還という概念は当てはまらない。他方、「バウンダリーレスキャリア志向性」尺度は、組織に在籍し

つつ、組織外の人々と交流し、仕事の機会を獲得し、プロジェクトを行うことに対する志向性が示されている。つまり、組織という「自らが準拠している状況」から組織外という「その他の状況」と往還することへの志向性が示されているといえる。このように、「バウンダリーレスキャリア志向性」尺度は、往還が前提となっている尺度だと捉えることができる。したがって、バウンダリーレスキャリアは、一方向の移動という概念と往還という概念が併存している理論だと考えることができる。

　ここまでの議論を整理すると、境界という言葉を使用していることから、バウンダリーレスキャリアと越境的学習は、まさにその関係性を検討すべき理論体系をそれぞれ有している。しかし、その理論は同一ではなく、差異がある。バウンダリーレスキャリアのキャリア境界の一部だけが、越境的学習の境界に該当する。また、バウンダリーレスキャリア尺度の中では、「バウンダリーレスキャリア志向性」尺度だけに、越境的学習の往還という概念が包含されている。

　したがって、「バウンダリーレスキャリア志向性」尺度は越境的学習にとって意義深い尺度といえるだろう。組織の境界を往還する志向性そのものが示されているからだ。この尺度は、個人が「自らが準拠している状況」を越えようとする志向を示すものと捉えることもでき、個人の越境的学習の動機の解明に資する尺度だと考えられる。ここから、バウンダリーレスキャリアへの志向と越境的学習への志向の関係性は強いことが推測される。

第3章

ナレッジ・ブローカー

　前章で、実践共同体の境界についても検討した。実践共同体の理論において
は、ナレッジ・ブローカー（knowledge broker：知識の仲介者）という概念が存
在する。前章で述べたとおり、実践共同体には、境界の往還について関連する
概念（多重成員性）があるが、その意味するところは、同時に複数の実践共同
体に所属すること、または実践共同体と公式的組織に同時所属することであっ
た。しかし、状況的学習に基づく実践共同体においては、学習とは個人への内
化に限定されるものでなく、個人と状況は分かちがたくつながり、実践共同体
でのアイデンティティ形成の過程そのものが学習とみなされる。そうなると、
複数の実践共同体に所属するのであれば、複数のアイデンティティが形成され
ることになる。同一個人において複数のアイデンティティが形成されること
は、個人にとって混乱をきたさないのであろうか。また、複数のアイデンティ
ティと知識の仲介には、どのような関係性があるのか。本章ではこれらの疑問
について検討していきたい。

第1節　実践共同体におけるナレッジ・ブローカー

　まず簡潔にナレッジ・ブローカーの定義を行う。ナレッジ・ブローカーと
は、同時に複数の実践共同体に参加している多重成員性という状況（Wenger,
1998）を有しながら、ある共同体の実践を他の共同体に仲介し伝播させる存在
である（Wenger, 2000）。実践とは、共通の手法や基準を意味し、形式知と暗黙
知の双方を含み、事例、物語、書物、論文、行動様式、倫理観などが該当する
（Wenger, McDermott & Snyder, 2002）。
　ナレッジ・ブローカーの具体例としては、企業内の複数の異なる実践共同体

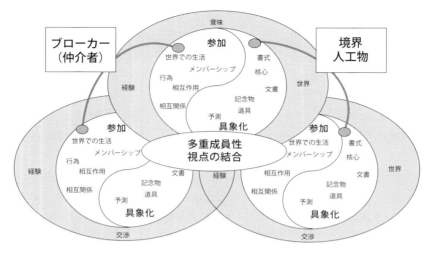

図 3-1　実践共同体における仲介
出所：Wenger（1998）105 頁の Figure4.1 を筆者が日本語訳

間の実践を仲介した例（Gherardi & Nicolini, 2002）、企業外で結成されたグローバルな人材育成や経営・組織人事に関する自主的勉強会の参加者が、その実践を企業内の実践共同体に仲介した例（石山, 2013）などがある。

　実践共同体におけるナレッジ・ブローカーの概念を提起したのは、Wenger（1998）である。その概念の詳細は、図3-1で示されている。ここでは、実践共同体の結合が描かれているが、Wengerは個人は複数の実践共同体に参加できると主張しており、それが図の中心において「多重成員性」として示されている。多重成員性の存在により、異なる実践共同体は「視点の結合」が生じ、実践共同体の境界を越えてつながることになる。

　さらにWengerは、実践共同体の境界に対して、2種類の仲介が存在するとする。人工物が仲介になる「境界人工物（boundary object）」と、個人が仲介になる「ブローカー（broker）」である。なお、Wenger（2000）では、「ブローカー」という用語は「ナレッジ・ブローカー」として表現されているため、本書ではナレッジ・ブローカーという用語に統一して表記する。先述のとおり、仲介される対象は「実践」であり、「実践」には形式知と暗黙知の双方が含ま

れる。「実践」が仲介されることで、双方の実践共同体自体が変容し、共同体として新しい知識を獲得できる。こうした双方の実践共同体への知識の仲介の意義を明確化することが、ナレッジ・ブローカーという用語に統一する理由である。

このようにナレッジ・ブローカーは知識を仲介するわけだが、Brown & Duguid（2001）は、知識には粘着性の高いもの（Sticky）と漏出しやすいもの（leaky）の2種類があり、実践共同体で蓄積される暗黙知は粘着性が強く漏出しにくいとする。実践共同体の境界内部の暗黙知に粘着性が強い理由は、先述のとおり、参加と具象化により「意味の交渉」が生じ学習が生起するが、その学習を行うためには実践共同体に正統的に参加する必要があるからだ。正統的に実践共同体に参加しない限り、暗黙知を獲得することができない。その暗黙知形成のための学習の資源とは、参加と具象化を支える人と人工物のネットワークである。つまり、実践共同体の境界の外部からは、容易には実践共同体の人と人工物のネットワークにアクセスすることはできないことになる。しかし、図3-1でWengerは、「境界人工物」と「ナレッジ・ブローカー」が複数の実践共同体の人と人工物のネットワークにアクセスし、知識を仲介できるとした。

「境界人工物」とは複数の実践共同体に同時に存在し、境界をつなぐ役割を果たす人工物である。Wengerは、フィールドワークの対象である保険会社における保険計算式入りの計算シートを「境界人工物」の例にあげる。保険会社には、保険処理担当者、マネージャー、医師らなどの複数の実践共同体が存在する。これらの実践共同体は、計算シートという「境界人工物」により、業務のつながりが成立しているのである。

ただし、「境界人工物」のみの効果によって実践共同体間の知識の仲介がなされているかどうか、というところには疑問が生じる。ソーヤー（2006）はこの計算シートは、「境界人工物」であるが、同時に「文化的不透明性」をも生じさせているとする。「文化的不透明性」とは、「境界人工物」の存在そのものは認識できても、その背後に存在するネットワークの意味が理解できない、ということである。保険処理担当者には計算式は開示され、それにより保険の計算は簡便に行うことができた。しかし、なぜそのような計算式になっている

のかという背後の理由が保険処理担当者に説明されることはなかった。そのため、保険処理担当者は計算はできても、保険金の算出の理由を理解することはできなかったのである。この「文化的不透明性」は偶然生じたわけではない。保険会社において、保険処理担当者は、保険金の算出の意味が埋め込まれた実践共同体へ「正統的」に参加することは制限されていたのである。したがって、「境界人工物」が複数の実践共同体をつないでいても、その「境界人工物」が「文化的不透明性」を帯びていれば、知識の仲介は生起しない。もちろん、文化的に透明な「境界人工物」が存在する可能性もあるわけだが、むしろ本章では人が仲介のアクターになる場合、すなわち図3-1の「ブローカー」（本書の用語としては、ナレッジ・ブローカー）に注目したい。複数の実践共同体に存在するという多重成員性を有する「ナレッジ・ブローカー」は、実践共同体の漏出しにくい知識（暗黙知）を仲介することができるのだろうか。

第2節　実践共同体におけるナレッジ・ブローカーの概念

　本章では、異質型実践共同体におけるナレッジ・ブローカーに焦点を絞って検討していく。異質型実践共同体におけるナレッジ・ブローカーは図3-2のとおりに示される。

　図3-2にあるとおり、ナレッジ・ブローカーは企業内外の実践共同体に同時に所属する。また、企業外の実践共同体において社外の多様な人々と交流しながら積極的に情報・知識を収集し、そこで得た情報・知識を意図的に企業内の実践共同体に還流（仲介）する（中原, 2012a; 石山, 2013）。ナレッジ・ブローカーとして調査されたインタビュイーたちは、2から40までの社外の実践共同体に属しており、所属共同体の平均数は9.0になる。実践共同体に同時に所属する場合、その数はかなり多くなる傾向がある（石山, 2013）。同時に所属する実践共同体の数が多くなる理由としては、その実践共同体が異質型であることがあげられよう。異質型であるために、実践共同体が開催される頻度は高くなく、一定の数に同時に所属することが可能になる。

　本章では以降、「実践共同体におけるナレッジ・ブローカー」が成立してい

第3章　ナレッジ・ブローカー

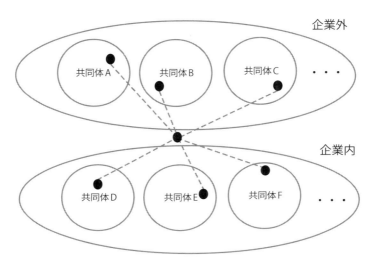

図3-2　異質型実践共同体におけるナレッジ・ブローカー
出所：筆者作成

くプロセスについて、その命題を検討し、設定していく。Wenger（1998）は、個人が多重成員性を有するためには、個人が共同体間の異なる視点、矛盾を「調停（reconciliation）」しなければならないとする。「調停」とは難解な用語であるが、Wengerは、あえて使用していると思われる。その理由は次のとおりだ。実践共同体においては正統的周辺参加に基づく学習として個人のアイデンティティが形成される。複数の実践共同体に所属すれば複数のアイデンティティが存在することになる。個人における複数のアイデンティティをどのように取り扱うかということは簡単に結論の出る問題ではない。こうした難しい問題であるために、あえて難解な用語が設定されているのだろう。

　この「調停」という問題に関して、ソーヤー（2006）はナレッジ・ブローカーが、多重に所属している実践共同体において、周辺参加の位置づけにあることに積極的な意味があるとする。周辺に位置するがゆえに、新しい実践をそれぞれの実践共同体に持ち込みやすく、それぞれの実践共同体の実践と参加を自ら「調停」し、複数の実践共同体のアイデンティティを「調停」した新しいアイデンティティ形成を行うことができるのである。図3-1においても、ナ

レッジ・ブローカーの実践共同体の参加の位置は周辺にあり、Wengerにおいても、ナレッジ・ブローカーは周辺参加している存在として示されている。

　複数のアイデンティティの問題に戻りたい。複数のアイデンティティを個人が「調停」するとなると、アイデンティティの形成が個人に委ねられることになる。この点について高木（1999）は、アイデンティティ形成の責任を個人の認知的達成に委ねることは、共同体の実践により認知的生成物を生み出すことが本旨の正統的周辺参加論の公約違反ではないか、と批判する。実践共同体においては個人と状況が分かちがたくつながり、学習は個人の頭の内部のみで認知的に成立するわけではなかったからだ。もっとも、同時に高木は、個人が単一の実践共同体によってのみアイデンティティ形成を行うとするなら、他の実践共同体に移行した場合、個人の学習がすべて白紙化されることになり、個人の連続性の観点で、それは非現実的だとする。

　では、ナレッジ・ブローカーは単に個人の認知的達成としてではなく、複数のアイデンティティをどのように調停するのだろうか。まず、ナレッジ・ブローカーが仲介行為を行う以前の多重成員性について考えてみよう。高木の指摘するとおり、アイデンティティ形成は複数の実践共同体においては、個人と実践共同体の相互作用によって成し遂げられる。実践共同体において、アイデンティティとは参加の程度そのものであり、自分への見方と他者からの見られ方である。しかし多重成員性を有する場合は、それぞれの実践共同体で形成された複数のアイデンティティが、自らの内部に存在することになる。複数のアイデンティティは矛盾するものであり、簡単に統合できるものではない。しかし統合できないにせよ、まずは複数のアイデンティティが自分の内部に存在することをいったん許容しなければ、多重成員性を継続することは難しい。そこで、多重成員性を有する個人は、いったん複数のアイデンティティが自分の内部で併存することを留保し、許容する。換言すれば、複数の異質型実践共同体における学習の帰結としての正統性を有しつつ、その多様な価値観を受容することになる。したがって、次の命題を設定する。

命題1　個人が企業内外の異質型実践共同体の多重成員性を有する場合、各共同体で形成された異なるアイデンティティの併存を、自らの中で許容する。

すなわち、多様な価値観を受容する

　多重成員性とは、複数の実践共同体に同時に所属することを意味する。先述のとおり、異質型実践共同体では、知識労働者が緩やかに結びついている。その状況で、多様な知識を得ていくためには、異質で多様な他者と短期間に限定された関係性を結ぶことに習熟する必要があるだろう。実際、初対面の他者と社会的地位にとらわれず相互作用すること、異質で多様な他者の否定的意見を怖がらずに対話し視点を拡大すること、など知識の仲介の際に重要なスキルをナレッジ・ブローカーが学んでいたことが観察されている（石山, 2013）。異質で多様な他者と短期間に限定された関係性を結ぶことは、Engeström[16]（1987, 2008）、山住・エンゲストローム（2008）においてはノットワーキング（knot-working）と定義される。ノットワーキングとは、協働構成的な仕事（他者との相互作用で構成していく、流動的で複雑性の高い仕事）を進める際に必然となる概念であり、コラボレーションの創発的な形態を示す。つまり、刻々と変わる状況下で、多様な人々とノット（knot：結び目）で結ばれることを意味する。個人が多重成員性を有する場合には、ノットワーキングに習熟していくことになるであろう。そこで、次の命題を設定する。

命題２　多重成員性を有する個人においては、ノットワーキングの習熟が促進される

　多重成員性により、多様な価値観を受容し、ノットワーキングに習熟したとしても、それだけで知識の仲介行為が可能になるわけではない。知識の仲介を行うためには、ソーヤー（2006）が指摘するように複数の実践共同体のアイデンティティを調停した新しいアイデンティティ形成を行う必要がある。しかしそれを個人が認知的に達成すると、高木（1999）の指摘では実践共同体の公約違反になる。この問題を解決するために、高木は次の方略を可能性として示す。まずそもそも、個々人の視点を時空間で一致させることは不可能である。そこで、個々人の視点の不一致が絶対的に解消不能であることを前提として理解し合う。そのうえで個々人が言葉を交わし、少しずつお互いの不一致を解消

していく。高木はこのようなプロセスを対話と呼び、この他者間の対話的な関係構築により、複数の実践共同体におけるアイデンティティ形成を個人が認知的に達成するのではなく、他者間の関係性構築として説明できる可能性を示した。

　高木の示す可能性の具体的説明として、香川（2012）の越境知をあげることができよう。香川は看護学生が学内学習から臨地実習に越境することで、学内学習の形式知と臨地実習の実践知のどちらか一方のみに依拠しない、第3の知、越境知が生じるとした。越境知は、まさに学内学習と臨地実習の双方の価値観を同時に受容し、解消されない異質性を前提として対話することにより得られる。越境知が生じた結果、看護学生の教科書などの人工物に対する文化的理解度が高まったという。

　つまり、複数の実践共同体のアイデンティティの調停は、個人が単に認知的に自己の内部で行うものではなく、解消されない異質性を前提として対話を進めることで、その個人が複数の実践共同体における異質な他者と関係性を構築し、それぞれの共同体で成員性の位置取りをすることで達成されると考えられる。もう少し具体的にいえば、次のようになる。個人がAとBという実践共同体に同時に参加している場合、その参加の状況に即したアイデンティティがそれぞれに形成されている（アイデンティティAとアイデンティティB）。アイデンティティAとアイデンティティBは、それぞれAとBという実践共同体の文脈によってこそ成立するものであり、お互いに解消されない異質性を有している。そのため、個人が実践共同体Aに参加しているとき、アイデンティティBは実践共同体Aの構成員には理解できないものであろう。なぜなら、アイデンティティBは実践共同体Bという文脈における、人が自分を見る見方であり、他人からの見られ方であるからだ。

　しかし、実際には、実践共同体Aに参加しているときにおいても、個人においてアイデンティティBが白紙化するわけではない。個人はアイデンティティBに依拠した対話（視点の不一致が絶対的に解消不能であることを前提として）を、実践共同体Aの構成員とも行う。この対話における不一致の程度は大きいものと考えられるが、それでも対話が行われたことにより、不一致は多少なりとも解消する。したがって、このような対話が行われたことにより、集団としての実践共同体Aと個人のアイデンティティBは双方とも変容する。ただ

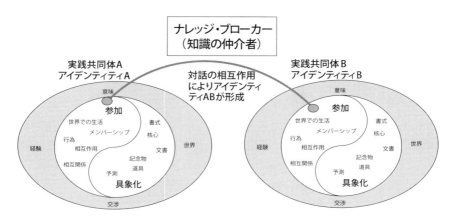

図3-3　アイデンティティの調停
出所：Wenger（1998）105 頁のFigure4.1 に基づき筆者が作成

し、個人において、アイデンティティBだけが変容し、アイデンティティA が不変であるわけではない。その個人の実践共同体Aにおける見られ方が変容しているため、アイデンティティAも変容する。こうした状況に至ると、アイデンティティAとBは相互に影響し合っており、完全に区分することは難しく、アイデンティティABという第3のアイデンティティが形成されたと考えるほうが自然であろう。このプロセスと同様なことが、実践共同体Bと個人のアイデンティティAの関係性において生じることになる。

つまり、アイデンティティの調停は、実践共同体AとB、個人のアイデンティティAとBの対話に基づく相互作用で生じたのであり、個人が「個人の頭の中」で「状況」と無関係に認知的に統合したわけではない。よって、ここにおいて高木の公約違反に関する議論は、他者間の対話的な関係構築によりアイデンティティの調停がなされる、という結論に導かれたことになる。ここまでの議論における、アイデンティティの調停のプロセスは図3-3として示される。

また、解消されない異質性を前提とした対話を行うためには、異質で多様な他者と短期間に限定された関係性を結ぶノットワーキングが有用と思われる。つまりノットワーキングに習熟することは、複数の実践共同体でのアイデンティティ形成を調停し、多様な価値観を統合することに資すると考えられる。

表3−1　実践共同体におけるアイデンティティ形成

実践共同体と自己のアイデンティティの関係	単層的	重層的（個人の認知）	重層的（他者間の差異の確認）
個人と正統性の関係	単一の共同体における正統性が学習を規定する	複数の共同体における正統性を有する（多重成員性を有する）	複数の共同体における正統性を有する（多重成員性を有する）
多重成員性の構築方法	多重成員性は存在しない	複数の共同体の実践と参加を個別的に調停し、結節する	解消されない異質性を前提とした対話により、他者間の視点の不一致性を少しずつ埋め、他者間での相対的な成員性の位置取りを構築する
課題	学習者の連続性を無視していて、非現実的	学習を個人が認知的に達成することは、正統的周辺参加論の公約違反	対話の質が問われる

出所：筆者作成

　ここまで述べてきた個人と実践共同体のアイデンティティ形成の考え方の差異を整理すると表3−1のとおりとなる。

　表3−1の整理にしたがい、次の命題を設定する。

命題3　多様な価値観を受容し、ノットワーキングに習熟した個人は、複数の実践共同体における異質な他者と関係性を構築し、複数のアイデンティティを調停する。すなわち多様な価値観を統合する

　表3−1の課題に示したとおり、解消されない異質性を前提とした対話では、高い質の担保が必要であり、継続的にノットワーキングの質を高めていくことが求められよう。多様な価値観を統合した個人は、複数の実践共同体で実践を行う中で、ノットワーキングの質を高めることで、知識の仲介行為に習熟していき、ナレッジ・ブローカーと呼べる存在になっていくだろう。実際、石山（2013）では、企業外の実践共同体で得た知識・経験を所属企業の実践共同体に伝播しようとすると、まずは反発を受けるが、その後、伝播の方法を工夫する（社内用語に言い換える、わかりやすい喩えを使う、キーパーソンを巻き込む、タイミングを考える）ことによって、ナレッジ・ブローカーが知識の仲介行為に習

熟していくプロセスが示されている。企業外の実践共同体と所属企業の解消されない異質性を認識しているからこそ、反発に対し伝播の方法を工夫すると考えられる。したがって次の命題を設定する。

命題4　多様な価値観を統合する過程を経て多重成員性を有する個人は、ナレッジ・ブローカーとして知識の仲介行為に習熟していく

　実践共同体は誕生、成長、死というサイクルをたどるとされるが、成長に伴い維持・向上できないと死を迎えることになる。維持・向上の段階では、知識体系の固定化を避けるために開放性が重要となり、新人のスカウト、新しい指導者の育成、新メンバーの指導などが必要とされる（Wenger, McDermott & Snyder, 2002）。つまり、構成員が固定化することで実践共同体がマンネリ化しない工夫が必要になる。そうなると、実践共同体に周辺参加している新参者が、古参者に挑戦して脅威を与えるようなダイナミズムが求められるだろう。
　古参者の感じる脅威は、実践共同体そのものの変容にもつながる。なぜなら、ナレッジ・ブローカーが仲介する知識は他の共同体の実践に埋め込まれた暗黙知であるため、仲介先の実践共同体にとっては、その構造を揺るがすような新鮮な知識になり得る。新鮮な知識は、古参者にとって脅威であると同時に、共同体の知識体系、すなわち正統性を変容させる。つまり、実践共同体の知識体系は更新されることになり、実践共同体の維持・向上につながる。したがって、次の命題を設定する。

命題5　ナレッジ・ブローカーによって知識の仲介が成立すると、仲介先の実践共同体の正統性、すなわち知識体系が変容し、実践共同体の維持・向上に寄与する

第3節　越境的学習とナレッジ・ブローカーに関するモデル

　設定した命題1から5までを、図3-4のモデルに示す。多重成員性を有す

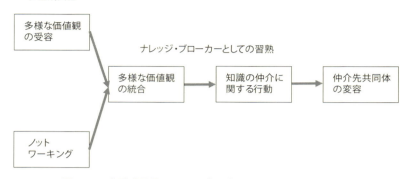

図3-4　多重成員性とナレッジ・ブローカーに関するモデル
出所：筆者作成

る個人は、多様な価値観を受容することができるようになり、かつノットワーキングに習熟する。この前提条件を満たすと、個人は複数の共同体で他の共同体の実践を行うようになるが、反発などを受けながら、異なる共同体の多様な価値観を統合していく。多様な価値観を統合した個人はナレッジ・ブローカーとして、知識の仲介を行うようになる。知識の仲介が成立すると、共同体の知識体系が変容し、共同体の維持・向上に寄与する。

　では、このモデルと越境的学習の関係性については、どのように整理すべきであろうか。図3-4のモデルは、2段階に大別される。第1段階は、多重成員性を有し、多様な価値観を受容し、ノットワーキングに習熟はしているが、ナレッジ・ブローカーとして知識の仲介までは行っていない段階である。第2段階は、ナレッジ・ブローカーとしての習熟が深まり、知識の仲介を行う段階である。越境的学習は「境界を往還しているという個人の認識が存在することで成立する」と定義されているため、多重成員性を有し、複数の実践共同体を往還すれば成立する。すなわち第1段階から越境的学習は成立していることになり、また実践共同体を往還し知識の仲介を行う第2段階も越境的学習の範疇に含まれることになる。そこで、すでに設定した2つの越境的学習の命題に加え、第3の命題を設定する。

第 3 章　ナレッジ・ブローカー

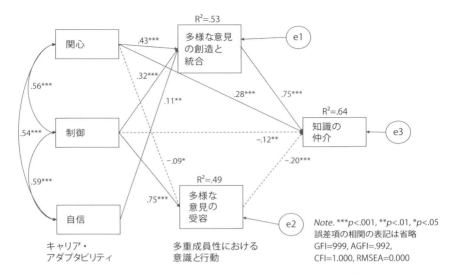

図 3-5　多重成員性と知識の仲介に関する共分散構造の結果
出所：Ishiyama（2016）1313 頁の Figure1 を筆者が日本語訳

命題 3　実践共同体の境界を越える越境的学習には 2 つの段階が存在する。第 1 の段階は、複数の実践共同体に参加し、それぞれの実践共同体の多様性を受容する段階である。第 2 の段階は、複数の実践共同体に参加し、それぞれの実践共同体の多様性を統合し、実践共同体そのものの変容をもたらすという知識の仲介に該当する段階である

この越境的学習の命題 3 を実証的に検証した研究として、Ishiyama（2016）がある。検証結果は、図 3-5 に示される。

図 3-5 では、多重成員性と知識の仲介に関して、探索的に抽出された因子の関係性が共分散構造分析で示されている。多重成員性に影響を与える要因として設定されているキャリア・アダプタビリティは、変化に適応するためのキャリア理論[17]（Savickas, 1997, 2005, 2011; Savickas & Porfeli, 2012）である。この研究では、変化に対応する個人の特性が多重成員性と知識の仲介に正の影響を与えるという仮説に基づき、キャリア・アダプタビリティが共分散構造分析に

組み入れられている[18]。

　越境的学習の命題3として注目すべきは、知識の仲介の因子として抽出された「知識の仲介」に対する、多重成員性の因子として抽出された「多様な意見の受容」および「多様な意見の創造と統合」の影響である。「知識の仲介」は、個人が所属する組織を越えて、複数の共同体に参加して多様な人々と交流し、複数の共同体の知識を相互に紹介しようとする行動を示す因子である。「多様な意見の受容」は、多様な意見が存在することを積極的に肯定しようとする意識を示す因子である。「多様な意見の創造と統合」は、積極的に多様な人々から異なった意見を引き出し、自分の意見も述べ、そのうえで多様な意見と統合していこうとする意識と行動を示す因子である。「多様な意見の受容」が、単に多様性を受容しているだけでそれ以上の行動が含まれていないことに対し、「多様な意見の創造と統合」では多様な意見を引き出し統合するという具体的な行動が含まれているという違いがある。

　共分散構造分析の結果においては、「知識の仲介」に対して、「多様な意見の創造と統合」は統計上有意な正の影響を与えるが、「多様な意見の受容」は有意な負の影響を与えることが明らかになった。この結果から、単に多様性の存在を認めているだけでは「知識の仲介」の行動にはつながらず、多様な意見を引き出し統合するという行動を実践してこそ「知識の仲介」につながることが示唆されたといえるだろう。

　またこの結果は、越境的学習の命題3の2段階の存在を裏づけるものであるとみなすこともできよう。第1段階は多重成員性を有し、複数の実践共同体の多様性を受容している段階である。この段階は、「多様な意見の受容」因子に類似した状態と考えられ、多様性を肯定はしているものの、その統合のための行動を行っているとは限らず、したがって知識の仲介には至っていない。第2段階は、複数の実践共同体に参加し、それぞれの実践共同体の知識を仲介する段階であるが、これは知識の仲介のための行動に習熟している段階でもある。そのため、「多様な意見の創造と統合」因子が示す、多様な意見を引き出し統合するという行動に習熟しており、だからこそ「知識の仲介」因子に正の影響を与えることになるのであろう。

第4節　類似概念の整理：ゲートキーパー

　ここまでの議論は、複数の実践共同体への参加を前提としたナレッジ・ブローカーに関するものであった。先行研究には、実践共同体におけるナレッジ・ブローカーと比較整理すべき概念が存在する。それは知識移転に関する一連の研究におけるゲートキーパーという概念である。

　組織のイノベーションにとっては、外部の情報・知識を取り入れるためには組織の吸収能力が重要とされてきた（Cohen & Levinthal, 1990）。組織が外部の最新の技術情報・知識を取り入れる際の行為者として、ゲートキーパー（gatekeeper：門番）またはバウンダリースパナー（boundary-spanner：境界をつなぐ人）という概念（両概念は同義であり、以下、ゲートキーパーという）が存在する。ゲートキーパーの役割は研究組織に外部の最新の技術情報・知識を浸透させることにある。研究組織において誰もが一様の行動様式で最新の技術情報・知識を外部から取り入れているのではなく、文献や研究技術に関するコミュニティをとおして重点的に外部からの情報・知識を取り入れている個人、すなわち研究組織内のコミュニケーションのスターともいうべき存在が、組織内の人々に頻繁に技術的助言を与え、相談に乗る（Allen & Cohen, 1969）。

　また、情報・知識は外部から取り入れただけでは、簡単に浸透しない。組織内の浸透の問題が発生する。組織は大規模化し、複雑化すると、暗黙知が局所的に生じ、組織内で異なった文脈で情報・知識が生成される。そうなると外部の情報・知識は組織内の異なる文脈に阻まれ、簡単に浸透できなくなる。この困難性に対処するため、組織外の境界と組織内の境界を、それぞれゲートキーパーがつなぎ、情報・知識が浸透していく（Tushman, 1977）。たとえば、製品開発の段階のプロジェクトになると、技術問題などは組織内の価値、興味、戦略などを反映した組織内用語となり、簡単に外部と意思疎通することはできなくなる。この場合、ゲートキーパーの貢献度は大きくなり、役割の重要性が増す（Allen, Tushman & Lee, 1979）。日本でも原田（1999）が、大手工作機械メーカーの研究組織の実証研究において、ゲートキーパーのコミュニケーション・フローを、外部からの情報を集める情報収集機能と、組織内の情報の浸透を意

味する情報伝達・知識転換機能に区分し、情報伝達・知識転換機能に注目する必要性を示した。

　ここまでの議論を整理すると、ゲートキーパーとは組織の内部に存在し、知識・情報を外部から吸収するコミュニケーションのスターともいうべき個人である。また外部から吸収するだけではなく、組織内への浸透も役割として担っている。組織の境界の内外に存在する知識を仲介するという意味では、ゲートキーパーはナレッジ・ブローカーと類似の概念であるというべきであろう。しかし、差異も存在する。ナレッジ・ブローカーは、複数の実践共同体に参加し、その境界を往還して知識を仲介する。他方、ゲートキーパーが所属組織の境界を越えているのか、という点については検討を要する。ゲートキーパーは、文献や研究技術に関するコミュニティをとおして知識や情報を取り入れる。研究技術に関するコミュニティは実践共同体に近い存在とも考えられ、この場合は境界を越えている可能性がある。ただし、文献によって知識や情報を取り入れる場合は、組織の内部にとどまったままであると考えることができる。さらに、ゲートキーパーの主要な役割には、情報・知識の組織内への浸透がある。ここから、ゲートキーパーは必ずしも境界を越える存在ではなく、むしろ主としては、組織の内部に位置取りをしつつ知識の仲介を行う存在とみなすことができるだろう。このようにゲートキーパーもナレッジ・ブローカーも知識の仲介を行うことでは類似しているが、境界を越える（往還する）ことの有無において差異があることになる。したがって、越境的学習を主題とする本書においては、ゲートキーパーは今後の考察の対象から外すものとする。

第5節　類似概念の整理：ネットワーク理論

　ネットワーク理論においても実践共同体理論におけるナレッジ・ブローカーと類似の概念があり、またその呼称そのものがナレッジ・ブローカーという同一（Boari & Riboldazzi, 2014）の場合もある。ネットワーク理論の類似概念について検討していきたい。

　ネットワーク理論において、情報・知識の伝達は紐帯の強弱と関係する。日

第3章　ナレッジ・ブローカー

常的に交流がある集団は、成員が強い紐帯でつながっている。この強い紐帯で構成される集団を連結するネットワークが弱い紐帯であるが、弱い紐帯のほうが様々な異質の集団との連結が可能となり、強い紐帯に比べ多くの情報を収集することが可能になる（Granovetter, 1973; Hansen, 1999）。組織内において、他部門の有用な情報を探索するには弱い紐帯が有効だが、複雑な知識の移転においては移転が発生する部門間の強い紐帯が必要とされる（Hansen, 1999）。

　紐帯の強弱の考え方は構造的空隙（structural holes）の理論に発展する。構造的空隙は、紐帯の強弱よりも、2つのコンタクト間の重複しない関係という位置に注目する。2つのコンタクト間の重複しない位置に存在すれば、双方の情報を唯一、利用できるからである（Burt, 1992; Lin, 2001）。実際、知識労働を行う場合に、自組織を越える紐帯の数が多いほど個人の業績評価は高くなり（Cross & Cummings, 2004）、構造的空隙を多く有するマネージャーの昇進は早く（Burt, 2004）、競合会社のホテルとつながりの多いマネージャーの存在するホテルのほうが、そうでないホテルに比べて収益が高い（Ingram & Roberts, 2000）。また、個人の紐帯の連結が密集したクラスタはスモールワールドと呼ばれ、スモールワールドはブロードウェイのアーティストの生産性に有益な効果をもたらす（Uzzi & Spiro, 2005）。一連の紐帯および構造的空隙の有効性を示す研究の合致した結論として Burt（1992, 2004）は、異質な集団の情報を連結する構造的空隙が企業のイノベーションに有益だとする。

　Boari & Riboldazzi（2014）は連結されていない2者間（つまり構造的空隙がある場合）の知識と情報を仲介する存在を、ナレッジ・ブローカーと呼んだ。つまり、ネットワーク理論におけるナレッジ・ブローカーの概念とは、構造的空隙を仲介する存在であると考えられる。ナレッジ・ブローカーがコンタクトのない2者間を橋渡しして、社会関係資本を形成すれば、知識の仲介が促進される（Inkpen & Tsang, 2005）。

　ただし、注意を要するのは、主にネットワーク理論のナレッジ・ブローカー概念には組織および個人のいずれの場合も該当することである（Boari & Riboldazzi, 2014; Chesbrough, 2006; Davenport & Prusak, 1998; Lomas, 2007; Ramirez & Dickenson, 2010）。ナレッジ・ブローカーの組織と個人の具体例としては、組織ではイノベーション仲介企業と呼ばれる、社外のアイディアを利用するために

効率的に企業間の仲介を行う企業の例（Chesbrough, 2006）、カナダの研究財団が医療・看護系の学術的知見を実際に診療の現場で実践応用することに寄与した例（Lomas, 2007）などがある。個人では、中国のサイエンスパークの知識労働者が、知識探索の役割、企業間に存在する認識の齟齬を埋める役割、個人的なネットワークを構築する役割、という3種類のナレッジ・ブローカーの役割を果たした例（Ramirez & Dickenson, 2010）がある。本書においては、個人の越境的学習を検討する立場から、ナレッジ・ブローカーの概念は、以降、個人に限定して論を進める。

　Burt（1992）の構造的空隙の議論は、換言すれば、今までは重複がなかった2つのコンタクトをつなげれば、つなげた行為者に利益が生じるということだ。実際、Burt（2004）は、ナレッジ・ブローカーの役割を果たしたマネージャーのほうが、そうでないマネージャーに比べて、多くのアイディアを提案し、それらのアイディアがより価値あるものとして評価されたことを明らかにした。その際Burt（2004）は、ナレッジ・ブローカーには4段階の役割があるとした。第1段階では、構造的空隙と集団の異質性の存在を、それぞれの集団の成員に知らしめる。第2段階では、集団間でベストプラクティスの移転を行う。第3段階では、集団間で異質な行動や振る舞いを喩えで翻訳して相互に伝える。第4段階では、集団間の異質性を統合し、新しい信念や統合を生起させる。

　ここまでの議論を踏まえて、実践共同体理論のナレッジ・ブローカー概念と、ネットワーク理論のナレッジ・ブローカー概念を比較してみよう。構造的空隙は、コンタクトのない2者間を意味するが、Burt（2004）に示されているように、2者とはそれぞれ集団である。この集団はあくまでネットワークのかたまりであるため、その性質、特徴が厳密に既定されているわけではない。したがって、この集団は実践共同体に該当する場合も該当しない場合もあると考えられる。

　たとえば、2者の集団がいずれも実践共同体である場合には、構造的空隙を埋めるナレッジ・ブローカーは、実践共同体間の知識の仲介を行っていることになり、実践共同体理論のナレッジ・ブローカー概念と、ネットワーク理論のナレッジ・ブローカー概念は一致していると考えていいだろう。また、仮に集

第 3 章　ナレッジ・ブローカー

表 3-2　実践共同体理論とネットワーク理論のナレッジ・ブローカー概念の比較

Burt（2004）の 4 段階	実践共同体のナレッジ・ブローカーの段階（図 3-2 のモデル）	越境的学習の段階
1. 構造的空隙と集団の異質性の存在を、それぞれの集団の成員に知らしめる	多様な価値観の受容	第 1 段階：多様性を受容する段階
2. 集団間でベストプラクティスの移転を行う	多様な価値観の統合	第 2 段階：知識を仲介する段階
3. 集団間で異質な行動や振る舞いを喩えで翻訳して相互に伝える	知識の仲介に関する行動	
4. 集団間の異質性を統合し、新しい信念や統合を生起させる	仲介先共同体の変容	

出所：筆者作成

団が実践共同体に該当しないとしても、実践共同体理論のナレッジ・ブローカー概念と、ネットワーク理論のナレッジ・ブローカー概念は類似している。たとえば、越境的学習の命題 3 の 2 段階と Burt（2004）の示すナレッジ・ブローカーの役割の 4 段階も類似性が高い。比較すると、表 3-2 のようになる。

　表 3-2 にあるとおり、実践共同体理論とネットワーク理論のいずれのナレッジ・ブローカーのモデルにおいても、最初の段階では、多様性または異質性の認知にとどまることで共通している。さらに次に知識の仲介を行う段階になると、多様性または異質性を統合し、かつ集団そのものに何らかの変容が生じるという点でも共通している。

　ここまでの議論に基づけば、実践共同体理論とネットワーク理論のナレッジ・ブローカー概念の類似性は高く、少なくとも越境的学習の 2 段階については、ネットワーク理論のナレッジ・ブローカー概念に拡張して適用することは妥当であると考えられる。そこで、本書におけるナレッジ・ブローカー概念は、実践共同体理論とネットワーク理論の双方の概念が該当するものとする。そのうえで、越境的学習の命題 3 を以下のように修正する。

命題 3（改訂後）
命題 3-1　越境的学習におけるナレッジ・ブローカーとは、実践共同体理論とネットワーク理論の示すナレッジ・ブローカー概念の両方に該当するもの

111

である

命題3-2　越境的学習には2つの段階が存在する。第1の段階は、複数の集団（実践共同体を含む）に参加し、それぞれの集団の多様性を受容する段階である。第2の段階は、複数の集団（実践共同体を含む）に参加し、それぞれの集団の多様性を統合し、集団そのものの変容をもたらすという知識の仲介に該当する段階である

第4章

越境的学習とナレッジ・ブローカーに関する
リサーチクエスチョンの設定

　序章から第3章までにおいて、越境的学習の定義、命題、ナレッジ・ブローカーの命題について設定を行った。設定した内容は次のとおりである。

越境的学習の定義

定義1　広義の越境的学習の対象者は、「異なる状況をまたぐ人すべて」である

定義2　狭義の越境的学習の対象者は、「組織との関わりを有する働く人、働く意思のある人」である

定義3　越境的学習の境界とは、「自らが準拠している状況」と「その他の状況」との境を意味する

定義4　越境的学習の対象範囲は、越境者が境界を往還し、境界をつなぐ、一連のプロセス全体が該当する

定義5　越境的学習は、境界を往還しているという個人の認識が存在することで成立する

越境的学習の命題

命題1　越境的学習は、単一の状況と複数の状況という軸、および状況的学習と学習転移モデルという軸を設定した場合、複数の状況で状況的学習を行う場合に該当する

命題2　越境的学習の過程では、経験学習サイクルが同時に進行し、その結果として個人と状況が相互に変化する

命題3（改訂後）

命題3-1　越境的学習におけるナレッジ・ブローカーとは、実践共同体理論とネットワーク理論の示すナレッジ・ブローカー概念の両方に該当するものである

命題3-2　越境的学習には2つの段階が存在する。第1の段階は、複数の集団（実践共同体を含む）に参加し、それぞれの集団の多様性を受容する段階である。第2の段階は、複数の集団（実践共同体を含む）に参加し、それぞれの集団の多様性を統合し、集団そのものの変容をもたらすという知識の仲介に該当する段階である

ナレッジ・ブローカーの命題

命題1　個人が企業内外の異質型実践共同体の多重成員性を有する場合、各共同体で形成された異なるアイデンティティの併存を、自らの中で許容する。すなわち、多様な価値観を受容する

命題2　多重成員性を有する個人においては、ノットワーキングの習熟が促進される

命題3　多様な価値観を受容し、ノットワーキングに習熟した個人は、複数の実践共同体における異質な他者と関係性を構築し、複数のアイデンティティを調停する。すなわち多様な価値観を統合する

命題4　多様な価値観を統合する過程を経て多重成員性を有する個人は、ナレッジ・ブローカーとして知識の仲介行為に習熟していく

命題5　ナレッジ・ブローカーによって知識の仲介が成立すると、仲介先の実践共同体の正統性、すなわち知識体系が変容し、実践共同体の維持・向上に寄与する

　本章では、これらの定義・命題に基づき、越境的学習に関するリサーチクエスチョン（以下、RQという）を設定する。

第1節　RQ の設定

　本書は、企業の人材育成の領域における越境的学習に関して、その詳細を明らかにすることを目的としている。広義の越境的学習は企業の人材育成に限定されないが、本書の関心は企業の人材育成における越境的学習にある。設定した定義に基づくと、越境的学習とは、「自らが準拠している状況」と「その他の状況」の境界を個人が往還することで生起する。境界の種類としては、第2章において、内部労働市場の境界、実践共同体の境界、キャリア境界を例示した。

　このように、越境的学習においては境界を往還することが本質であると考えられる。そのため、企業の人材育成の領域に限定したとしても、越境的学習には様々な種類の学習が該当すると考えられる。たとえば、先行研究では、社内外の勉強会、研究会への参加が主な越境的学習の例として示されてきた。しかし内部労働市場、実践共同体、キャリアなどの境界の往還に該当する学習は多岐にわたると考えられる。多岐にわたる越境的学習には具体的にどのような学習が該当し、またそれぞれの学習にはどのような特徴が存在するのか、先行研究では十分に示されていない。そこで、次の RQ を設定する。

RQ1　境界を往還することで生起する越境的学習には、具体的にはどのような学習が該当するのか。また、それらの学習の種類により、どのような特徴が存在するのか

　越境的学習の命題1と命題2においては、OJT・Off-JT・自己啓発という枠組みおよび経験学習と、越境的学習の差異が検討された。検討の結果として、越境的学習には、複数の状況で状況的学習を行うという独自性があり、また経験学習サイクルを活用する可能性も示唆された。しかし、こうした越境的学習の独自性が、どのような越境的学習の効果をもたらすのかについては、さらなる究明の余地がある。

　もちろん、表序-1で示したとおり、越境的学習の効果に言及した先行研究

は存在する。たとえば、荒木（2007, 2009）は主に知識労働者が社外の勉強会に参加すると、個人の職業アイデンティティ獲得やキャリア形成への意欲向上など「キャリア確立」が促されるとしている。また、Engeström（2008）は既存の実践を問い直すことこそ、越境の効果であるとしている。しかし、境界の往還がもたらす効果は、それらの効果に限定されないと考えられる。複数の状況で状況的学習を行うことは、分かちがたくつながる個人と状況の双方に、先行研究では解明されていなかった効果をもたらす可能性がある。そこで、次のRQを設定する。

RQ2　境界を往還することで生起する越境的学習には、どのような学習の効果が存在するのか。その効果は、従来の学習とはどのように異なるものであるのか

　越境的学習の命題3で示したように、越境的学習には2つの段階があり、第2段階で知識の仲介を行う者は、ナレッジ・ブローカーに該当する。ナレッジ・ブローカーは複数の実践共同体に多重参加する存在であり、それゆえに複数のアイデンティティを有することになり、これが調停されることをWenger（1998）は示唆していた。しかし、単に個人が認知的に調停することは、実践共同体の理論にそぐわない（高木, 1999）。そこで、ナレッジ・ブローカーの命題3として、個人が、「複数の実践共同体における異質な他者と関係性を構築し、複数のアイデンティティを調停する」という可能性を示した。たとえば、アイデンティティの調停は、実践共同体AとB、個人のアイデンティティAとBの関係性において生起する対話によって行われることになる。しかし、異質な他者との対話による関係性の構築による調停のプロセスが、先行研究で明確に示されているわけではない。そこで次のRQを設定する。

RQ3　ナレッジ・ブローカーは、異質な他者と関係性を構築することで、どのように複数のアイデンティティを調停するのか

　ナレッジ・ブローカーは、複数のアイデンティティを調停しつつ、知識の仲

第4章　越境的学習とナレッジ・ブローカーに関するリサーチクエスチョンの設定

介行為に習熟していくことになる。知識の仲介が行われると、ナレッジ・ブローカーの命題5にあるように、仲介先の複数の実践共同体に変容が生じる。状況的学習においては、個人と状況が分かちがたくつながっているので、実践共同体に変容が生じることは、もともと想定されていることである。しかし、ナレッジ・ブローカーの特徴は、仲介先の複数の実践共同体に変容をもたらすことである。複数の実践共同体に対する変容のプロセスが、先行研究で明確に示されているわけではない。そこで、次の RQ を設定する。

RQ4　ナレッジ・ブローカーは、複数の実践共同体の変容をどのように実現するのか

　第5章以降は、本章で設定した RQ を解明するために行った NPO 法人二枚目の名刺（以下、二枚目の名刺という）に関して実施した一連の実証的研究について述べる。詳細は後述するが、二枚目の名刺は、主として企業に勤務する社会人と非営利組織（NPO）を仲立ちする中間支援組織である。二枚目の名刺の取り組みは、企業という内部労働市場の境界を越え、二枚目の名刺の組成したプロジェクトに参加するという観点から、企業と二枚目の名刺のプロジェクトの間に存在する境界を往還する越境的学習であると考えられ、RQ の解明にとって適切な調査対象であると判断した。

　第5章では、二枚目の名刺の概要と調査の全体像を述べる。第6章では、二枚目の名刺と共同で行った定量調査の結果について述べる。第7章では、二枚目の名刺が取り組むプロジェクトに関する観察調査と聞き取り調査について述べる。第8章では、二枚目の名刺のプロジェクトに関する定量調査について述べる。第6章で RQ1 の、第7章で RQ2、RQ3、RQ4 の、第8章で RQ2、RQ3 の検討を進めていくこととする。

第5章

二枚目の名刺の概要と調査分析の全体像

第1節　調査方法の概要

　第6章から第8章の調査は、二枚目の名刺の事例研究として行った。事例研究では、観察調査、インタビュー調査、質問紙調査の3つの手法を併用し、三角測量として多角的な視座を確保し、かつデータの客観性を担保することに努めた。観察調査は、2014年6月から2016年11月にかけて、二枚目の名刺が実施した様々な活動に参加して行った。具体的には、企業内の説明会、成果発表会、二枚目の名刺が行う各種イベント、二枚目の名刺が12の企業、行政、任意団体などの組織と連携して行う研究会への参加などである。参与の程度としては、観察者の立場に徹する場合から、参加者である場合など、多角的な立場で行った。またインフォーマルインタビューも適宜行った。さらに、二枚目の名刺のプロジェクトに関連して作成された文書、プロジェクトの成果物などの資料の収集も行った。

　調査の分析方法としては、Yin（1994）の事例研究の分析に則り、文書、資料記録、面接、直接観察、参与観察、物理的人工物の6つの証拠源から得られたデータを多角的に分析した。事例研究分析を行う理由は、沼上（2000）が指摘するように、調査対象における実践家たちの主体性、思考に注意を払い、その行為が合成される時間展開を伴ったプロセスを、厚い記述に転換することを意図したためである。

第2節　中間支援組織：二枚目の名刺

　非営利組織（NPO）とはNPO法人、社団法人など多様であるが、何らかの社会課題に取り組むために結成された組織である（横山, 2003）。以下、本書では、法人格の種類は問わず非営利組織をNPOと呼ぶ。近年、NPOでは企業と同様に知識労働の重要性が進展しているものの、営利を目的とする企業と社会課題の解決を目的とするNPOの組織上の特徴の違いは大きい（安齋, 2016）。

　二枚目の名刺は、「組織や立場を超えて社会の『これから』を創ることに取り組む人が持つ名刺」を2枚目の名刺と位置づけ、「社会人が本業以外にも社会活動を行い社外で価値を生み出しながら、自身の変化・成長も実現し、さらにそれが本業にも還元されるというサイクルを生み出す」というコンセプトを基軸に、若手のビジネスパーソンの有志が2009年9月に設立したNPOである。具体的には、NPOと企業に勤務する社会人の橋渡しを行い、社会人の自己成長、NPOによる社会課題の解決を同時に目指している。

　二枚目の名刺のコンセプトは、創業者の海外留学時代の経験に基づく。創業者は、金融業界で経験を積んだ後に、イギリスに海外留学することになった。海外留学先で、主に夏休みの期間中にコンサルティングプロジェクトを行うこととなり、同級生4名とともに、ベトナム政府機関の依頼に関するプロジェクトに取り組んだ。創業者にとって、そのプロジェクトは1枚目の名刺としての本業とは関わりのない分野での取り組みであり、新鮮な体験であった。会社の名前ではなく自分の名前でプロジェクトを進行させなければならず、試行錯誤の連続でもあった。また、プロジェクトにおいて情報収集を進める中で、日本に本業の傍ら自分の思いを実現するために2枚目の名刺を持って活動する人々が存在することも知った。そこで創業者は、このコンサルティングプロジェクトの有益な体験を日本でも一般的な社会の仕組みとするべく、海外留学から帰国した後に、二枚目の名刺を法人として立ち上げることになった。

　創業者のコンサルティングプロジェクトの体験の一般化を行うために、二枚目の名刺はNPOが社会活動を円滑に進めることを目的として、NPOと企業に勤務する社会人の橋渡しを行う。社会人にとっては、NPOにおける社会活

第5章　二枚目の名刺の概要と調査分析の全体像

動の取り組みが自己成長の機会となる。NPO にとっては、自組織の限られた資源という制約のために諦めていた活動の拡大に取り組むことができる契機となる。

　このように、NPO の活動に対する支援を行う組織は、中間支援組織と呼ばれる。中間支援組織は「市民、NPO、企業、行政等の間にたって様々な活動を支援する組織であり、市民等の主体で設立された、NPO 等へのコンサルテーションや情報提供などの支援や資源の仲介、政策提言等を行う組織を言う。中間支援組織自らが NPO 等である場合もある」（内閣府, 2011, 1 頁）と定義される。この定義にあるとおり、中間支援組織が NPO に支援する内容は情報などを含めた NPO 活動の資源全般である。近年では、支援の中でも、とりわけ、人材に関わる支援を行う団体が注目されている。

　人材に関わる支援において、注目される概念がプロボノである。プロボノはラテン語での「Probono publico（公共善のために）」を語源としている。現在では、ビジネスパーソンが自らの専門知識をいかしてボランティア活動を行うことをプロボノと称するようになっている。日本では、NPO 法人サービスグラント（以下、サービスグラントという）がプロボノを推進する団体の草分けとされる。プロボノ活動を希望する社会人は、サービスグラントに登録を行う。サービスグラントは、プロボノ活動による支援を希望する NPO の窓口にもなる。

　このようにサービスグラントは、社会と NPO の仲介役となり、有期限のプロボノプロジェクトを組成する。プロボノプロジェクトの目的は、NPO の課題を解決することにある。プロボノプロジェクトには、サービスグラントに登録した社会人の中から、プロジェクトで必要とされる専門性やスキルに合致しているという基準で、プロジェクトメンバーを人選する。プロボノプロジェクトの期限は半年程度であることが多く、人選されるメンバーは数名程度である。このように、プロボノは社会人が自らの専門性をいかしつつ社会貢献できる機会になっており、サービスグラントは中間支援組織として社会人と NPO を結びつける役割を担っている（嵯峨, 2011）。

　プロボノと類似した仕組みが、NPO 法人クロスフィールズ（以下、クロスフィールズという）が行っている「留職」である。留職は、クロスフィールズ

121

が、企業と新興国の NPO を仲介する。企業は、リーダーシップなど人材育成を目的として社員の中から、本人の希望などを考慮したうえで留職対象者を人選する。人選された社員は、数か月から半年程度、新興国の NPO の課題解決に従事する。海外の教育機関で学ぶ場合は留学になるが、海外の NPO における業務に従事することから、クロスフィールズはこの仕組みを留職と呼んでいる。留職においては、クロスフィールズは、企業と新興国の NPO を結びつける中間支援組織の役割を担っている（小沼, 2016）。

　詳細は後述するが、二枚目の名刺が組成するプロジェクトは、有期限で社会人と NPO を仲介し、NPO の課題の解決を目指すという点で、プロボノと留職に共通している面がある。こうした、サービスグラント、クロスフィールズ、二枚目の名刺が行う取り組みは、中間支援組織における人材に関わる支援と位置づけることができよう。ただ、興味深いことに、類似した取り組みであるにもかかわらず、それぞれの団体が活動を開始したきっかけは異なるものである。

　サービスグラントのプロボノプロジェクトは、米国のタップルートファウンデーションのプロボノを参考に、その仕組みを日本に導入したものである。米国では、もともとプロボノが盛んに行われていたが、その担い手は弁護士など高度な専門性を有する者に限定されていた。タップルートファウンデーションは、プロボノの進め方をプロジェクトとして形式化、マニュアル化し、担い手を限定的な高度な専門性を有する者から一般のビジネスパーソンに拡大することに成功した。こうしたタップルートファウンデーションの活動などを契機に、米国においてプロボノは、一般的なビジネス上のスキルを有するビジネスパーソンであれば誰でも参加可能な活動へと変貌した。サービスグラントは、タップルートファウンデーションのプロボノプロジェクトの仕組みを展開することで、日本におけるプロボノの拡大を目指している（嵯峨, 2011）。

　サービスグラントの活動のきっかけが米国のタップルートファウンデーションにあることに対し、二枚目の名刺の活動のきっかけは先述したように、創業者の海外留学中の経験にある。また、サービスグラントのプロボノプロジェクトと二枚目の名刺のプロジェクトの仕組みは類似しているが、二枚目の名刺のプロジェクトは他の団体の取り組みを参考にしたものではなく、独自に作成し

た仕組みである（石山, 2015）。また留職も、クロスフィールズが独自に作成した仕組みである（小沼, 2016）。

このように 3 団体の取り組みはそれぞれ異なるきっかけで始まったわけだが、偶然、近い時期に団体が結成[19]され、近年それらの活動はそれぞれ拡大し、活動への参加者が増加している[20]。

第 3 節　二枚目の名刺の NPO サポートプロジェクト

本調査の対象となる NPO サポートプロジェクト（以下、サポートプロジェクトという）とは、二枚目の名刺が考案したプロジェクト形態である。一般的なサポートプロジェクトの流れは図 5-1 のとおりである。

サポートプロジェクトは、中間支援組織としての二枚目の名刺、プロジェクトに応募した社会人、パートナー NPO の 3 者から構成される。パートナー NPO は、取り組んでいる社会課題については熟知しているが、ビジネス視点に基づく組織運営に不足感があり、外部との協働を求めている。二枚目の名

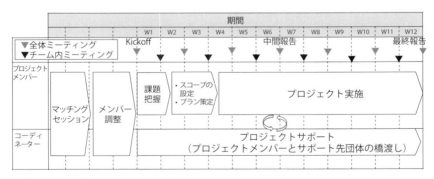

図 5-1　標準的なサポートプロジェクトの流れ

出所：二枚目の名刺作成資料

刺は、サポートプロジェクトと取り組む価値がある社会的意義を有すると考えられ、かつ外部との協働を求めている団体を、パートナーNPOとして選定する。なお、NPOに関してパートナーという名称が冠されるのは、サポートプロジェクトにおいてNPOが一方的に支援される存在とはみなされていないからである。サポートプロジェクトは、あくまで二枚目の名刺、プロジェクトに応募した社会人、パートナーNPOの3者による協働プロジェクトであり、NPO自身においてもプロジェクトへの主体的な貢献が前提とされている。

パートナーNPOが選定されるとマッチングセッションが実施される。マッチングセッションとは、プロジェクトへの参加を検討している社会人に対し、パートナーNPOがその活動と協働を希望する課題を説明し、サポートプロジェクトへの参加を募る場である。マッチングセッションに参加し、パートナーNPOの活動に共感し、サポートプロジェクトへの参加を希望する社会人の中から、サポートプロジェクトへの参加者が選定される。

サポートプロジェクトには、マッチングセッションの参加者の中から、二枚目の名刺が選出した社会人が5名前後参加する。このようにサポートプロジェクトへの参加は、本人の希望に基づき決定されるため、参加者の年齢、性別、勤務先企業、業界、職種などは多様性に富むものとなる。

サポートプロジェクトには、二枚目の名刺のコーディネーターも1名以上、必ず参画する。コーディネーターの役割は、あくまでもパートナーNPOと社会人メンバーの仲介である。サポートプロジェクトの主役は、パートナーNPOと社会人メンバーである。そのため、プロジェクトの目的、成果物、スケジュール、スコープ（プロジェクトの対象範囲）などは、すべてパートナーNPOと社会人メンバーが話し合って決めることが原則となる。コーディネーターは、主にプロジェクトの初期段階で、パートナーNPOと社会人メンバーの話し合いが円滑に開始される環境づくりに注力する。いったんプロジェクトが進行しはじめると、コーディネーターはチームを見守ることに重きを置き、プロジェクトの内容そのものにはできる限り介入しないようになる。

サポートプロジェクトの期間は3か月前後が一般的である。社会人メンバーは、企業勤務という本業に支障が出ない範囲で1週間に5時間から10時間程度の作業を行う。ミーティングは平日の朝、夜または週末等の業務時間外に、

第5章　二枚目の名刺の概要と調査分析の全体像

週1回程度行われる。ミーティングの中でも、隔週に1回行われるミーティングには、パートナーNPOのコアメンバーも参加する。

　プロジェクトの初期には、パートナーNPOの課題を把握し、その課題に基づき、プロジェクトの目的、成果物、スケジュール、スコープを決定する。その後、プロジェクトは進行し、中間報告会、最終報告会が実施されていくことになる。

第6章

社外活動に関する定量調査

　本章では、株式会社リクルートキャリア（以下、リクルートキャリアという）、二枚目の名刺、法政大学石山恒貴研究室、および東京経済大学小山健太研究室が2016年9月23日から9月29日にかけて株式会社マクロミルを通じて実施したインターネット上の質問紙調査（以下、社外活動調査という）に関する分析結果について述べる。この調査は、二枚目の名刺としては、社会人が本業とは異なる社外活動を行う有効性を明らかにするために行い、その結果についてはリクルートキャリアと二枚目の名刺がプレスリリースにより発表している[21]。調査対象となっている社外活動は、二枚目の名刺のサポートプロジェクトとは異なるものである。しかし二枚目の名刺としては、全般的な社外活動の特徴を調査することで、社外活動の1種類であるサポートプロジェクトにどのような独自の特徴があるのかを明らかにできると考え、調査を行ったものである。

　同プレスリリースでは、社外活動を行っている者のみの分析結果[22]について述べているが、本章においては、社外活動調査のデータにおける社外活動を行っている者と行っていない者の比較の分析結果について述べる。この分析結果により、第4章で設定したRQ1「境界を往還することで生起する越境的学習には、具体的にはどのような学習が該当するのか。また、それらの学習の種類により、どのような特徴が存在するのか」についての解明を目指す。

第1節　本調査の目的、方法とサンプルの詳細

1　調査の目的と分析の枠組み

　本調査の目的は、RQ1を解明するために、越境的学習における具体的な学

習の種類を示し、それぞれの特徴を分析することにある。そこで、300名以上の従業員規模を有する企業の正社員であって、社外活動を行っている者と行っていない者を調査対象とした。第3章で述べたとおり、日本型雇用慣行下では内部労働市場の境界が強固であり、それゆえに正社員は他の区分の就業者に対して「自らが準拠している状況」が明確であり、越境的学習が生じやすい可能性がある。そこで一定規模以上の企業に勤務する正社員を調査対象とした。

具体的には、まず一定規模以上の企業に勤務する正社員に聞き取り調査を行い、社外活動の種類を特定した。聞き取り調査の対象とする社外活動とは、本業の企業とは直接関係のない何らかの集団で行う活動であり、勤務する企業の就業時間外に行われるものである。本書の定義では、越境的学習は必ずしも就業時間外に行われるとは限らない。しかし、本業の企業とは直接関係のない集団で就業時間外に行われる活動に正社員が参加するのであれば、内部労働市場における「自らが準拠している状況」との境界を越えたと正社員が認識する可能性が高いと考えられ、越境的学習の種類を明らかにする調査としては妥当であろう。

聞き取り調査により社外活動の種類を特定した後に、その種類を区分した質問紙調査を行った。質問紙調査では、社外活動の種類により、参加率および、その社外活動の参加によって本業の遂行状況に差が生じたのかについて検証する。社外活動の種類による本業の遂行状況への差を明らかにすることで、それぞれの社外活動の特徴を考察する。

2 調査の方法とサンプルの詳細

本調査では、リクルートキャリア、二枚目の名刺、法政大学石山恒貴研究室、および東京経済大学小山健太研究室が2016年9月23日から9月29日にかけて株式会社マクロミルを通じて実施したインターネット上の質問紙調査を使用する。先述のとおり、この調査は、300名以上の従業員規模を有する企業の正社員を対象としている。そこで、本調査に先立ち、この条件に合致する対象者を抽出するためのスクリーニング調査を行った。スクリーニング調査は、株式会社マクロミルの保有するモニター20,000名に対して、正社員であるこ

と、勤務する企業の規模が従業員数 300 名以上であること、本調査の定義する
社外活動を少なくとも 1 つ以上経験したことがあること、の 3 条件を満たす者
を抽出対象とした。その結果、20,000 名のうちの 2,709 名（13.5%）が 3 条件に
合致した。なお、正社員、勤務する企業の規模が従業員数 300 名以上という条
件を満たすものの、本調査の定義する社外活動に関してまったく経験がない者
は 20,000 名のうちの 4,356 名（21.8%）であった。

　3 条件が合致した 2,709 名の中から、社外活動を行っている群の対象者の
抽出を行い、721 名の回答を得た。性別は男性 566 名（78.5%）、女性 155 名
（21.5%）であった。年齢は平均 43.34 歳（標準偏差 10.28）であった。現在の勤務
先における勤続年数の平均は 15.87 年（標準偏差 11.15）であった。

　さらに、正社員、勤務する企業の規模が従業員数 300 名以上という条件を満
たすものの、本調査の定義する社外活動に関してまったく経験がない者 4,356
名のうちから、社外活動を行っていない群の対象者の抽出を行い、309 名の回
答を得た。性別は男性 251 名（81.2%）、女性 58 名（18.8%）であった。年齢は
平均 44.36 歳（標準偏差 9.28）であった。現在の勤務先における勤続年数の平均
は 16.97 年（標準偏差 10.95）であった。

　両方の群をあわせた対象者 1,030 名のサンプルの詳細は次のとおりであっ
た。性別は男性 817 名（79.3%）、女性 213 名（20.7%）であった。年齢は平均
43.65 歳（標準偏差 10.00）であった。現在の勤務先における勤続年数の平均は
16.20 年（標準偏差 11.09）であった。

第 2 節　調査項目

1　社外活動の種類

　社外活動の種類を特定するにあたり、「二枚目の名刺ラボ」の関係者であ
り、実際に社外活動を行っている 30 名に聞き取り調査を行った。「二枚目の名
刺ラボ」は、2015 年 12 月に二枚目の名刺が立ち上げた研究会であり、2 枚目
の名刺を持つというスタイルを、企業、行政、ソーシャルセクター、研究者

と協働する仕掛けを通じて展開することを目的としている。企業、行政、ソーシャルセクター、大学など13の団体により構成されており、筆者も研究会のメンバーとして参加している。二枚目の名刺ラボのメンバーに加え、主にリクルートキャリアの事業である「サンカク」[23]の会員と二枚目の名刺のサポートプロジェクト参加者を中心に聞き取りを行った。その聞き取り調査に基づき、リクルートキャリア、二枚目の名刺、法政大学石山恒貴研究室、および東京経済大学小山健太研究室による検討を行い、社外活動の種類を決定した。

社外活動は、副業、ボランティア活動、プロボノ活動、趣味やサークル活動、地域コミュニティの活動、勉強会・ハッカソン（次頁参照）、自社の業務外の活動、異業種交流会の8種類が設定された。8種類については、聞き取り調査において経験している者が多いこと、および越境的学習の特徴に該当すると考えられる活動という条件を満たしたことから選定した。

副業とは、総務省『就業構造基本調査』の定義[24]に基づき、「主な仕事以外に就いている仕事」を行っている場合に、社外活動として該当することとした。複数の仕事のいずれが本業で、いずれが副業に該当するかということについては、本人の認識に依拠する[25]。副業の効果に関する先行研究としては、副業の保有理由が非金銭的動機の場合は「副業は本業に役立つ」と回答する傾向があることを明らかにした研究（川上, 2017）や、一部の企業では副業により自社とは異なる経験をすることで、専門スキル、異なるスキル、経営者視点、リーダーシップなどが醸成できると考えていることを示した研究（萩原・戸田, 2016）がある。このように副業は、自社と異なる経験をするという特徴が指摘されており、異なる状況を経験するという観点から越境的学習にあたると考えることができよう。

内閣府の『平成25年度市民の社会貢献に関する実態調査』によれば、過去にボランティア活動を行った者の比率は35.0％である。ボランティア活動は、自発的に行う社会貢献に資するための活動と考えられることから、企業とは異なる状況を経験しているとみなすことができよう。

プロボノ活動は、先述のとおり、サービスグラントに代表される、ビジネスパーソンが自らの専門性をいかして行うボランティア活動の1種類である。二枚目の名刺のサポートプロジェクトとも類似した活動であり、越境的学習とし

て本書の調査の焦点と考えられる活動である。

　趣味やサークル活動は、多様な活動が該当すると考えられる。しかし、多様な内容であっても、自発的に何らかの企業以外の集団と関わるという観点からは、異なる状況の経験に該当するとみなすことができよう。

　地域コミュニティの活動も、マンションの理事会、自治会、消防団の活動からまちづくりの活動まで、幅広い内容が想定される。趣味やサークル活動と同様に自発的に何らかの企業以外の集団と関わるという観点からは、異なる状況の経験に該当しよう。

　勉強会・ハッカソン、自社の業務外の活動、異業種交流会は、広義に捉えると、いずれも豊田（2012）の指摘する勉強会・交流会に該当するといえよう。先述のとおり、豊田はインフォーマルに形成された集団での学びを、勉強会・交流会として定義し、その定義は勉強会と呼ばれることも、異業種交流会と呼ばれることもあると指摘している。本調査では、勉強会・交流会をより細かく区分して調査した。

　勉強会・ハッカソンとは、主に新しいアイディアを学ぶための活動である。ハッカソンとは、hack と marathon に基づく造語であり、近年、勉強会の1種類として注目されるようになった。具体的には、IT 技術に関してアイディアを競う、ワークショップ形式のイベントである（山根, 2014）。

　自社の業務外の活動とは、米国グーグル社の「20％ルール」[26] など、会社にいながらにして個人の意思に基づき業務外の取り組みが可能になる活動を意味する。社内のオフィスを利用する活動であるため、厳密にいえば社外活動とみなすことはできないかもしれないが、業務とは関係のない何らかの活動に従事するという性質上、社外活動の1種類と考えることは可能であろう。

　異業種交流会は、勉強会・交流会の中でも、勉強会のように新しいアイディアを学ぶことよりも、業種の違う人々との交流を重視するという観点で、勉強会とは異なる社外活動として区分することにした。

　勉強会・ハッカソン、自社の業務外の活動、異業種交流会には、先述のとおり、舘野（2012）が明らかにしたように、その参加者には社内では獲得できない人脈、不安の解消、キャリア形成、新しい知識を社外に求めているという参加の目的があり、越境的学習の特徴に該当すると考えることができよう。

2　本業の遂行状況

　本章では、社外活動の種類と本業の遂行状況の関係性の解明を図る。本業の遂行状況については、ジョブ・クラフティングという調査項目により測定することとした。ジョブ・クラフティングは、職務特性のモデル（Hackman & Oldham, 1976, 1980）の理論の延長にあたる概念である。職務特性のモデルにおいては、職務の特性の差異により、労働者に関する成果変数（内発的モチベーションなど）にどのような影響があるかを考察する。その際、職務の特性を労働者自身が変更できるとの前提は存在しない。第3章の内部労働市場の境界で検討したとおり、職務主義の前提は労働者の職務が組織によって特定されていることにある。職務主義の考え方に基づけば、職務の特性は組織が規定するものとなる。しかし、ジョブ・クラフティングの理論提唱者であるWrzesniewski & Dutton（2001）は、労働者自身が職務の特性を変更できる[27]と考え、ジョブ・クラフティングを「個人が職務または仕事に関連する境界に加える物理的および認知的変化」（Wrzesniewski & Dutton, 2001, p.179）と定義した。このようにジョブ・クラフティングは労働者が積極的に自らの仕事を再定義し、創意工夫する可能性を示している。Wrzesniewski & Dutton はジョブ・クラフティングのモデルを3次元で示している。仕事の内容そのものを変えるタスク次元、仕事の意味づけを変える意味次元、仕事に関わる人間関係を変える人間関係次元である。またジョブ・クラフティングは、自発的に職務の特性を変えることによる労働者の内的動機づけを高める（森永・鈴木・三矢, 2016）。

　積極的に自らの職務の改善を図る取り組みであるジョブ・クラフティングは、本業の業務遂行状況の望ましい状況を図る尺度として妥当であると考え、本調査の測定変数として使用することとした。ジョブ・クラフティングの尺度については、森永・鈴木・三矢（2016）、関口（2010）、Tims, Bakker & Derks（2012）などの尺度と比較検討した結果、Leana, Appelbaum & Shevchuk（2009）の尺度を使用することとした。この尺度は、自発的に仕事の改善に取り組む行動を端的に示していると判断したためである。なお、この尺度は、Wrzesniewski（2003）のジョブ・クラフティングと Morrison & Phelps（1999）のテーキングチャージに基づき構成されている。テーキングチャージは、役割

外行動の 1 種類であるが、主体的に組織や業務の課題を改善しようとする意識と行動を意味し、個人の改善への意欲を直接的に示す内容である。本調査の尺度として使用するにあたり、保育業務のジョブ・クラフティングに関する個人としての取り組み 6 項目、同僚との協働による取り組みの 6 項目のうち、それぞれ保育業務に固有の内容の 1 項目を除外した計 10 項目の質問を、日本語に訳して[28]使用した。

第 3 節　分析結果

1　因子分析と尺度構成の結果

　ジョブ・クラフティングに関する全項目の平均値と標準偏差を算出したところ、天井効果および床効果のいずれにも該当する項目は存在しなかったため、以降の分析には全項目を含めた。ジョブ・クラフティングについて先述した Leana, Appelbaum & Shevchuk（2009）による 10 の質問項目について、探索的因子分析を行った。最尤法・Promax 回転による因子分析を行ったところ、固有値の変化と解釈可能性の観点から 2 因子構造が妥当であると考えられた。そこで再度、2 因子構造を仮定して因子分析を行った。因子分析の過程で、十分な因子負荷量を示さなかった項目はなく、10 項目で 2 因子が構成された。回転前の 2 因子で、10 項目の全分散を説明する割合は 54.08％であった。Promax 回転後の最終的な因子パターンを表 6-1 に示す。

　Leana, Appelbaum & Shevchuk（2009）の尺度は、個人のジョブ・クラフティングと同僚との協働によるジョブ・クラフティングの 2 次元で構成されていた。しかし、本調査の因子分析においては、個人と同僚との協働という 2 次元では因子が構成されなかった。2 因子は職務に関する改善の内容の差異で構成された。第 1 因子は、全般的な仕事の改善に積極的に取り組む内容を示す 8 項目から構成されたため「改善ジョブ・クラフティング」と命名した。第 2 因子は、職場のイベントに関する内容を示し、職場での人間関係構築に関わる 2 項目から構成されたため、「関係構築ジョブ・クラフティング」と命名した。

表6-1　ジョブ・クラフティングに関する因子分析結果

項目	I	II
生産的でないと思える仕事の手順を、私自身で変えている	.80	−.13
仕事をやりやすくするために、私自身でやり方を変えている	.78	−.14
仕事を改善するために、私自身で新しい方法を導入している	.75	−.04
仕事をやりやすくするために、同僚と一緒にやり方を変えている	.73	.04
仕事を改善するために、同僚と一緒に新しい方法を導入している	.72	.05
生産的でないと思える仕事の手順を、同僚と一緒に変えている	.67	.13
職場の設備や備品を、私自身でより良くしている	.56	.14
職場の設備や備品を、同僚と一緒により良くしている	.53	.20
職場のイベント（お祝いや歓送迎会など）を同僚と一緒に企画している	.01	.82
職場のイベント（お祝いや歓送迎会など）を、私自身が企画している	−.05	.81

出所：筆者作成

2　社外活動に関する t 検定の結果

　社外活動を行った者と行わなかった者の本業の業務遂行の状況の差を分析するため、本調査の定義する社外活動を少なくとも1つ以上経験したことがある者の群と、本調査の定義する社外活動に関してまったく経験がない者の群の平均得点の差を分析することとし、 t 検定を行った。本業の業務遂行の状況は、ジョブ・クラフティングの因子分析で得られた下位尺度である「改善ジョブ・クラフティング」と「関係構築ジョブ・クラフティング」を使用して分析することとした。分析の結果を、表6-2で示す。

　分析の結果、改善ジョブ・クラフティングについては有意な得点差は存在しなかったが、関係構築ジョブ・クラフティングについては、社外活動の経験が

表6-2　社外活動の経験の差による t 検定の結果

	社外活動				
	経験あり N=721		経験なし N=309		
	平均	SD	平均	SD	t 値
改善ジョブ・クラフティング	3.19	0.70	3.14	0.66	1.15
関係構築ジョブ・クラフティング	2.68	0.97	2.51	1.00	2.54*

Note. *p<.05
出所：筆者作成

第 6 章　社外活動に関する定量調査

ある群の得点が有意に高かった。したがって社外活動の経験は、一部、本業の業務遂行状況に正の影響を与えることが明らかになった。ただし、改善ジョブ・クラフティング（全般的な仕事の改善に積極的に取り組むこと）には有意な影響が観察されなかった。社外活動の経験がある群の社外活動には様々な種類が存在するため、この分析では種類別の影響を測定することができない。そこで、次に社外活動の種類別の影響を検討する。

3　1要因の分散分析の結果

　社外活動の種類によって、本業の業務遂行にどのような差異が存在するのかについて明らかにするために、本調査の定義する社外活動を少なくとも1つ以上経験したことがある群の中で、当該種類の社外活動を行った者、その種類の社外活動は行っていない者（その他の社外活動を1つ以上は経験している者）、本調査の定義する社外活動に関してまったく経験がない者、の3群についての平均得点の差を分析することとし、1要因の分散分析を行った。

　社外活動の種類は、先述の8種類で分析した。本業の業務遂行の状況は、ジョブ・クラフティングの因子分析で得られた下位尺度である「改善ジョブ・クラフティング」と「関係構築ジョブ・クラフティング」を使用して、分析することとした。なお、群間に有意な得点差がある場合には、TukeyのHSD法（5％水準）による多重比較を行った。

　この分析を実施することで、社外活動の経験および種類の差異が、本業の遂行状況に影響を与えるかどうかということについて解明できると考えた。その結果を、表6-3から表6-10で示す。

　表6-3は副業に関する1要因の分散分析結果を示している。副業を経験した者は、本調査の定義する社外活動を1種類でも経験した者（721名）の中で、194名（26.9％）であった。ただし、社外活動の経験者の数は、スクリーニング調査の際に、雇用区分と企業規模が同条件で抽出された7,065名のうち、1種類でも社外活動の経験があると回答した者が2,709名（38.3％）である。したがって、社外活動の未経験者も加えた副業を行う者の比率は、上記のスクリーニング調査の際の比率を考慮することで推定できる。以降、この推定の比率を

表6-3　副業に関する1要因の分散分析

| | | 副業 | | | |
| | | 社外活動あり | | 社外活動なし | |
		1. 経験あり N=194	2. 経験なし N=527	3. 経験なし N=309	F検定
改善ジョブ・クラフティング	平均	3.17	3.20	3.14	0.82
	SD	0.70	0.70	0.66	
	多重比較	n.s.	n.s.	n.s.	
関係構築ジョブ・クラフティング	平均	2.68	2.68	2.51	3.25*
	SD	0.99	0.97	1	
	多重比較	n.s.	3	2	

Note. *p<.05
多重比較は、該当するグループと統計的有意さ（p<.05）があったことを示す
出所：筆者作成

社外活動実施推定比率として示す。副業の社外活動推定比率は10.3％であった。

　副業については、改善ジョブ・クラフティングにおいて、有意な群間の得点差は示されなかった。関係構築ジョブ・クラフティングについては有意な群間の得点差が存在し、多重比較の結果、2群が3群に対し、有意に平均得点が高かった。しかし2群は、社外活動の経験者のうち副業を行っていない者の群である。したがって副業については、有意な本業の業務遂行状況への影響は存在しなかったことになる。

　表6-4はボランティアに関する1要因の分散分析結果を示している。ボランティアを経験した者は、本調査の定義する社外活動を1種類でも経験した者（721名）の中で、219名であった。ボランティアに関する社外活動推定比率は11.6％であった。

　ボランティアについては、改善ジョブ・クラフティングにおいて、有意な群間の得点差が存在し、多重比較の結果、1群が2群と3群に対し、有意に平均得点が高かった。関係構築ジョブ・クラフティングについても有意な群間の得点差が存在し、多重比較の結果、1群が2群と3群に対し、有意に平均得点が高かった。したがってボランティアについては、改善ジョブ・クラフティングと関係構築ジョブ・クラフティングの双方に対し、有意な正の影響が存在したことになる。

第 6 章　社外活動に関する定量調査

表 6−4　ボランティアに関する 1 要因の分散分析

| | | ボランティア | | | |
| | | 社外活動あり | | 社外活動なし | |
		1. 経験あり N=219	2. 経験なし N=502	3. 経験なし N=309	F 検定
改善ジョブ・クラフティング	平均	3.33	3.13	3.14	6.88**
	SD	0.70	0.69	0.66	
	多重比較	2, 3	1	1	
関係構築ジョブ・クラフティング	平均	2.92	2.58	2.51	12.91***
	SD	0.95	0.97	1.00	
	多重比較	2, 3	1	1	

Note. **$p<.01$, ***$p<.001$
多重比較は、該当するグループと統計的有意さ（$p<.05$）があったことを示す
出所：筆者作成

表 6−5　プロボノに関する 1 要因の分散分析

| | | プロボノ | | | |
| | | 社外活動あり | | 社外活動なし | |
		1. 経験あり N=7	2. 経験なし N=714	3. 経験なし N=309	F 検定
改善ジョブ・クラフティング	平均	3.20	3.19	3.14	0.66
	SD	0.78	0.70	0.66	
	多重比較	n.s.	n.s.	n.s.	
関係構築ジョブ・クラフティング	平均	2.93	2.68	2.51	3.47*
	SD	1.13	0.97	1.00	
	多重比較	n.s.	3	2	

Note. *$p<.05$
多重比較は、該当するグループと統計的有意さ（$p<.05$）があったことを示す
出所：筆者作成

　表 6−5 はプロボノに関する 1 要因の分散分析結果を示している。プロボノを経験した者は、本調査の定義する社外活動を 1 種類でも経験した者（721 名）の中で、7 名であった。プロボノに関する社外活動推定比率は 0.4％であった。
　プロボノについては、改善ジョブ・クラフティングにおいて、有意な群間の得点差は存在しなかった。関係構築ジョブ・クラフティングについては有意な群間の得点差が存在し、多重比較の結果、2 群が 3 群に対し、有意に平均得点が高かった。しかし 2 群は、社外活動の経験者のうちプロボノを行っていない

表6-6　趣味・サークルに関する1要因の分散分析

| | | 趣味・サークル | | | |
| | | 社外活動あり | | 社外活動なし | |
		1. 経験あり N=438	2. 経験なし N=283	3. 経験なし N=309	F検定
改善ジョブ・クラフティング	平均	3.22	3.15	3.14	1.65
	SD	0.69	0.71	0.66	
	多重比較	n.s.	n.s.	n.s.	
関係構築ジョブ・クラフティング	平均	2.71	2.63	2.51	3.79*
	SD	1.00	0.94	1.00	
	多重比較	3	n.s.	1	

Note. *p<.05
多重比較は、該当するグループと統計的有意さ（p<.05）があったことを示す
出所：筆者作成

者の群である。したがってプロボノについては、有意な本業の業務遂行状況の影響は存在しなかったことになる。

　また、そもそもプロボノを経験した者はわずか7名で、社外活動推定比率は0.4％にすぎない。そのため、サンプル数が少なすぎて、統計上の分析を行うには適切ではないと考えられる。現時点で、プロボノという概念の認知度は、社外活動の中では非常に少ないといえるだろう。

　表6-6は趣味・サークルに関する1要因の分散分析結果を示している。趣味・サークルを経験した者は、本調査の定義する社外活動を1種類でも経験した者（721名）の中で、438名であった。趣味・サークルに関する社外活動推定比率は23.3％であった。

　趣味・サークルについては、改善ジョブ・クラフティングにおいて、有意な群間の得点差は存在しなかった。関係構築ジョブ・クラフティングについては有意な群間の得点差が存在し、多重比較の結果、1群が3群に対し、有意に平均得点が高かった。したがって趣味・サークルについては、関係構築ジョブ・クラフティングにおいてのみ、まったく社外活動を経験していない群と比較すると、有意な正の影響が存在したことになる。

　表6-7は地域コミュニティに関する1要因の分散分析結果を示している。地域コミュニティを経験した者は、本調査の定義する社外活動を1種類でも経

第6章　社外活動に関する定量調査

表6-7　地域コミュニティに関する1要因の分散分析

		地域コミュニティ			
		社外活動あり		社外活動なし	
		1. 経験あり N=182	2. 経験なし N=539	3. 経験なし N=309	F検定
改善ジョブ・クラフティング	平均	3.35	3.14	3.14	6.76**
	SD	0.70	0.69	0.66	
	多重比較	2, 3	1	1	
関係構築ジョブ・クラフティング	平均	2.84	2.63	2.51	6.25**
	SD	0.94	0.98	1.00	
	多重比較	2, 3	1	1	

Note. **$p<.01$
多重比較は、該当するグループと統計的有意さ（$p<.05$）があったことを示す
出所：筆者作成

験した者（721名）の中で、182名であった。地域コミュニティに関する社外活動推定比率は9.7%であった。

　地域コミュニティについては、改善ジョブ・クラフティングにおいて、有意な群間の得点差が存在し、多重比較の結果、1群が2群と3群に対し、有意に平均得点が高かった。関係構築ジョブ・クラフティングについても有意な群間の得点差が存在し、多重比較の結果、1群が2群と3群に対し、有意に平均得点が高かった。したがって地域コミュニティについては、改善ジョブ・クラフティングと関係構築ジョブ・クラフティングの双方に対し、有意な正の影響が存在したことになる。

　表6-8は勉強会・ハッカソンに関する1要因の分散分析結果を示している。勉強会・ハッカソンを経験した者は、本調査の定義する社外活動を1種類でも経験した者（721名）の中で、105名であった。勉強会・ハッカソンに関する社外活動推定比率は5.6%であった。

　勉強会・ハッカソンについては、改善ジョブ・クラフティングにおいて、有意な群間の得点差は存在しなかった。関係構築ジョブ・クラフティングについては有意な群間の得点差が存在し、多重比較の結果、1群が3群に対し、有意に平均得点が高かった。したがって勉強会・ハッカソンについては、関係構築ジョブ・クラフティングにおいてのみ、まったく社外活動を経験していない群

表6−8　勉強会・ハッカソンに関する1要因の分散分析

| | | 勉強会・ハッカソン | | | |
| | | 社外活動あり | | 社外活動なし | |
		1. 経験あり N=105	2. 経験なし N=616	3. 経験なし N=309	F 検定
改善ジョブ・クラフティング	平均	3.32	3.17	3.14	2.69
	SD	0.68	0.70	0.66	
	多重比較	n.s.	n.s.	n.s.	
関係構築ジョブ・クラフティング	平均	2.83	2.66	2.51	4.63**
	SD	1.10	0.95	1.00	
	多重比較	3	n.s.	1	

Note.**$p<.01$
多重比較は、該当するグループと統計的有意さ（$p<.05$）があったことを示す
出所：筆者作成

表6−9　自社の業務外活動に関する1要因の分散分析

| | | 自社の業務外活動 | | | |
| | | 社外活動あり | | 社外活動なし | |
		1. 経験あり N=40	2. 経験なし N=681	3. 経験なし N=309	F 検定
改善ジョブ・クラフティング	平均	3.20	3.19	3.14	0.66
	SD	0.82	0.69	0.66	
	多重比較	n.s.	n.s.	n.s.	
関係構築ジョブ・クラフティング	平均	2.76	2.68	2.51	3.39*
	SD	1.01	0.97	1.00	
	多重比較	n.s.	3	2	

Note.*$p<.05$
多重比較は、該当するグループと統計的有意さ（$p<.05$）があったことを示す
出所：筆者作成

と比較すると、有意な正の影響が存在したことになる。

　表6−9は自社の業務外活動に関する1要因の分散分析結果を示している。自社の業務外活動を経験した者は、本調査の定義する社外活動を1種類でも経験した者（721名）の中で、40名であった。自社の業務外活動に関する社外活動推定比率は2.1％であった。

　自社の業務外活動については、改善ジョブ・クラフティングにおいて、有意な群間の得点差は存在しなかった。関係構築ジョブ・クラフティングについて

第6章　社外活動に関する定量調査

表6-10　異業種交流会に関する1要因の分散分析

| | | 異業種交流会 | | | |
| | | 社外活動あり | | 社外活動なし | |
		1. 経験あり N=96	2. 経験なし N=625	3. 経験なし N=309	F 検定
改善ジョブ・クラフティング	平均	3.40	3.16	3.14	5.91**
	SD	0.67	0.70	0.66	
	多重比較	2,3	1	1	
関係構築ジョブ・クラフティング	平均	3.07	2.62	2.51	12.22***
	SD	1.08	0.94	1.00	
	多重比較	2,3	1	1	

Note. **$p<.01$, ***$p<.001$
多重比較は、該当するグループと統計的有意さ（$p<.05$）があったことを示す
出所：筆者作成

は有意な群間の得点差が存在し、多重比較の結果、2群が3群に対し、有意に平均得点が高かった。しかし2群は、社外活動の経験者のうちプロボノを行っていない者の群である。したがって自社の業務外活動については、有意な本業の業務遂行状況の影響は存在しなかったことになる。

　表6-10は異業種交流会に関する1要因の分散分析結果を示している。異業種交流会を経験した者は、本調査の定義する社外活動を1種類でも経験した者（721名）の中で、96名であった。異業種交流会に関する社外活動推定比率は13.3％であった。

　異業種交流会については、改善ジョブ・クラフティングにおいて、有意な群間の得点差が存在し、多重比較の結果、1群が2群と3群に対し、有意に平均得点が高かった。関係構築ジョブ・クラフティングについても有意な群間の得点差が存在し、多重比較の結果、1群が2群と3群に対し、有意に平均得点が高かった。したがって異業種交流会については、改善ジョブ・クラフティングと関係構築ジョブ・クラフティングの双方に対し、有意な正の影響が存在したことになる。

　ここまでの結果をまとめてみると、改善ジョブ・クラフティングと関係構築ジョブ・クラフティングの双方に対し、有意な正の影響が存在した社外活動は、ボランティア、地域コミュニティ、異業種交流会の3種類である。関係

141

表6-11　社外活動の種類別のジョブ・クラフティングに関する平均得点と標準偏差

	改善ジョブ・クラフティング			関係構築ジョブ・クラフティング		
	平均	SD	n	平均	SD	n
副業	3.17	0.70	194	2.68	0.99	194
ボランティア	3.33	0.70	219	2.92	0.95	219
プロボノ	3.20	0.78	7	2.93	1.13	7
趣味・サークル	3.22	0.69	438	2.71	1.00	438
地域コミュニティ	3.35	0.70	182	2.84	0.94	182
勉強会・ハッカソン	3.32	0.68	105	2.83	1.10	105
自社の業務外活動	3.20	0.82	40	2.76	1.01	40
異業種交流会	3.40	0.67	96	3.07	1.08	96

出所：筆者作成

構築ジョブ・クラフティングのみに有意な正の影響が存在した社外活動は、趣味・サークルである。関係構築ジョブ・クラフティングにおいて、まったく社外活動の経験がない者と比較して有意な正の影響が存在した社外活動は、勉強会・ハッカソンである。副業、プロボノ、自社の業務外活動には有意な影響が存在しなかった。

　表6-11は、それぞれの分散分析で示された1群（社外活動の経験者の中で当該社外活動を経験している者）の、改善ジョブ・クラフティングと関係構築ジョブ・クラフティングの平均得点と標準偏差をまとめたものである。改善ジョブ・クラフティングにおける平均得点は、異業種交流会、地域コミュニティ、ボランティアの順に高く、この3種類は1要因の分散分析においても、有意に平均得点が高かった。関係構築ジョブ・クラフティングにおける平均得点は、異業種交流会、プロボノ、ボランティア、地域コミュニティ、勉強会・ハッカソンの順に高い。サンプル数の少ないプロボノを除く4種類は、いずれも1要因の分散分析においても、有意に平均得点が高かった。ただし、趣味・サークルの平均得点は、有意差が存在しなかった自社の業務活動よりも低い得点になっている。

　ここまで、1要因の分散分析の分析結果について述べてきた。しかし、分散分析においては、その他の統制変数を投入したうえでの影響を測定することができない。そこで追加の検証のために、改善ジョブ・クラフティングと関係構築ジョブ・クラフティングを従属変数とした重回帰分析を実施した。統制変数

としては、年齢、男性ダミー、転職ダミー、現在の勤務先における勤続年数を設定した。なお、社外活動の種類についてはそれぞれダミー変数とし、分散分析の２群と３群は経験なし群として統合した。重回帰分析の結果（付表１）[29]、改善ジョブ・クラフティングに対しては、ボランティア、地域コミュニティ、異業種交流会が有意な正の影響を示し、分散分析と整合する結果となった。関係構築ジョブ・クラフティングに対しては、ボランティアと異業種交流会のみが有意な正の影響を示した。地域コミュニティ、勉強会・ハッカソン、趣味・サークルは有意な影響を示さず、一部、分散分析とは異なる結果となった。

第４節　考察と本章調査の限界

1　考　察

　本章調査の意義は、社外活動の種類による本業の業務遂行の状況への影響を明らかにしたことにある。聞き取り調査により特定した８種類の社外活動について、ジョブ・クラフティングに対する平均得点の差を分析した。１要因の分散分析と重回帰分析の結果を総合すると、８種類の中でもボランティア、地域コミュニティ、異業種交流会の３種類が本業の業務遂行の状況へ正の影響を有することが示唆された。

　ボランティア、地域コミュニティ、異業種交流会の３種類には、社外活動の中でも、共通する要素があると考えられる。ボランティアは社会貢献に関わる人々、地域コミュニティは地域活動に関わる人々、異業種交流会は異業種の人々と、それぞれ密接に交流するという特徴で共通している。すなわち、所属する企業とは明確に異なる領域の人々との交流が存在する、ということで共通している。これに対し、副業、趣味・サークル、勉強会・ハッカソンでは、交流する人々の領域が明確に決まっているわけではなく、場合によっては所属する企業と類似の領域の人々との交流も想定される。また、自社の業務外活動であれば、所属する企業の人々と交流する活動である可能性が高い。

　ここから、社外活動については、所属する企業とは明確に異なる領域の人々

と交流する場合に、本業の業務遂行状況に正の影響を及ぼす可能性が示唆されたといえる。明確に異なる領域の人々と交流する、ということは、「自らが準拠している状況」とは異なる状況を経験していることになり、越境的学習として境界を越えた状況が生起しているとも考えられる。換言すれば、越境的学習に合致する状況が明確に生起していることに、3種類の社外活動の特徴があるとも考えられる。

　ただし、この結果にはサンプル数の差異による影響も存在すると考えられる。プロボノは現段階での認知が乏しいことが示唆され、今回のサンプル数は少なすぎて、統計上の分析に適切ではなかった。また、改善ジョブ・クラフティングの平均得点はボランティアが3.33、勉強会・ハッカソンが3.32とほとんど差はないが、勉強会・ハッカソンについては有意な影響が存在しなかった。これはボランティアに比べ、勉強会・ハッカソンのサンプル数が少ないためと考えられる。

　このように、個々の社外活動の特徴をより正確に把握するには、さらに大規模なサンプル数が必要となろう。ただし、有意な差が存在しない場合も含めて、すべての種類の社会活動の改善ジョブ・クラフティングと関係構築ジョブ・クラフティングの平均得点は、まったく社外活動を行っていない者の平均得点を上回っている。ここからも、社外活動については、本業の業務遂行状況に対して肯定的な影響があることが示唆される。

　ここまで考察で述べてきた定量調査に関する示唆の内容を、より具体的に把握するために、次章以降、二枚目の名刺のサポートプロジェクトに関する調査について述べるものとする。二枚目の名刺のサポートプロジェクトは、NPOの社会課題解決のために、異業種からの混成プロジェクトチームを組成して取り組むという特徴がある。つまり、ボランティアと異業種交流会の特徴をあわせ持つ取り組みである。すなわちサポートプロジェクトは、本業の業務遂行の状況へ正の影響を有する社外活動の特徴を有すると考えられ、越境的学習に関するRQの解明に資する調査になることが期待できる。

2　本章調査の限界

　本章調査の対象者は、企業規模が従業員数 300 名以上の正社員に限定されている。本調査の対象範囲以外の属性に関する分析は、今後の課題となる。また、本調査のサンプル数は 1,030 名であり、一定の規模は確保している。しかし先述のとおり、社外活動の種類別のサンプル数には差があり、すべての社外活動の種類において十分なサンプル数が確保されたとはいえない。また、社外活動の経験者に対し、比較対象群としてまったく社外活動を経験していない者の群を設定したが、そのサンプル数は社外活動の経験者に比べ少なくなっている。以上の点を踏まえ、今後はより多くのサンプルを確保した調査が望まれる。なお、本調査はインターネット調査であるため、インターネット調査特有のサンプルの偏りも存在すると考えられる。

第7章
二枚目の名刺・サポートプロジェクトに関する事例分析

　本章では、二枚目の名刺が行ったサポートプロジェクトに関する事例分析により、越境的学習について考察する。具体的には、第4章で設定した、RQ2「境界を往還することで生起する越境的学習には、どのような学習の効果が存在するのか。その効果は、従来の学習とはどのように異なるものであるのか」、RQ3「ナレッジ・ブローカーは、異質な他者と関係性を構築することで、どのように複数のアイデンティティを調停するのか」、RQ4「ナレッジ・ブローカーは、複数の実践共同体の変容をどのように実現するのか」についての分析を行う。

第1節　本事例分析の調査対象と目的

　図7-1にあるとおり、本事例分析の対象は、パートナーNPO、中間支援組織としての二枚目の名刺、参加企業という3種類の団体である。第5章で述べたとおり、通常のサポートプロジェクトにおいては、一般の社会人がマッチングセッションでパートナーNPOの説明を聞き、社会人個人の意思としてパートナーNPOと協働してプロジェクトを遂行する。そのため、団体としての企業はサポートプロジェクトには参加していなかった。

　本事例のサポートプロジェクトの特徴は、団体としての企業が介在することにある。本事例の参加企業2社は、サポートプロジェクトに自社の社員を参加させ、社員が新しい視点を得ることを希望している。すなわち、自社の人材育成の一環として団体でサポートプロジェクトに参加するのである。そのため、自社の会議室で、業務時間内にマッチングセッションを実施し、社員の参加を募ることになった。なお、参加企業が人材育成としてサポートプロジェクトの

147

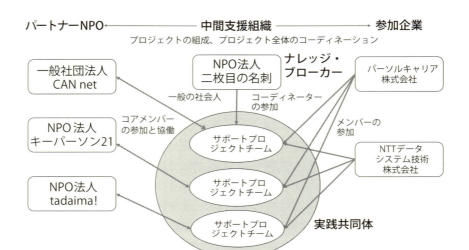

図7-1　本事例分析の調査対象の全体像
出所：筆者作成

活用を希望した理由の詳細は後述する。

　本事例においては、パートナーNPO3団体に対して、それぞれ3つのサポートプロジェクトチーム（以下、プロジェクトチームという）が組成された。3プロジェクトチームに対して、2社から9名の社員が参加することになった。なお、3プロジェクトチームには、参加企業2社の社員だけでなく、一般（2社以外）の社会人も参加している。

　本事例では3プロジェクトチームを、それぞれ実践共同体として位置づける。3プロジェクトチームには、参加企業2社の社員、二枚目の名刺の情報によって応募した一般の社会人、パートナーNPOのコアメンバー、二枚目の名刺のコーディネーターの4種類のメンバーが参加している。この4種類のメンバーは、自発的にパートナーNPOの課題解決に関心、熱意を有して参加し、持続的に相互交流している。すなわち、3プロジェクトチームは、実践共同体の定義に合致しており、実践共同体と位置づけることは妥当であろう。

　とりわけ、本事例では参加企業2社の社員9名に焦点を合わせ観察する。参加企業2社の社員は、参加企業という内部労働市場の境界を越え、プロジェク

トチームという実践共同体に参加する。また、プロジェクトチームへの参加は就業時間外であるため、日常的に実践共同体の境界を越え、参加企業での業務遂行の場に戻る。すなわち、内部労働市場と実践共同体という境界を日常的に往還する。そのため、参加企業2社の社員9名に焦点を合わせて観察することは、RQ2の越境的学習の効果を分析するために妥当であると判断した。

　次に、本事例では、二枚目の名刺のサポートプロジェクトに参加するコーディネーターを、ナレッジ・ブローカーと位置づける。二枚目の名刺のサポートプロジェクトに参加するコーディネーター（以下、コーディネーターという）は、3プロジェクトチームにおいては、パートナーNPOのコアメンバーと参加企業の社員、二枚目の名刺に登録した社会人が円滑に話し合うための環境づくりを行う。同時にコーディネーターは、団体としてのパートナーNPOおよび参加企業とそれぞれ密接な打ち合わせを行う。すなわち、コーディネーターは、二枚目の名刺、サポートプロジェクトチーム、パートナーNPO、参加企業の間に存在する境界を往還し、それらの知識の仲介を促進していると考え、ナレッジ・ブローカーと位置づけることとした。

第2節　調査と分析の方法

1　調査方法

　インタビュー調査は、サポートプロジェクトに参加したパーソルキャリア株式会社[30]（以下、パーソルキャリアという）の3名、およびNTTデータシステム技術株式会社（以下、NSTという）の6名に、サポートプロジェクトの実施前、実施直後、実施から3か月後の3回、のべ26回[31]実施した。インタビューは筆者、共同研究者[32]および二枚目の名刺のコーディネーターの計3名で行った。

　個々のインタビュー時間は1時間前後であり、場所は参加企業の会議室で実施した。インタビューを行った時期は、実施前が2015年8月、実施直後が2015年11月から12月にかけて、3か月後が2016年2月であった。インタビューの目的は、実施前については参加者がサポートプロジェクトに期待して

いる経験、学んだ内容の確認、実施直後についてはサポートプロジェクトで
実際に役に立った経験、学んだ内容の確認、3か月後についてはサポートプロ
ジェクトで学んだことを実際にどのように自社で活用したか、という内容につ
いての確認であった。インタビューは半構造化インタビューとして実施し、あ
らかじめ設定した質問に基づきながら、重要な点については質問を繰り返して
分析した。インタビュー内容は調査対象者の許可を得てIC レコーダーに録音
し、後日、逐語録として文章化した。

　質問紙調査は、実施前と実施直後のインタビューで得られた逐語録から、サ
ポートプロジェクトでメンバーが実践した行動をコーディングし、評価項目と
して設定した。作成した質問紙をインタビュー対象者9名に配布し、2016年2
月に自己評価してもらった。またコーディネーターに、インタビュー対象者9
名について評価してもらった。コーディネーターは原則的にはプロジェクトの
全場面に同席し、観察者としての役割を有しているので他者評価を行うことは
妥当であると考えた。

2　分析方法

　インタビューデータの分析は、木下（2003, 2007）、大谷（2011）、佐藤（2008）
を参考にコーディングを行い、そのコードを分析の基本単位として活用するこ
ととした。また質問紙調査は、評価項目について自己評価、他者評価、自己評
価と他者評価の差分の平均値得点をそれぞれ算出して分析した。ただし、以降
の記述はコードによるものに限定はせず、事例研究の手続きに則して記述して
いく。

第3節　事例分析の結果

1　本事例におけるサポートプロジェクトの概要

　本事例の調査対象となるパートナーNPO は、一般社団法人 CAN net（以

下、CAN net という）、NPO 法人キーパーソン 21（以下、キーパーソン 21 とい
う）、NPO 法人 tadaima!（以下、tadaima! という）の 3 団体である。CAN net
は、「がん・病気になっても自分らしく生きられる社会をつくる」という理念
のもと、2013 年に設立された。プロジェクトの課題は、がん・病気になった
人へのお見舞いの際に活用する「ギフトブック」の作成の実現である。キー
パーソン 21 は、小学校・中学校・高校のキャリア教育を実施する団体であ
り、2000 年に設立された。プロジェクトの課題は、学校経由ではなく、児童・
生徒個人に実施するキャリア教育の計画の立案である。tadaima! は、家事育児
を女性だけでなく、もっと家族や社会でシェアできるようになるための取り組
みを行うことを目的として、2011 年に設立された。プロジェクトの課題は、
子どもへの家事教育の計画立案である。

　本事例の参加企業は 2 社である。パーソルキャリアの社員数は 3,976 名（2015
年 3 月末）であり、転職支援を中心に人材に関する様々なサービスを実施して
いる。同社では自社の企業文化をさらに発展させるためには、単一の方向性で
は限界があり、既存の組織と仕事の枠を越える必要性を感じている。そこでサ
ポートプロジェクトの目的を「参加者が社会と向き合うことで社会人としての
視座を高め、現状の延長線上にはない非連続な能力開発を実現すること」に定
めた 。

　NST の社員数は 977 名（2015 年 4 月）であり、NTT データグループに属す
る企業として、金融情報システムの開発、運用を業務としている。金融情報シ
ステムは社会のインフラとして、安定的に運用されなければならない。そのた
め、完璧さを追求して慎重になりすぎ、挑戦を躊躇する企業文化とならない
か、ということを同社は懸念している。同社がサポートプロジェクトに参加す
る目的は直接的には中堅社員のリーダーシップ開発にあるが、中堅社員の意識
が変わることで、企業文化に社外の新しい考え方が移植されることを期待して
いる。

　本事例におけるサポートプロジェクトの具体的な流れは次のとおりである。
2 社において 2015 年 7 月に、マッチングセッションが実施され、その参加者
の中から希望者を募り、実際のサポートプロジェクトへの参加者が決定され
た。インテリジェンスからは 3 名、NST からは 6 名が 3 団体のプロジェクト

表7-1　2社からのサポートプロジェクト参加者の個人属性

性別	年代	担当業務・役職
女性	30代	法人営業マネージャー
男性	20代	法人営業グループリーダー
男性	20代	人事組織コンサルタント
女性	30代	営業企画、主任
男性	20代	システムエンジニア
男性	20代	システムエンジニア
男性	30代	システムエンジニア、主任
男性	30代	システムエンジニア、主任
男性	30代	システムエンジニア、主任

出所：筆者作成

に参加した。2社からの9名（以下、企業側メンバーという）以外に、二枚目の名刺に登録している様々な企業に属する社会人（以下、登録メンバーという）8名が参加し、総計17名が、今回のサポートプロジェクトに参加した。キックオフは2015年9月に行われ、中間報告会が10月、最終報告会が11月に実施された。2社から参加した9名の個人属性は、表7-1のとおりである。

2　異なる状況の認識

本事例において、まずRQ2の境界を往還する越境的学習の効果について分析する。そもそも、学習者は境界をどのように越えるのであろうか。「自らが準拠している状況」から「その他の状況」との間の境界を越える際に、何が生じ、それが学びとどのように関係しているのであろうか。

サポートプロジェクトにおいて特徴的であったことは、企業側メンバー（および登録メンバー）が、当初はプロジェクトチームを、異なる状況と認識していなかったことであった。企業側メンバーは、プロジェクトチームをあたかも自社の職場と何ら変わりない状況と認識し、自社と同じように振る舞っていた。ところが、企業側メンバーは、時間の経過とともにプロジェクトチームが異なる状況であることを認識していく。さらに、異なる状況の認識とともに、越境的学習の効果が生じていた。

第7章　二枚目の名刺・サポートプロジェクトに関する事例分析

表7-2　プロジェクトチームにおける異質性の認知の3段階

段階	異質性の未認知		異質性の認知		異質性の統合	
	内容	該当数	内容	該当数	内容	該当数
メンバー間	メンバー間の共通言語（共有された「意味」）が存在しない	8	共通言語（共有された「意味」）の必要性の認識	8	共通言語（共有された「意味」）のための定義	8
パートナーNPOとの関係	パートナーNPOとの「意味」の差異の未認識	8	パートナーNPOとの「意味」の差異の認識	8	パートナーNPOとの「意味」のすり合わせ	8
着地点	曖昧（不明）	9	着地点の不十分さに関する気づき	9	着地点の再定義	9
意味の交渉	「意味」の差異の未認識による「発散」	9	「意味」の差異の認識	6	すり合わされた「意味」によるアイデンティティの「調停」	4

出所：筆者作成

　そこで、本事例の分析では、異なる状況の認識を「異質性の認知」と呼び、異質性の認知が生じる段階を詳細に記述するものとする。表7-2は、観察調査とインタビュー調査で得られたデータのコードに基づく分析から、プロジェクトチームにおける異質性の認知の段階を示したものである。表7-2の該当数は、その内容に該当したインタビュー対象者の人数を意味する。

　第1段階は「異質性の未認知」と命名した。通常の組織においては部門、プロジェクト、小集団活動など集団の種類を問わず、達成すべきミッションは所与のものとして規定されている（Yukl, 2008）。しかし、サポートプロジェクトでは、まずミッション自体を形成しなければならない。ところが、プロジェクトチームに存在する「意味」の差異を企業側メンバーがうまく認識できないため、1か月から2か月の範囲内でミッションの探索が続いてしまう。「意味」とは、第2章の実践共同体の境界の節で述べたとおり、実践共同体という境界内部の世界において、参加と具象化の両輪により形成される情報、知識、実践である。境界内部の参加と具象化の両輪があってはじめて成立し、実践共同体に正統的に参加した者にしかアクセスできないという特徴がある。つまり、各実践共同体の世界に参加してはじめて、その実践共同体の「意味」を理解でき

153

る。したがって、企業側メンバーが、それぞれ「自らの準拠している状況」の「意味」に基づいて振る舞えば、異質な「意味」が交差し、相互に理解不能となる事態に陥る。

　サポートプロジェクトのミッション形成にあたって、パートナーNPOは社会課題の解決を前提としながらも、企業側からの参加メンバーによるビジネス視点の取り込みを期待している。他方、企業側メンバーは、3か月という限られた期間の中で、いかに効率よく質の高い成果物をつくり上げるか、ということがプロジェクトの優先事項だと理解している。ミッション形成にあたり、パートナーNPOは長い時間をかけて取り組んできた社会課題について企業側メンバーに説明するのだが、企業側メンバーらは自分の考え方の枠組みで理解してしまい、わかったつもりになってしまう。

　すなわち、この時点では、パートナーNPOの「意味」と企業側メンバーが理解したパートナーNPOの「意味」には齟齬が生じている。すなわち、「意味の交渉」が生起しておらず、「意味」は交わらないものになっている。しかしながら、両者ともその齟齬を認知できていない。

　くわえて、企業側メンバーの内部にも「意味」の差異が存在する。メンバーの属する企業、業界、職種、年齢、性別は異なる。そのため、プロジェクトチームで議論する用語が、表面的には同じ内容に思えても、異なる内容で使用されていることが稀ではない。すなわち企業側メンバーが、メンバー内部の「意味」の差異を認知できていない状況となる。共通に使用される用語とは、メンバーの考え方が用語として具象化する、すなわちWenger（1998）の指摘する具象化に含まれるものである。具象化にあたっては、実践共同体内部で「意味の交渉」を生じさせるために、実践共同体の世界を理解しようとする努力が必要となるわけだが、そもそも企業側メンバーは異なる「意味」の存在を認識していないので、ここでも「意味の交渉」は生起しない。

　こうした「意味」の差異が認知できていない状況を、企業側メンバーは「空中戦」と表現していた。具体的な状況としては、「意味」の差異があるにもかかわらず、用語や概念を相互に定義しないままに議論を進めるため齟齬が生じており、その齟齬の発生に気がつかないため、議論が進展しない状況を意味する。パートナーNPOと企業側メンバーおよび企業側メンバー内部の「意味」

第7章　二枚目の名刺・サポートプロジェクトに関する事例分析

の差異が解消されないため、プロジェクトの時間はお互いを理解するための手探りの話し合いに割かれることになる。この話し合いの時間は「発散」と呼ばれる。限られたプロジェクト期間において「発散」は無駄のように感じられ、プロジェクトのメンバーに焦りが生じる。

　第2段階は、「異質性の認知」と命名した。この段階は、中間報告会の前後の時期が該当し、「意味」の差異の存在をメンバーが認識する。たとえばCAN netのプロジェクトでは「病気」という概念をめぐって、企業側メンバーとパートナーNPOの間に認識の離齬が生じていた。CAN netとしては「病気」とは特別なものではなく、誰もが自分の問題として認識すべき概念であると説明していた。しかし企業側メンバーは、その説明を表面的に捉え、結果として中間報告では「病気ではないお見舞いをする人」が「病気という特別な状態である人」に持参するギフトブックのプランを提案してしまった。次の発話がこの経緯を示している。

　　「CAN netさんって医療関係なんですけど、病気とか、入院に対する意識の差というか。もうちょっと具体的に言うと、CAN netさんにしてみれば、病気とか入院でも、これから誰にでも起こる本当に身近なものなんだよっていうところなんですけど。僕らって、やっぱりどうしても経験がない分、ちょっとまだやっぱり少し遠い世界だな、なんていうふうに思ってたりして。僕ら、そういう意味だと、単に何だろう、マーケティングをどうするかっていうところに、ちょっと焦点が狭くなって、本質を本当にちょっと理解していなかったなというところで。本質を理解していない分、新サービスの価値が僕らはしっかりつかめてなかったんですよ。（中略）（病気というものの定義がCAN netと共有）できていませんでした」（インタビュー対象者H）

　中間報告の後に、CAN netはその提案を「病気」という概念を取り違えたものだと企業側メンバーに説明した。すなわち、この段階でようやく、パートナーNPOと企業側メンバーは驚きとともに「意味」の差異の存在を認識するのである。結果的に、「意味」の差異を乗り越えるための共通言語の必要性に気がつく。さらに「意味」の差異を認識しないまま作成したプロジェクトの着

155

地点（到達すべき成果物の水準）が不十分であることにも気がつく。次の発話が
この経緯を示している。

　「団体さん（CAN net）のやりたい思いと、そのサービスの価値を、本当、
われわれが認識しているものがあまり合っていませんでしたと、実は。中間
発表（中間報告）で、僕ら、それまでやってきたことを割と特にそんなに格
好つけることはせずに、割と赤裸々にちょっとこういうところは苦労してい
ます。もやもやしてます。全然、よく分かってないですって。ただ、それに
対して、こういうふうに少し光も見えてきましたよみたいなことをいって
いて、なんですよ。団体さん（CAN net）の、そもそも思い描いているサー
ビスの価値とかが全然、僕らと食い違っていて、そこの意識の差をちょっと
しっかり埋めなきゃいけないっていうミーティングは、結構、約5時間ぐら
いにわたって。（中略）（その5時間の後に）そうですね。ある程度、腹落ちし
た感はあって。そこはプロジェクトにおける、そういう意味だと、分岐点の
ひとつだったのかな、なんていうふうには思っています」（インタビュー対象
者H）

　第3段階は「異質性の統合」と命名した。第2段階で「意味」の差異を認知
したことにより、メンバー間では共通言語の定義がなされ、パートナーNPO
とは「意味」のすり合わせ（交渉）と着地点の再定義がなされる。CAN net の
プロジェクトでは、「病気」という概念に関する「意味」のすり合わせと着地
点の再定義がなされた。
　もちろん、「意味」の差異を認識したとしても、すり合わせには時間を要す
る。CAN net のプロジェクトでは、パートナーNPO のコアメンバーと、企
業側メンバーの話し合いは数時間に及んだ。その話し合いでは、パートナー
NPO からは、「病気」という概念が形成された理由をNPO の歴史を遡って詳
細な説明がなされた。企業側メンバーからは、なぜ自分がサポートプロジェク
トに参加し、プロジェクトから何を学びたいと考えているのか、本音での気持
ちが説明された。このように、お互いの率直な考えを交換することで、ようや
く「意味」のすり合わせがなされたのである。

第7章　二枚目の名刺・サポートプロジェクトに関する事例分析

　いったん「意味」のすり合わせがなされると、第3段階は1か月ほどの短い期間であるものの、メンバーの適切な役割分担ができ、成果物を作成する作業は順調に進む。プロジェクトチームの構成員全員による「意味の交渉」が実現した結果、企業とNPOの異なる「意味」が統合され、社会課題の解決とビジネス視点の両立という従来の枠組みを越えたプロジェクトの成果物が創出された。

　たとえば、「病気」に関する「意味」がすり合わされた結果、CAN netのプロジェクトでは「入院者とお見舞い者の心をつなぐギフトブック」という成果物が生み出された。この成果物では、「病気」という概念を普通のビジネスパーソンがどう捉えるかという視点を意識しつつ、そうであっても「病気」という概念が入院者とお見舞い者を分断しないように様々な工夫がなされた。つまり、社会課題の解決とビジネス視点の双方の観点を考慮することで、より多くの人が受け入れやすい成果物が創出されたのである。他の2プロジェクトも同様に、社会課題の解決とビジネス視点に関する「意味」のすり合わせを反映した成果物が創出された。

　なお、「意味」のすり合わせは、プロジェクトの成果物に限定されない。表7-2における第3段階の「意味の交渉」の欄における「すり合わされた『意味』によるアイデンティティの『調停』」とは、サポートプロジェクトの越境元である企業とパートナーNPOで生じた「意味」のすり合わせである。ただし、該当者が4名であることからわかるように、調査対象者の全員で生じる現象ではない。

　企業あるいはパートナーNPOにおける「意味」のすり合わせとは、もともと企業あるいはパートナーNPOに存在する「意味」に対し、サポートプロジェクトに参加したメンバーが、サポートプロジェクトで獲得した「意味」を持ち帰り、そのすり合わせを試みることを示す。企業側メンバーの例では、営業マネージャーのマネジメント手法の変化が該当する。この営業マネージャーは、サポートプロジェクトに参加する前も、職場で成果を継続的に上げるマネージャーとして評価されていた。その際のマネジメント手法とは、自らが率先垂範して営業で成果を上げ、その成果につながる営業スタイルを部下に明確に伝えるという手法であった。営業マネージャーは、従来のマネジメント手法

157

を次のように述べる。

　「リーダーではあるものの、自分でその業績を稼ぐとか、自分がこう最先端に立って仕事をするっていうやり方が自分のやり方だったんですけれども。（中略）（部下の育成、指導については）教育も全部自分がひとりで全員を見て、もう本当に時間を全員に投資するっていうやり方だったんですけど。（中略）正直いうと、管理をするようなやり方が強かったんですけれども」（インタビュー対象者 A）

　この率先垂範・管理型のマネジメント手法は、その営業組織では有効であった。なぜなら、その営業組織には、マネージャーといえども率先垂範してお客様を訪問し、自ら業績を上げる姿勢を評価する組織文化が存在し、率先垂範・管理型のマネジメント手法と組織文化が適合していたからである。ところが、営業マネージャーはサポートプロジェクトを経験した後に、「自分が表に立たないマネジメント」手法を試みるようになったという。営業マネージャーは次のように述べる。

　「（サポートプロジェクトを経験した後に）自分が表に立たないマネジメントの仕方をするようになったというのが一番の変化したポイントかなと思います。今、3チーム兼任でマネジメントをしているんですけれども、リーダーを立てて、そのリーダーに実際その施策の決定から運用までを任せる、権限委譲するということをやっていて。ただ、そこのフォローとかアドバイスというのは定期的に行いながら、実際自分が足元の数字とか見ずに物事が進んでいくような状況を作っているという感じですね。（中略）実際に育成とかもリーダーに任せつつ、そこの進捗状況を遠目から見ながらやるというようなかたちをとったので、ひとつ上の視点というか、俯瞰してマネジメントをするっていうふうに変わったかなと思います」（インタビュー対象者 A）

　ここで述べられているように、「自分が表に立たないマネジメント」とは、権限委譲型のマネジメントにあたる。従来、この組織では率先垂範・管理型の

マネジメント手法が組織文化と適合すると考えられていた。ところが、この営業マネージャーの採用した権限委譲型のマネジメントは部下の主体性を引き出し、この手法でも組織文化と適合することが明らかになった。実際、この営業マネージャーのチームの業績はサポートプロジェクト参加前に比べてさらに向上し、会社において最上位の業績として評価されることになった。

　ただし、営業マネージャーは、率先垂範・管理型のマネジメント手法を放棄し、権限委譲型のマネジメント手法のみを採用したわけではない。あらゆる状況で権限委譲型だけが有効なわけではなく、率先垂範・管理型のマネジメント手法が有効な状況も存在するからである。営業マネージャーは、両方のマネジメント手法を使い分けることを、「引き出しを増やした」と表現する。

　　「たぶん引き出しを増やしたという感覚のほうが強いですね。たぶん新しいチームを私、4月から見るんですけど、最初はすごくべったり見に行くと思います。メンバーの特性とか思考性を瞬時に把握できるぐらいのまだ能力は無いので、はじめは伴走して特性を見て、その後に権限委譲型にしていくというかたちになっていくと思います」（インタビュー対象者A）

　ここで生じたことは、次のように説明することができるだろう。越境元の企業の組織文化では、従来は率先垂範・管理型が適合的だと思われてきた。そこで営業マネージャーは、率先垂範・管理型のマネジメントを行うことを自らのアイデンティティ（その組織における自分への見方と他者からの見られ方）としてきた。ところが、サポートプロジェクトでは、率先垂範・管理型のマネジメントだけが有効ではなく、権限委譲型のマネジメントを行わざるを得なかった。率先垂範・管理型のマネジメントの限界は、次のように語られる。

　　「（サポートプロジェクトで）結構、議論が拡散することが多かったんですね。中間発表の前が本当につらくてですね。議論が進まないとか、それこそメンバーのモチベーションがバラバラだったりとか。（中略）その失敗した部分で、今までのやり方を通したというのがすごく大きかったなと思っていて。（失敗した理由は）自分が一番頑張るマネジメントスタイルを貫き通した

んですよね、たぶんその時」（インタビュー対象者A）

　こうした失敗経験が「意味の交渉」をもたらし、「サポートプロジェクトで
は率先垂範・管理型のみならず権限委譲型のマネジメントも有効だ」という
「意味」が生じる。営業マネージャーは、この「意味」を越境元である自分の
組織に持ち帰る。自分の組織でも権限委譲型のマネジメントを試みることで、
「意味の交渉」が生じ「自分の組織でも率先垂範・管理型のみならず権限委譲
型のマネジメントも有効だ」という「意味」が生じる。同時に、営業マネー
ジャーのアイデンティティに「調停」が生じる。すなわち、「率先垂範・管理
型のマネジメントを行うというアイデンティティ」（その組織における自分への見
方と他者からの見られ方）が調停され、「率先垂範・管理型のマネジメントと権
限委譲型のマネジメントを状況によって使い分ける」という営業マネージャー
のアイデンティティが形成されることになったのである。この調停された営業
マネージャーのアイデンティティは、営業組織の文化に権限委譲型のマネジメ
ントを埋め込んでいく契機となる可能性を持つだろう。
　企業だけでなく、パートナーNPOでも同様の現象が生じていた。パート
ナーNPOでは、サポートプロジェクトでパートナーNPOのコアメンバーが
ビジネスパーソンの視点を学び、その視点に基づく組織運営の考え方が、それ
ぞれの組織に導入されたのである。またパートナーNPOの理念に共感した企
業側メンバーが、プロジェクト終了後にパートナーNPOに副事務局長として
恒久的に参加し、パートナーNPOのスケジュール管理やIT活用についてビ
ジネス視点の業務改革を行った例も存在した。

3　企業側メンバーの行動

　次に三角測量の観点から、企業側メンバー個人がどのように異質性の存在に
対して対処したのか、という点についての質問紙調査の分析結果を述べる。質
問は、観察調査とインタビュー調査から抽出したコードに基づき項目を設定し
た。これを1「まったく行動せず、能力が伸びなかった」、2「ある程度行動し
て、能力がやや伸びた」、3「かなり行動して、能力がとても伸びた」という3

第 7 章　二枚目の名刺・サポートプロジェクトに関する事例分析

件法により、コーディネーターによる評価（調査対象者は 1 名）と自己評価（調査対象者はインタビューと同じ者 9 名）を行った。表 7-3 は、質問紙調査の結果であり、コーディネーター評価、自己評価、2 つの評価の差分の平均値、標準偏差を示している。

　項目の内容は、3 種類に分類された。「意味の差異の認識」「意味のすり合わせ」「メンバーの自律性促進」である。つまり異質性に対処するには、「意味」の差異の認識とすり合わせを行うだけでなく、それぞれのメンバーが自律性を有することが重要だったのである。コーディネーター評価と自己評価を比較すると、全項目でコーディネーター評価のほうが低くなっている。コーディネーター評価において、行動の発揮水準を満たしたと考えられる 2.0 以上の項目は、自己評価では 14 項目中 9 項目であるが、コーディネーター評価では 3 項目にすぎない。

　プロジェクトの経験が豊富なコーディネーターによる他者評価は客観性が高いと考えられる。すなわち、本人が十分だと感じている場合でも、客観的な見地からは十分ではないことが示されている。つまりプロジェクトチーム全体では異質性に対処でき、異質性を統合し、プロジェクトの成果物に結実していたとしても、個人としての異質性への対処の行動については、程度の差が存在することになる。ここから、異なる状況に越境した場合でも、越境的学習の効果には個人差があることが示唆されよう。

4　ナレッジ・ブローカーの役割

　ここでは、RQ3「ナレッジ・ブローカーは、異質な他者と関係性を構築することで、どのように複数のアイデンティティを調停するのか」、RQ4「ナレッジ・ブローカーは、複数の実践共同体の変容をどのように実現するのか」についての分析を行う。先述のとおり、コーディネーターをナレッジ・ブローカーと位置づけ分析する。コーディネーターが果たした役割を、表 7-4 に示す。表 7-4 では、先行研究のレビューでまとめた 4 段階（Burt の構造的空隙における 4 段階の役割、実践共同体のナレッジ・ブローカーの 4 段階、越境学習の 2 段階）が示されている。この 4 段階において、本事例でコーディネーターがどのような

161

表7-3 サポートプロジェクトに関する評価の結果

行動内容	概念名	コーディネーター評価		自己評価		自己-コーディネーター	
		平均値	標準偏差	平均値	標準偏差	平均値	標準偏差
意味の差異の認識	着地点が曖昧な状況での意思決定	2.22	0.79	2.22	0.63	0.00	1.05
意味のすり合わせ	共通言語の定義の促進	2.00	0.67	2.33	0.67	0.33	0.94
意味のすり合わせ	パートナーNPOとのすり合わせの促進	2.00	0.82	2.33	0.67	0.33	0.82
意味のすり合わせ	共通言語を醸成する時間と場の確保	1.89	0.99	2.00	0.00	0.11	0.99
意味のすり合わせ	多様性を前提とした意思決定への参画促進	1.89	0.74	2.00	0.67	0.11	0.99
意味の差異の認識	メンバーの個別の思いの確認	1.78	0.92	1.89	0.74	0.11	0.87
意味の差異の認識	メンバーの多様性に合わせた個別の対応の実施	1.78	0.92	2.22	0.63	0.44	1.17
意味の差異の認識	多様性の理解の困難さの把握	1.78	0.79	2.33	0.47	0.56	0.68
意味の差異の認識	メンバー間の信頼関係の構築	1.67	0.67	1.78	0.79	0.11	0.87
意味の差異の認識	着地点が曖昧な状況での段取り設定	1.56	0.83	1.78	0.79	0.22	1.13
メンバーの自律性促進	包容力のある態度の表示	1.56	0.50	2.00	0.47	0.44	0.50
メンバーの自律性促進	信頼に基づく権限委譲	1.44	0.50	1.89	0.57	0.44	0.96
メンバーの自律性促進	成果にとらわれないメンバーの成長の重視	1.33	0.67	1.67	0.47	0.33	0.67
意味のすり合わせ	多様性を前提とした合意形成	1.11	0.31	2.00	0.82	0.89	0.99

出所：筆者作成

表7-4 ナレッジ・ブローカーの役割

段階	構造的空隙における役割（Burt, 2004)	実践共同体のナレッジ・ブローカーの段階（図3-2のモデル）	越境的学習の段階	本事例での役割のコード	本事例での具体例
第1段階	構造的空隙の異質性と集団の存在を、それぞれの集団の成員に知らしめる	多様な価値観の受容	第1段階：多様性を受容する段階	境界を越える環境を整える	パートナーNPOと参加企業を選定し、マッチングセッションなどを通じて、サポートプロジェクトが組成できるよう仲介する
第2段階	集団間でベストプラクティスの移転を行う	多様な価値観の統合		「意味の交渉」ができる環境を整える	パートナーNPOと企業側メンバー間の評価基準の差異を見積もりしたうえで、話し合いが始められる段階までのすり合わせを支援する
第3段階	集団間で異質な行動や振る舞いを噛んで翻訳して相互に伝える	知識の仲介に関する行動	第2段階：知識を仲介する段階	「意味の交渉」の実現	観察者としての役割に徹し、メンバーの自律性に委ねる（積極的には役割を果たさない）
第4段階	集団間の異質性を統合し、新しい信念や統合を生起させる	仲介先共同体の変容		個人の行動の変化の促進（アイデンティティの支援）	プロジェクト終了後に、異なる評価基準に対処するための行動で、メンバーがネットであった点のフィードバックを行う。フィードバックにより、メンバーがネットであった点を自覚させることで、行動の変化を促す

出所：著者作成

役割を果たしていたかについて述べる。「本事例の役割のコード」は本事例におけるコーディネーターの役割を段階別にコード化したものであり、「本事例での具体例」はコードの内容を記述したものである。

第1段階の役割は「境界を越える環境を整える」である。団体としての二枚目の名刺は、サポートプロジェクトを組成するためにパートナー NPO と参加企業を選定し、マッチングセッションなどにより両者の仲介を行う。コーディネーターが、主としてこの仲介の役割を推進する。もしコーディネーターの仲介の役割がなければ、パートナー NPO と参加企業が協働関係を結ぶことはなく、越境的学習の機会が生じることはなかった。すなわち、この役割は、学習者が境界を越える環境を整えたことに意義がある。

第2段階は「『意味の交渉』ができる環境を整える」である。Burt（2004）の定義する役割ではこの段階で、ベストプラクティスという「情報」をブローカーが仲介するそれぞれの集団に伝達する。しかし二枚目の名刺のコーディネーターは、いきなり「情報」の伝達を行うことはしない。企業側メンバーとパートナー NPO、また企業側メンバー間においては、異なる「意味」の存在により認識の齟齬が生じることを予測しているからである。そこで、コーディネーターは必要以上に介入しないものの、企業側メンバーとパートナーNPO、また企業側メンバー間が話し合いを開始できるところまでの関係構築に専念する。

第3段階は「『意味の交渉』の実現」である。Burt の定義する役割ではこの段階で、ブローカーが異なる行動や振る舞いをそれぞれの集団に自ら翻訳して伝達する。しかし本事例では、コーディネーターはこの段階では観察者に徹し、積極的な役割を果たさない。NPO と企業側のメンバー自身が異なる「意味」の存在そのものを認知し、気がつくことが重要であると考えているからだ。コーディネーターが重要であると考えるのは、NPO と企業側のメンバーが自ら気がつくことによって、より深く相互の異質性を理解し異質性の統合が成し遂げられることだ、と理解しているからである。

第4段階は「個人の行動の変化の促進」である。ここでも Burt のブローカーは、自ら異質性の統合を行う。しかし本事例のコーディネーターは、メンバー自身の気づきを重視する。また、先述のとおり、個人としての異質性への

対処の行動については、程度の差が存在する。そこで、行動が十分でない場合には、個人が自力で気がつかなければならない。そのため、コーディネーターはプロジェクト終了後に、「スパイシーなフィードバック」と呼ばれる改善点のフィードバックを行う。具体的にはメンバーに、異質性に対処する行動において不十分であった点を具体的に指摘する。メンバーとしては、プロジェクト中の行動の観察に基づく具体的な指摘であるため、行動が不十分であったことを自覚する。この自覚があることによって、その後の企業における業務遂行の場で、個人が異質性（異なる「意味」）への対処を意識して行動していたことが観察された。先述した営業マネージャーは、コーディネーターから「スパイシーなフィードバック」を受けたことによって、サポートプロジェクトにおける率先垂範・管理型マネジメントの限界をより明確に理解し、越境元の組織文化では異なる「意味」に該当する権限委譲型マネジメントの実践を試みたのである。

第4節　考察とまとめ

1　理論的意義

　本章における事例の理論的意義として、次の2点を指摘する。第1の意義は、RQ2の越境的学習の効果に関して、異質性（異なる「意味」）の統合の3段階、とりわけ「未認知」と「認知」という段階に重要な意味が存在していたことを明らかにしたことである。

　「意味」に差異があることを「未認知」のままでプロジェクトを進行しようとすると、「意味の交渉」は生じず、それぞれの「意味」が交わらないまま成果物が創出されてしまう。さらに問題なのは、メンバーが表面的に「認知」したつもりになってしまうことだった。しかし、「未認知」の段階に一定の時間が存在することで、メンバーは表面的な「認知」が実は「未認知」にすぎず、「意味」に差異が存在することに自律的に気がつく。この自律的な気づきには一定の時間が必要であり、それゆえに「未認知」の段階が重要なのである。お

互いの異なる「意味」を「認知」すると、そのすり合わせは比較的順調に進む。つまり「意味の交渉」には、異なる「意味」の「未認知」と「認知」の段階が大きく影響していた。

　ここから、越境的学習の重要な効果は、学習者における異なる「意味」の存在の認知であると指摘できよう。境界を越えなければ、学習者は「自らが準拠している状況」の「意味」が世界に存在するすべての「意味」である、と考えてしまう傾向にあるだろう。それは Wenger（1998）が、図2-1で示していたように、参加と具象化が車の両輪となることで、「自らが準拠している状況」の「意味」が自らのアイデンティティと深く結びつき、それ以外の「意味」の存在を想像できなくなってしまうからであろう。そうなってしまうと、「自らが準拠している状況」の「意味」だけでつくり上げたサポートプロジェクトの成果物がプロジェクトの目指すべき意義に及ばないものになってしまったように、異質性が統合された新しい価値を生み出すことが難しくなる。境界を越えて、異なる「意味」の存在を認知し、「意味の交渉」を行うことの可能性が広がることに、越境的学習の効果があるといえるだろう。

　第2の意義は、RQ3とRQ4における複数のアイデンティティの調停と、複数の実践共同体の変容におけるナレッジ・ブローカーの役割が明らかになったことである。本事例においてナレッジ・ブローカーは、メンバー間の異なる「意味」のすり合わせを促す役割を果たしていた。

　本事例で明らかになった役割は、Burt（2004）と共通する部分もあるが、大きな差異もある。Burtのブローカーは構造的空隙の位置取りに存在するため、連結されるお互いの集団を仲介できる存在はブローカーに限定される。そのため、ブローカー自身が仲介の役割をすべて果たさなければならない。他方、本事例のナレッジ・ブローカー（コーディネーター）は、メンバーが自律的に異なる「意味」の存在に気づき、すり合わせることの支援に重点を置く。さらに「意味」がすり合わされた後に、個人の行動の変化を促している。

　換言すれば、Burtの定義するブローカーは構造的空隙のもたらす便益を独占する存在であることに対し、本事例のナレッジ・ブローカーは越境的学習に関わる複数の学習者に異なる「意味」の存在を認知させ、複数の学習者全体の変化により知識の仲介を促進している、と考えることができよう。異なる「意

味」への学習者の自律的な気づきが、異なる「意味」において「意味の交渉」を生じさせ、学習者のアイデンティティの「調停」をもたらす。また、複数の学習者のアイデンティティが「調停」されることで、実践共同体自体も変容していく。

このように、Burt の定義するブローカーと比較して、異なる「意味」の存在に関して学習者への自律的な気づきを促すというナレッジ・ブローカーの新しい役割を見出したことが第2の理論的意義である。

2　実践的意義

本章の事例の実践的意義として、中間支援組織に限らず、企業においてナレッジ・ブローカーを意図的に育成することの必要性を指摘したい。サポートプロジェクトでは、NPO と企業の間の知識の仲介が生じる。しかし、知識の仲介は、様々な境界を学習者が越え、往還することで生じる。境界は、企業内にも存在するだろうし、企業間にも存在しよう。企業が本事例のナレッジ・ブローカーの果たした役割を理解し、同様の存在を意図的に育成できれば、組織として、企業内および企業間の境界を越えて、異なる知識の仲介を促進することができるようになるだろう。

3　本章の研究の限界と今後の課題

本章の研究では、企業と NPO の間に構築されたサポートプロジェクトを、事例研究の手法に沿って分析した。その結果、調査対象における実践家たちの主体性、思考に基づく時間展開のプロセスを明らかにすることができたと考える。しかしながら、単一事例であることから、その一般化には限界があり、慎重さが求められる。今後、比較事例研究による越境的学習のメカニズムを把握すること、あるいは質問紙調査による多変量解析などの分析を行うことで、一般化を試みていきたい。

なお、次章では、異なるサポートプロジェクトの事例における質問紙調査の分析を行い、新しい事例に範囲を広げて検討を進める。

第 8 章

越境的学習の効果（醸成される能力）の尺度化の試み

　前章では、越境的学習の重要な効果とは、学習者が「自らが準拠している状況」とは異なる「意味」の存在を認知することであることについて述べた。ただし、異なる「意味」の認知、という表現は効果についての記述としては、まだ抽象的であろう。本章では、異なる「意味」の認知をより具体化して示すために、越境的学習の効果、すなわち越境的学習により醸成される能力を質問紙調査によって探索的に因子分析し、尺度化することを試みる。

第 1 節　調査と分析の方法

1　調査と分析の全体像

　本章の調査と分析は 2 段階で行う。第 1 段階として、前章の事例における企業側メンバー 9 名のインタビュー調査を再分析し、越境的学習により醸成される能力の候補をコードにより案出する。第 2 段階として、案出したコードに基づく質問紙調査を、新たなサポートプロジェクトの事例に関して、サポートプロジェクトの実施前と実施後の 2 波の調査として行う。質問紙調査により、越境的学習によって醸成される能力を探索的に因子分析し、尺度化を試みる。さらに、サポートプロジェクトの実施前と実施後における尺度得点の差異を検証する。

2　第 1 段階の分析の方法

　前章の事例における企業側メンバー 9 名のインタビュー調査については、木

169

下（2003, 2007）の修正版グラウンデット・セオリー・アプローチ（以下、修正版GTA という）に準じて分析する。修正版 GTA は研究者の研究関心に基づき、質的調査において文脈単位の意味を損なうことなく分析できるという点で、能力をコードとして案出するという分析には適していると判断した。具体的には、企業側メンバー 9 名のインタビューの逐語化したインタビュー記録について、分析内容と関連するバリエーション（具体例）を抽出し、その後、分析ワークシートを用い、概念を生成、継続的比較分析を実施する。継続的比較分析は理論的飽和化に至るまで行う。その後の修正版 GTA の手続きとしては、概念をカテゴリー化し、カテゴリー間の関係を結果図として示した後に、その結果図の詳細をストーリーラインとして記述する。

3　第 2 段階の調査の方法

　第 2 段階の調査の対象となるサポートプロジェクトは、2016 年 5 月から 11 月にかけて行われた計 9 チームのプロジェクトを調査したものである。中間支援組織は、前章の事例と同じく、二枚目の名刺である。参加企業とパートナー NPO の組み合わせについては、前章の事例と異なる。参加企業とパートナー NPO の組み合わせは 2 種類が存在した。

　第 1 の組み合わせは、参加企業としてはパーソルグループ[33]、パートナー NPO としては 6 団体という組み合わせである。企業としてのパーソルグループの参加目的は前章の事例のパーソルキャリアと同様である。第 2 の組み合わせは、参加企業としてのギャップジャパン株式会社（以下、ギャップジャパンという）、パートナー NPO としては 3 団体[34]という組み合わせである。ギャップジャパンは、社員の「体験型リーダーシッププログラム」という位置づけでサポートプログラムに参加した。具体的には、「枠をこえたら世界が変わる」というキャッチフレーズに基づき、社員が「居心地のよい環境から悪い環境に自らが飛び込む」「多様で異質な外部の人たちと接することで新しい視座を身につける」「他者のフィードバックをもとめ、内省し、自己成長につなげる」という人材育成の目的が設定されている。これは、ギャップジャパンの人事部門が越境的学習の概念を理解したうえで、その効果を得ることを目的に設定した

ものである[35]。

　2016年5月から11月サポートプロジェクトに参加した2社の企業側メンバー本人50名とその上司に、サポートプロジェクトの実施前と実施後に質問紙調査を実施した。サポートプロジェクトの期間は3か月であるため、実施前と実施後の回答間隔は4か月となっている。なお、本人の実施前と実施後の回答は同一人物によるものである。上司については、回答した時点での上司を選定しているため、実施前と実施後では異なる人物が部下としての本人（メンバー）の評価をしている場合がある。回答人数は、本人が実施前は50名、実施後は42名であった。上司が本人（メンバー）評価した人数は、実施前は36名、実施後は22名であった。

　質問紙調査の内容は、サポートプロジェクトによって向上すると想定した能力であるが、その能力を発揮する場は越境元である企業における業務遂行と考え、測定した。つまり、第1段階の調査で想定したサポートプロジェクトによって向上する能力の職場における業務遂行で発揮している程度を、サポートプロジェクト実施前に本人と上司が評価する。さらにサポートプロジェクト実施後に、再度、職場における業務遂行で発揮している能力の程度を本人と上司が評価する。この測定により、サポートプロジェクトが能力の醸成に与えている影響を測定しようと考えた。

第2節　第1段階の分析の結果

1　概念および結果図に基づくストーリーライン

　前章の事例におけるインタビュー調査は、パーソルキャリアの3名、および NST の6名に、サポートプロジェクトの実施前、実施直後、実施から3か月後の3回、のべ26回 実施しており、その結果を逐語録として文章化している。この逐語録を修正版 GTA によりデータとして分析し、概念とカテゴリーにまとめたものが、表8-1である。

　分析の結果、表8-1に示されているとおり、24の概念と6のカテゴリーに

表 8-1　第 1 段階の分析に基づく概念とカテゴリー

プロジェクト区分	カテゴリー	集約後の概念	定　義
プロジェクト実施前	I. プロジェクトへの参加動機と目指すこと	1. 所属企業と異なるアイディアの獲得	いつも会社の同じような考えの人と接していては得られない、異なるアイディアを獲得したい
		2. 社会貢献、ボランティアへの参加	機会があれば社会貢献活動をしてみたいと考え、きっかけがほしいと思っていた
		3. 異なる環境での実力の発揮	ふだんと異なる環境においても、自分の実力が発揮できるか試し、足りないものは補い、どのような環境でも実力を発揮できるようにしたい
		4. 多様な人との出会いとコミュニケーション	ふだんの業務では出会えない多様な人と知り合ってみたい。また、多様な人々のコミュニケーションを円滑に行うことができるようになりたい
		5. ワークライフバランスの実現	ふだんの業務の中では、組織的にも個人的にも「ワーク」の比重が大きすぎると感じている。参加を「ライフ」を充実させる契機としたい
プロジェクトの特徴	II. プロジェクトの性質	6. メンバーの多様性	会社、職種、年齢、価値観などの属性、また専門性などスキルが多様なメンバーによって構成されるプロジェクトである
		7. ミッションについての共通認識の未形成	通常の組織のプロジェクトと異なり、NPO のミッションはあるものの、チームとしてのミッションはチーム自身で定めなくてはならず、発足時点でそのミッションについての共通認識が形成されていない
		8. 自己管理チームとの類似性	通常の組織の自己管理チームと同様に、その運営の権限はチーム自身に委ねられている。しかし、相違点として、ミッション自体をチーム自身で決定する点が異なる
		9. 実行により完結	NPO の解決策の提案では、プロジェクトが完結しない。考案した解決策を実行段階まで進めて、プロジェクトが完結する。
		10. フラットな形態と役割の共有	形式上のチームリーダーが存在しても、リーダーの権限は限定的である。多くの役割はメンバーによって、自発的に分担される、フラットなチーム構造である
	III. プロジェクトにおける経験	11. メンバー間での認識がずれた議論	多様なメンバーの集まりであるため、メンバーの問題意識および使用される言葉の定義、意図、意味が異なり、そのままだと空疎な議論に陥りやすい
		12. 曖昧な状況におけるプロジェクト進行	チームとしてのミッションが共通認識として定まっていない段階では、プロジェクトの方向性が曖昧な状況が続くが、それでもプロジェクトを進行させなければならない
		13. 出身母体の文化の差異による暗黙の前提のずれの認識の難しさ	プロジェクトを構成している NPO、メンバーの出身母体の文化が異なり、それに基づき暗黙の前提が異なっているが、そのずれを認識することが難しく、時間を要する

第8章　越境的学習の効果（醸成される能力）の尺度化の試み

表8-1　つづき

プロジェクト区分	カテゴリー	集約後の概念	定　義
プロジェクトで醸成される能力	Ⅳ.リーダ的立場での能力開発	14. 多様な意見の統合	チームの多様性を認識し、議論の際に言葉の定義、意図、意味を確認しその差異を確認し、メンバーの多様な意見を十分に引き出し、そのうえで共通認識の醸成し、多様な意見を統合する
		15. 着地点が曖昧な状況での意思決定	チームとしての共通認識が形成されず着地点が曖昧な状況の中でも、仮説を設定することで、プロジェクトの進め方について意思決定を行う
		16. メンバーへの信頼に基づく権限委譲と成長の重視	メンバーへの信頼に基づく権限委譲によって役割を分担し、遂行状況を見守り、プロジェクトの成果そのものよりもメンバーの成長を重視する
	Ⅴ.メンバー的立場での能力開発	17. 認識している顧客との本質的なミッションの確認	認識している顧客が目指す本質的なミッションを達成するために行うべきことを考え、顧客の意図、依頼どおりに動くのではなく、顧客と本質的なミッションの確認を行い、気づきや修正を促す
		18. メンバー間の信頼関係の構築	多様性のあるメンバーとの共通認識の醸成には信頼関係が重要であることを認識し、通常の友人関係の構築と同様の行動を行う
プロジェクト終了3か月後	Ⅵ.プロジェクトの業務への応用	19. 権限委譲型マネジメントの実施	従来は行ってこなかった権限委譲型マネジメントを実施し、チームメンバーからの支持を得ている
		20. 他者が価値を置く問題意識の見極め	コミュニケーションを開始する前に、まず他者が価値を置いている問題意識は何であるのかを見極める努力を行うようになった
		21. 他者からの意見の引き出し	自分の意見主張は意図的に抑え、他者の意見を尊重し、雑談などで他者をリラックスさせることを心がける
		22. 顧客や関係者との差異の見える化	複雑な業務工程が存在する中で、顧客、関係者の認識を差異を確認することを重視して時間をかけ、差異を見える化したうえで業務を進める
		23. 社外との関わりの意図的な増加	社外の多様な意見を知ることの重要性を認識し、プロジェクト終了後も社外セミナーなど社外との関わりを意図的に増やした
		24. 体験の風化	通常業務を淡々とこなしている状況では、プロジェクトの際の高揚感と、それに基づく動機づけが継続せず、体験の風化を感じる

出所：筆者作成

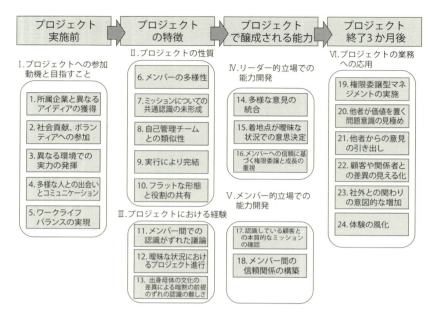

図8−1　第1段階分析の結果図
出所：筆者作成

まとめることができた。これを結果図[36]として示したものが、図8−1である。

　図8−1の結果図に基づき、サポートプロジェクトで醸成される能力についてのストーリーラインを述べる。プロジェクトの実施前における企業側メンバーの「プロジェクトへの参加動機と目指すこと」（カテゴリーⅠ）は5種類にまとめることができる。「所属企業と異なるアイディアの獲得」では、プロジェクトで別の企業の人と交流することにより、自社だけでは得られないアイディアの獲得を目指している。「社会貢献、ボランティアへの参加」では、もともと社会貢献への志向があったものの、業務が忙しく実際に社会貢献を行う機会がなかったため、サポートプロジェクトを機会として活用したいという考えを示す。「異なる環境での実力の発揮」は、いわばサポートプロジェクトを他流試合の場として、自社で培った自分の実力が、自社以外ではどの程度通用するのか、試してみたいという考え方である。「多様な人との出会いとコミュ

第8章　越境的学習の効果（醸成される能力）の尺度化の試み

ニケーション」は、自社では知り合えない多様な人と出会い、コミュニケーションしてみたいという希望を示す。「ワークライフバランスの実現」とは、サポートプロジェクトという業務外の社会活動の重要性が自社内で認知されることにより、組織としての自社にワークライフバランスの重要性を認識してもらいたい、という希望を示す。最終的には、自社がワークライフバランスの重要性を認識することにより、自分自身のワークライフバランスも実現することを目指している。

　このように、サポートプロジェクトに期待する内容は個人によって様々である。これに対し、企業側メンバーがサポートプロジェクトに感じるプロジェクトの性質、およびプロジェクトにおいて経験することは、共通的な項目として指摘される。

　まずカテゴリーⅡの「プロジェクトの性質」であるが、これは5種類の概念で示された。サポートプロジェクトには「メンバーの多様性」がある。プロジェクトチームの企業側メンバーは5名程度で構成されるが、年齢、性別、職種、役職、企業、業界は様々である。

　また、「ミッションについての共通認識の未形成」という性質がある。プロジェクトの初期段階に、パートナーNPOはサポートプロジェクトにおける課題認識を示す。しかし、その課題がミッションに直結するわけではない。パートナーNPOの課題を、企業側メンバーとパートナーNPOが話し合い、そもそもこのプロジェクトで何を成し遂げるのか、という点で合意することが求められる。換言すれば、プロジェクトの初期段階では、プロジェクトで何をなすべきかという点が決まっておらず、その合意から開始しなければならない。

　企業などの組織には、自己管理チームというチームの類型がある。自己管理チームに対しては、チームが実施する業務の進捗管理のみならず、意思決定など多くの権限が委譲される（Yukl, 2008）。サポートプロジェクトにおいても、同様の性質がある。プロジェクトチームに、報告義務のある上司にあたる存在はない。成果物を提出する対象はパートナーNPOであるが、パートナーNPOのコアメンバー自体がプロジェクトチームに所属している。したがって、サポートプロジェクトには「自己管理チームとの類似性」という性質が存在する。

175

また、サポートプロジェクトは「実行により完結」するという性質もある。たとえば、企業が行う社外と連携した人材育成プログラムにおいて、連携先である NPO や地方自治体などに企業の社員が何らかの提案をする取り組みをする場合[37] がある。こうした人材育成プログラムは、提案を行えばその時点で完結し、その提案が採用されるかどうかは、その後の連携先の意思決定に左右される。仮に提案が採用されなかったとしても、企業側としては、人材育成に役立てばプログラムとしては目的を達成したと考える。他方、サポートプロジェクトは、企業側メンバーの人材育成に役立てば、それだけで目的を達したとみなされる性質のものではない。あくまで、サポートプロジェクトの目的はパートナー NPO の課題の解決である。そのため、提案だけして、それが実際に採用されないということでは、プロジェクトの成果物にはならない。すなわち成果物は実行が担保されるものでなくてはならず、実行にまで責任を負うところにサポートプロジェクトの性質の特徴がある。

　「フラットな形態と役割の共有」とは、プロジェクトチームの中に公式的な役職が存在しないことを意味する。チームに公式的な上司が存在し、その指示にしたがっていれば業務が進行していく、という考え方はサポートプロジェクトでは通用しない。チームのメンバー全員が主体的に行動し、役割を共有し、その分担も自分たちで決めなければならない。この点が、自社で行う日常の業務と大きく異なる点である。

　次にカテゴリーⅢの「プロジェクトにおける経験」であるが、「メンバー間での認識がずれた議論」「曖昧な状況におけるプロジェクト進行」「出身母体の文化の差異による暗黙の前提のずれの認識の難しさ」の 3 種類の概念で示された。これは前章で詳述した異質性の認知の 3 段階、特に「異質性の未認知」の段階で生じる経験である。異なる「意味」の差異を認知できないためにサポートプロジェクトの進行が困難になる、という痛みを伴う企業側メンバーの経験が観察された。

　このカテゴリーⅡの「プロジェクトの性質」とカテゴリーⅢの「プロジェクトにおける経験」を、あわせて「プロジェクトの特徴」として整理した。この「プロジェクトの特徴」があるからこそ、プロジェクトで能力が醸成されることになる。「プロジェクトで醸成される能力」は 3 種類の概念から構成される

「リーダー的立場での能力開発」（カテゴリーⅣ）と２種類の概念から構成される「メンバー的立場での能力開発」（カテゴリーⅤ）に整理される。この計５種類の概念を使用して第２段階の調査・分析における質問紙調査の質問を作成する。そのため、５種類の概念については、次項にその詳細をまとめて述べることとする。

　サポートプロジェクトで醸成された能力が、その後の業務で実際にどのように活用されていたかという点について述べたものが、カテゴリーⅥの「プロジェクトの業務への応用」である。このカテゴリーにおいては、６種類の概念が示された。

　「権限委譲型マネジメントの実施」は、前章の事例で分析した、日常業務の中で自らが使うマネジメント手法の中に権限委譲型マネジメントという「引き出し」を増やしたという、営業マネージャーの例が該当する。ただし、この概念は自社において役職者の位置づけにある者だけに限定されない。たとえ役職者ではない場合も、業務におけるプロジェクト遂行などの場面で、他の社員に適切に役割を分担してもらうことができるようになったという例も該当する。

　「他者が価値を置く問題意識の見極め」とは、仕事上で関わりを持つ他者と表面的につきあうだけではなく、その他者の持つ問題意識を丁寧に把握しようという姿勢を意味する。これは、サポートプロジェクトで、企業側メンバー同士が表面的な交流をしている段階では、異なる「意味」の存在を認知できなかった反省に基づく姿勢である。

　「他者からの意見の引き出し」と「顧客や関係者との差異の見える化」も、同様にサポートプロジェクトで異なる「意味」の存在を認知できなかった反省に基づく。「他者からの意見の引き出し」は、丁寧に仕事上で関わりを持つ他者からの意見を引き出そうという姿勢を示す。「顧客や関係者との差異の見える化」は、複雑な業務工程の中で、顧客や関係者は業務に対する思惑が異なることがあるが、その思惑を無理に一致させるのではなく、むしろ思惑の差異を明確化したほうが、結果的に業務が円滑に進むと認識し、そのように振る舞う姿勢を示す。

　「社外との関わりの意図的な増加」とは、サポートプロジェクトの経験により社外と関わりの有効性を認識したため、プロジェクト終了後においても様々

な機会で社外との関わりを増やしていこうとする姿勢を示す。

　ここまで述べてきた5種類の概念は、サポートプロジェクトの経験がその後の自社の業務にうまく活用できていた例であった。他方、「体験の風化」はサポートプロジェクトの限界を示す概念である。「プロジェクトの業務への応用」（カテゴリーVI）における概念は、いずれもサポートプロジェクトが終了してから3か月が経過した時点でのインタビューから抽出したものである。プロジェクトを行っている時点では、気持ちも高揚し、その経験を日常業務にいかそうという情熱が存在していた。しかしプロジェクトが終了し、日常業務だけを繰り返していると、いつしか「体験の風化」が生じ、プロジェクトの経験を日常業務にいかそうという情熱が消えつつあるという状況を示す。3か月という期間を区切って行うサポートプロジェクトの課題を示す概念であろう。またこの概念は、境界の往還が継続していないと越境的学習の効果が低下していくという課題を示唆しているともいえよう。

2　サポートプロジェクトで醸成される能力

　この項では、「プロジェクトで醸成される能力」として3種類の概念から構成される「リーダー的立場での能力開発」（カテゴリーIV）と2種類の概念から構成される「メンバー的立場での能力開発」（カテゴリーV）の詳細について述べる。先述のとおり、サポートプロジェクトの性質として、チーム内に公式の役職があるわけではない。したがって、公式のリーダーとメンバーという役割は存在しない。しかし、企業側メンバーが自主的に役割分担をした結果、リーダー的な立場をとる局面とメンバー的な立場をとる局面が生じることになる。そのため、醸成される能力は、リーダー的な振る舞いにより醸成される能力と、メンバー的な振る舞いにより醸成される能力に区分された概念として抽出された。

　「リーダー的立場での能力開発」（カテゴリーIV）3種類の概念は次に述べるとおりである。「多様な意見の統合」は、チームの多様性を許容したうえで、多様なメンバーの意見をうまく引き出し、それぞれの意見を尊重したうえで、その異質性を統合していくリーダー的立場での振る舞いを示す。「メンバーの多

様性」「メンバー間での認識がずれた議論」「曖昧な状況におけるプロジェクト進行」「出身母体の文化の差異による暗黙の前提のずれの認識の難しさ」というプロジェクトの特徴に対応していくために求められる能力である。

たとえば、次の発話は、インタビュー対象者がリーダー的立場で議論のかじ取りを行っていた際に、メンバーの多様な意見を十分に引き出しきれなかったという反省を示している。メンバーの意見を同じ方向に集約するという議論の進め方を行った結果、異論を有するメンバーの意見を十分に聞き取らなかったことへの反省である。発話の中の「発散」という表現は、集約を進める議論の方向性とは異なる意見を十分に発言してもらうことを意味する。

　「僕がもっと時間を使うべきだったと思います。議論の進め方はそれでいいとして。議論の進め方自体は、それで間違いじゃなかったとは思ってるんですよね。ただ一方で発散させるべき人に発散させる場を用意したほうが良かったかもしれないです。それ、いったん別で議論しましょうっていってその議論を別でつくり、別途、そういう長時間の話す場とか発散させきり、たしかにそれ、やったほうがいいかもしれないですね、みたいなところから議論できる場をつくれたら良かったかなと思います」（インタビュー対象者B）

次のインタビュー対象者の発話は、サポートプロジェクトにおいてメンバーにずれがあり、なかなか共通認識が形成できず苦労したこと、そのため、個人別にメンバーの思いを聞くという意見の引き出しに苦労したことが述べられている。

　「根本的な原因。多分、ちょっと違うかもしれないんですけど、チームとして目指すべきものみたいなとか、ゴールとかっていうのをそもそも、共通認識を持てなかったので、前提が全部ずれるみたいなところが大きかったのかなっていう気はしますけど。（中略）（工夫したのは）どういう思いでこのプロジェクトに参加をしたのか、そういうのを確認をしたっていうところ。で、このプロジェクトを通じて、どうなりたいのか、何を得たいのかみたいな話は、メンバー、ひとりひとりとできたっていうところです。なので、そ

のできなかった人もいるんですけど、なんか最近、ちょっと変だなとか、レスポンスが遅いなとかという人に対して、個別で連絡を取って、今、どんな状況なのかみたいなことを確認したりとか、なるべく同じ温度感でプロジェクトを進めていけるようには心掛けたっていうところ」（インタビュー対象者A）

このように、「多様な意見の統合」という能力は、サポートプロジェクトにおいて、簡単に達成されたわけではない。むしろ、サポートプロジェクト自体ではうまくいかなった部分が多かったとも認識されている。しかし、そのように苦労したという認識があるからこそ、「多様な意見の統合」という能力が意識され、醸成されたともいえよう。

「着地点が曖昧な状況での意思決定」とは、異質性の認知や統合が十分になされず、プロジェクトのミッション自体にチームが合意していないような曖昧な状況でも、プロジェクトの進捗のためにリーダー的立場にある役割として、何らかの意思決定をしなければならない、という能力の醸成を示す。「曖昧な状況におけるプロジェクト進行」という経験に大きく影響を受ける能力である。日常業務においても、目標の設定が明確になされているとは限らない不確実な状況も存在するであろう。そのような曖昧性への対処として、応用性が高い能力と考えられる。
　次の発話は、本業（自社の日常業務）では、ミッションがすでに決定されており、そのミッションに基づきメンバーの納得を得るというリーダーシップについては発揮できることに対し、ミッション自体が決まらず、プロジェクトの着地点が決まらない中での意思決定の難しさについて述べたものである。

　「自分自身が、そのミーティングの中で悩むことがすごく多くて。本業だと、自分なりに、ゴールを持っていて着地が決まっているので。あと、どういうふうにみんなの納得感を高めて着地をするかという進め方をするんですけど、今回のプロジェクトに関しては、自分自身がまったくよく分からなくて、解が持てなくて、みんなと話しながら自分自身も考えて、で、結論が出

180

なくてっていうことを最初のほう、すごく繰り返してしまったので。なんか
こう、うまく引っ張れないというか、まとめられないというか。なので、自
分自身としては、全然できなかった。（中略）もやもやして、これじゃあ、
駄目だよね、だったら、みんなが知識がない中だったから、たとえば、こ
ういうこと勉強してきて、こういう解を持っていこうよとか、もっとシンプ
ルに発散して収束するっていうことができたはずだったんですけど、そのも
やもやが3、4回、多分、続いていて、だんだんそのうちにみんなも疲れて
きてって状況だったので、そこのやり方はもっと工夫できたし、自分もその
ミーティングに向かうスタンスとして足りていなかった部分かな、というの
はすごく（感じた）」（インタビュー対象者A）

次の発話は、曖昧な状況の中でも、メンバーの意見を聞きながら、仮のスケ
ジュールでもいいから、なんとかプロジェクトの進捗を促す行動を心がけてい
たことが述べられている。

「役回り的には先のスケジュールとかを見て、この辺でこういうことやっ
といたほうがいいねとかそういうことを結構発言したりとか、そういうとこ
ろが多かったです。（中略）当初はみんなそうだったと思うんですけど、先
方との話の中で明確にこれをやるっていうゴールが見えてなくて。（中略）
結局途中でそれだけでいいのかっていうところになって。方針が変わったと
いうか、先を見た計画みたいなのを立てづらかったのかなと。はじめの1カ
月ぐらいは全員のフィードバックとかしたんですけど、そこでもみんな先が
見えないっていうような不安がありました。本当にこのままゴール行けんの
かなとかいうのが」（インタビュー対象者G）

「着地点が曖昧な状況での意思決定」についても、サポートプロジェクトの
中では、企業側メンバーはその実行に苦労し、実行を試みているものの、必ず
しもうまく遂行できたとは考えていない。苦労したからこそ、この能力の必要
性を強く認識している。
「メンバーへの信頼に基づく権限委譲と成長の重視」とは、多様性あるメン

バーであり、長年培った信頼がなくとも、プロジェクトの中で信頼関係の構築を図り、その信頼関係に基づき役割を分担して権限委譲すること、およびプロジェクトの成果物の質よりもメンバーの成長を重視する、という姿勢を意味する。プロジェクトの性質である「フラットな形態と役割の共有」により役割分担がなされ、プロジェクトが「実行により完結」するため成長できる機会が大きいことが、この能力の醸成と関係している。

　次の発話は、自分のプロジェクトチームでは、成果物の質をメンバーの成長よりも優先したが、他のプロジェクトチームでは、メンバーの成長を最優先にした事実を知ったことについて述べている。このインタビュー対象者は、メンバーの成長を優先するという考え方にはじめて気がつき、その重要性を認識している。

　「僕が多分、自分をもしかして守っているのかもしれないですけど、正当化しちゃってるのかもしれないですけど、みんなにとって何も残らなかったらどうしようっていうふうにびびってました、どっちかというと。だから、せっかく参加して3カ月やったんだけれども、何もアウトプットができなくて、変な着地になっちゃってみたいな感じになったときに、みんなにとってどうなんだろうっていうふうに思っていて（だからメンバーの成長よりもプロジェクトの成果物の質を重視した）。（中略）発表者をあえて、あんまり話が苦手な、システムエンジニア、発表者をあえてするっていう意思決定をした○○さんも、まじすごいと僕は思ったんですね。それはあの人にとっての成長だって○○さんがいうから。僕は、この人にとっての成長を最後に大事にするっていう意思決定ができることがすごいと思ったし、そこだったらちゃんと成果を共有、一番いい形でできて、みんなで良かったってするほうを僕だったら選ぶから、自分が発表した」（インタビュー対象者B）

　次の発話は、チームの話し合いの結果、中間報告後にそれぞれのメンバーを信頼して役割分担を行い、権限委譲をしたことが示されている。役割分担後、チームの機能は効率化したという。

182

第8章　越境的学習の効果（醸成される能力）の尺度化の試み

　「後期になって、中間発表（中間報告）後、ちょっとこのまんまだとよろ
しくないねっていうことで、みんなで話し合って。6人のチームなんですけ
ど、結論からいうと、役割を3チームずつに分けたんです。具体的にいう
と、2人はオペレーションの部分を考えるチーム。それから、残りの4人の
うち2人が販売のルートとかを考える、販売の戦略とかを考える。残りの2
人が、そのうちのウェブに絞って、ウェブで売るにはどうしたらいいです
かっていうような、デザインとかを考えたりして」（インタビュー対象者H）

　「メンバー的立場での能力開発」（カテゴリーⅤ）の2種類の概念については、
次に述べるとおりである。「認識している顧客との本質的なミッションの確
認」とは、「ミッションについての共通認識の未形成」というプロジェクトの
性質があり、そのため「曖昧な状況におけるプロジェクト進行」が起こってし
まうからこそ、顧客として認識している存在が本当にやりたいと思っているこ
とを丁寧に確認しようという姿勢を示す。パートナーNPOとの「意味」のず
れが生じたからこそ醸成された能力ともいえる。日常業務では、今までは所与
のものとして確認してこなかった顧客の意図を、より正確に把握しようという
姿勢につながる。次の発話は、日常業務において認識している顧客にも段階が
あることへの気づきを示している。今までは、直接やりとりのある顧客が示し
た仕様に基づき業務を遂行することだけを考えていたが、直接の顧客の背後に
存在し、実際に提供するサービスを使う顧客（エンドユーザー）の意図を把握し
ようという姿勢が示されている。

　「私は今、営業担当なので、提案書とかを作るときって、やはりお客さま
は既に、過程というか、（お客さま）のほうで考えられた、そういうプロセス
だったりとか、そういう仕様があるんですけども、実際に本当に使う人の立
場で考えるってことがあんまりちょっと今まで足りてなかったなっていうこ
とに気づいていて。こう書いてあるからこう作ろうとか、お客さまの仕様あ
りきで考えていたので、そのプラスアルファで、ちゃんと本当のエンドユー
ザーの人ってどういう使い方をしてるんだろう、とかっていうところをちゃ
んと知ろうと思う気づきになりました」（インタビュー対象者D）

183

次の発話では、従来の日常業務では顧客から指示された内容以外の提案を行ったことはなく、サポートプロジェクトでもパートナー NPO に提示されたとおりのことだけを行おうとしていたことが述べられている。しかし、パートナー NPO に最初の提示と違う提案をする恐れを乗り越えて、チームが主体的に考えた異なる提案をした結果、パートナー NPO の期待以上の提案ができたという認識が述べられている。

　「期待水準以上のものを出せたと思っています。（中略）その団体さん（パートナー NPO）の持っている、最初に提示されたものって、最初はそのとおりにやろうと思っていたんです。（中略）実は本当に（パートナー NPO の意図したサービスを）使いたいというか、お金を払ってでも使いたい人たちは、単なるお金持ちではないんじゃないかという話を、実はしていたのですね。でも、残りの期間とかを考えたときに、それを伝えて、理解していただいて、っていうのは難しいんじゃないか、という話は実はしていて、なので最初の段階で、これは難しいと思って、（自分たちの考えに基づく提案を）やらないような位置づけに自分の中ではしてしまっていたのですね、実は。（中略）また、それをいうことによって、別の説明の時間に割いてしまって、このプロジェクト自体がうまくいかなくなってしまうのではないかという恐れがちょっとあって、個人的には。ただ、それを 11 月くらいのときに、（パートナー NPO）に伝えたのですね。そのときの反応を見て、やっぱりいって良かったと。正直いうのが怖い部分でもあったので。それもあり、やっぱりいって良かったという反応もあって、期待水準以上のものができたというふうに、はい、思いました。（中略）何だろうな、間違って伝わってしまったときに、収拾がつかなくなってしまうんじゃないかという恐れがあったので。どうしても、最初に伺っていた内容どおりで進めたいなと思ってしまっているところが。（中略）あっ、そういう提案の仕方をしていいんだ、みたいな、自分の中での価値観を変えたというか。最初にいわれていたものじゃないものを出すという経験が、仕事上あまりなかったので」（インタビュー対象者 I）

第8章　越境的学習の効果（醸成される能力）の尺度化の試み

「メンバー間の信頼関係の構築」とは、「メンバーの多様性」があり、「自己管理チームとの類似性」によってチームが意思決定しなければならず、「フラットな形態と役割の共有」という状況の中でチームの運営をしなければならないからこそ、メンバー間に信頼関係をつくることが大事だと認識し、そのために行動することを示す。初対面のメンバーであるからこそ、意識的に信頼関係を構築することが求められる。次の発話は、メンバーという立場で、メンバー間の信頼関係を構築するために、まず自分が「ばか」になって場の雰囲気を和らげる工夫をしたことが語られている。

　「（プロジェクトを円滑に進めるために、メンバーと）友達になりました。（中略）プロジェクトでいきなり会って、じゃあ、何しましょう、何しましょうとかって、2時間がっつり難しい話をするよりも、やっぱり、フランクに普通に友達になるって温度感のほうがいいやすいんじゃないかなっていうのは。仲良くなるというか、その感覚値ですね。なんかもともと『ばか』やるのが好きなタイプなので、そこは無理なく。で、多分、本業のときよりも『ばか』やってましたね、あのときは。そこは、それこそ、一番年下でもあったので、かわいがってくださっていたっていうのもあるんですけど、そこからいろいろな人が最初はちょっと堅かったんですが、自分の『ばか』にも乗ってきたりとか」（インタビュー対象者C）

次の発話は、信頼関係を構築するために、メンバーが遠慮なく話し合える関係を実現したかったが、そうした関係まで踏み込むことに遠慮があったという事実が語られている。インタビュー対象者はこの点を反省し、今後の日常業務の中では、様々な機会で関係者とのコミュニケーションにもっと踏み込んで信頼関係を構築しようと考えている。

　「遠慮したら良くなかったなっていうのがまずあるんですけど、ちょっと、どこか人ごとになってたなっていうのが本当にありまして。（他のメンバーの）本音を聞かないというのは、そうですね。同じ会社とか、そういうわけじゃないので、まだ仲間意識というか、そういうものが多分、私の中で

185

個人的にですけど、ちょっと少なかったというか、小さかったというか、ていうところがあるのかなと思います。なんで、たとえば相手の人が、私、一番、衝撃的だったのは、リーダーの方が来週、子ども生まれるんですって聞いたときがすごく衝撃的で。なんでそんなにすごい大事な大イベントのときに、すごい大変なことを大変っていわないで、やらせてしまったんだろうと思って。そういうのもお互いに遠慮してたし、多分、知ろうとしてなかったんだなと思ったんです」（インタビュー対象者D）

第3節　第2段階の分析の結果

1　調査の方法とサンプルの詳細

　第2段階の調査は、前節において「プロジェクトで醸成される能力」として抽出された「リーダー的立場での能力開発」（カテゴリーⅣ）の3種類の概念と、「メンバー的立場での能力開発」（カテゴリーⅤ）の2種類の概念から作成した項目による質問紙調査として行った。「リーダー的立場での能力開発」に関しては18の質問項目を作成し、「メンバー的立場での能力開発」については21の質問項目を作成した。質問項目については、職場の業務遂行における能力の発揮状況を5件法で確認している。

　先述のとおり、2016年5月から11月にかけてサポートプロジェクトに参加した2社の企業側メンバー本人50名とその上司に、サポートプロジェクトの実施前と実施後に質問紙調査を実施した。サポートプロジェクトの期間は3か月であるため、実施前と実施後の回答間隔は4か月となっている。上司については、回答した時点での上司を選定しているため、実施前と実施後では異なる人物が部下としての本人（メンバー）の評価をしている場合がある。回答人数は、本人が実施前は50名、実施後は実施前に行った者のうち42名（実施前の人数の84.0％）であった。上司が本人（メンバー）評価した人数は、実施前は36名（50名に対し72.0％）、実施後は22名（42名に対し、52.4％）であった。

　実施前に回答した本人50名の詳細は次のとおりである。企業は、パーソ

ルグループが 41 名（82.0%）、ギャップジャパンが 9 名（18.0%）であった。性別は男性 23 名（46.0%）、女性 27 名（54.0%）であった。年齢は 20 代が 18 名（36.0%）、30 代が 26 名（52.0%）、40 代が 6 名（12.0%）であった。

2 能力に関する因子分析

「リーダー的立場での能力開発」に関する 18 の質問項目（5 件法）と「メンバー的立場での能力開発」に関する 21 の質問項目（5 件法）について平均値と標準偏差を算出したところ、「リーダー的立場での能力開発」に関する 1 項目と「メンバー的立場での能力開発」に関する 4 項目が天井効果に該当したため、以降の分析からは除外した。

「リーダー的立場での能力開発」に関する 17 の質問項目について、主因子法・Promax 回転による探索的因子分析を行った。その結果、固有値の変化と解釈可能性の観点から 3 因子構造が妥当であると考えられた。そこで再度、3 因子構造を仮定して因子分析を行った。因子分析の過程で、十分な因子負荷量を示さなかった項目を除外し、最終的に 11 項目で 3 因子が構成された。回転前の 3 因子で、11 項目の全分散を説明する割合は 59.75% であった。Promax 回転後の最終的な因子パターンを表 8-2 に示す。

第 1 因子は多様な意見を可視化し、共通認識をつくり、メンバーの意見を引

表 8-2 「リーダー的立場での能力開発」に関する因子分析

項目	Ⅰ	Ⅱ	Ⅲ
多様な意見をまとめるために、判断の根拠を見える化することを心がけている	.94	.08	−.31
議論をするときには、言葉の定義、意図、意味を確認し、共通認識をつくることを心がけている	.69	.00	.13
多様なメンバーが相手でも、なるべく共通に話せる土台をつくることを心がけている	.63	−.13	.32
業務において、個々のメンバーの問題意識を十分に意思表明する機会をつくることを心がけている	.59	.15	.03
メンバーの多様性が大きく意見がまとまらない懸念があっても、個々のメンバーの意見を聞く	.58	−.17	.35
職場・チームの目標が曖昧でも、自らスケジュールを設定して業務を前に進める	−.04	.94	−.08
職場・チームの目標が曖昧でも、業務の進め方を決めることを躊躇しない	.24	.77	−.14
職場・チームの目標が曖昧でも、業務で必要なことは自ら意思決定する	−.16	.64	.26
メンバーに任せた役割は、そのやり方を見守る	.08	.12	.67
メンバーを信頼して役割を分担している	.02	.34	.65
業務の即時的な成果を多少犠牲にしても、個々のメンバーの成長を重視する	−.03	−.14	.60

出所：筆者作成

表8-3 「メンバー的立場での能力開発」に関する因子分析

項目	I	II
お客様（社外、社内含む）の依頼どおりに動くだけではなく、必要があればお客様の依頼内容の修正を図る	.96	−.16
お客様（社外、社内含む）の依頼どおりに動くだけではなく、お客様自身に気づきを促すことを心がけている	.83	.07
対立をおそれず、率直に質問、疑問をぶつけている	.69	.13
自分の課題について、他者からのフィードバックを受けるようにしている	−.01	.64
メンバーと信頼関係を持つために、ランチや飲み会などの機会をつくるようにしている	.07	.58
他者の問題意識は簡単に理解できないので、時間をかけて理解することを心がけている	−.13	.55
メンバーと信頼関係を持つために、積極的に雑談をするようにしている	.14	.45

出所：筆者作成

き出す行動を示す5項目から構成された。そこでこの因子は、概念の「多様な意見の統合」と同内容を示していると判断し、概念と同じ名称である「多様な意見の統合」と命名した。第2因子は、職場・チームの目標が曖昧な状況でもスケジュールを設定し、意思決定を行う3項目から構成された。そこでこの因子は概念の「着地点が曖昧な状況での意思決定」と同内容を示していると判断したが、構成された質問項目の内容も加味して「曖昧な状況での業務対処」と命名した。第3因子は、メンバーへの役割分担と成長を重視する行動を示す3項目から構成された。そこでこの因子は概念の「メンバーへの信頼に基づく権限委譲と成長の重視」と同内容を示していると判断したが、構成された質問項目の内容も加味して「メンバーへの権限委譲と成長の重視」と命名した。

「メンバー的立場での能力開発」に関する17の質問項目について、主因子法・Promax回転による探索的因子分析を行った。その結果、固有値の変化と解釈可能性の観点から2因子構造が妥当であると考えられた。そこで再度、2因子構造を仮定して因子分析を行った。因子分析の過程で、十分な因子負荷量を示さなかった項目を除外し、最終的に7項目で2因子が構成された。回転前の2因子で、7項目の全分散を説明する割合は49.04％であった。Promax回転後の最終的な因子パターンを表8-3に示す。

第1因子はお客様の依頼内容を修正し、気づきを促し、率直に意見を言う行動を示す3項目から構成された。そこでこの因子は、概念の「認識している顧客との本質的なミッションの確認」と同内容を示していると判断したが、構成された質問項目の内容も加味して「顧客への率直な意見具申」と命名した。第

第8章　越境的学習の効果（醸成される能力）の尺度化の試み

表8-4　各変数の平均得点、標準偏差、信頼性係数、相関

変数	N	Mean	SD	α	1	2	3	4	5
1. 多様な意見の統合	50	3.64	0.74	.85	—	.25	.50***	.35*	.40**
2. 曖昧な状況での業務対処	50	3.85	0.82	.83		—	.40**	.34*	.28
3. メンバーへの権限委譲と成長の重視	50	3.53	0.79	.72			—	.32*	.46**
4. 顧客への率直な意見具申	50	3.76	0.89	.86				—	.28
5. メンバー間の信頼関係の構築	50	3.59	0.71	.64					—

Note. *p<.05, **p<.01, ***p<.001
出所：筆者作成

　2因子は、メンバーとの信頼関係を構築することを心がけ、積極的にランチや雑談などを行う4項目から構成された。そこでこの因子は概念の「メンバー間の信頼関係の構築」と同内容を示していると判断し、概念と同名称である「メンバー間の信頼関係の構築」と命名した。
　「リーダー的立場での能力開発」の下位尺度および「メンバー的立場での能力開発」の下位尺度の平均得点、標準偏差、信頼性係数、相関について示したものが表8-4である。
　「メンバー的立場での能力開発」の第2因子である「メンバー間の信頼関係の構築」の信頼性係数の得点のみがやや低くなっている。しかし、因子として構成された質問の内容が妥当であることから、そのまま下位尺度として使用することとした。

3　サポートプロジェクトの実施前と実施後における、本人と上司の平均得点の差に関する分析

　先述のとおり、サポートプロジェクトの実施前と実施後に、本人と上司に対し質問紙調査を実施している。「リーダー的立場での能力開発」の下位尺度および「メンバー的立場での能力開発」の下位尺度の平均得点の差を分析するために、4種類の対応のあるt検定を実施した。4種類の枠組みを、図8-2に示す。
　第1の対応のあるt検定は、実施前の本人評価と上司評価をペアとした平均得点の差の分析である。分析結果を、表8-5に示す。

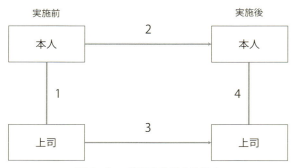

図8-2 t検定の分析の枠組み
出所：筆者作成

表8-5 実施前の本人評価と上司評価の平均得点の差

| | 実施前の本人評価と上司評価 (N=36) |||||
| | 本人評価 || 上司評価 |||
	平均	SD	平均	SD	t値
多様な意見の統合	3.58	0.74	3.35	0.70	2.19*
曖昧な状況での業務対処	3.97	0.70	3.44	0.91	2.67*
メンバーへの権限委譲と成長の重視	3.65	0.79	3.41	0.61	1.89†
顧客への率直な意見具申	3.69	0.91	3.22	1.12	2.39*
メンバー間の信頼関係の構築	3.60	0.70	3.36	0.8	1.72†

Note. †$p<.10$, *$p<.05$
出所：筆者作成

　すべての下位尺度で本人評価に対し上司評価の平均得点のほうが低い得点になっている。特に、「多様な意見の統合」「曖昧な状況での業務対処」「顧客への率直な意見具申」については有意に上司評価の平均得点のほうが低い。「メンバーへの権限委譲と成長の重視」「メンバー間の信頼関係の構築」については有意傾向として上司評価の平均得点のほうが低い。これらの能力開発項目については、本人よりも上司が厳しく評価していることがわかる。

　第2の対応のある t 検定は、実施前後の本人評価をペアとした平均得点の差の分析である。分析結果を、表8-6に示す。

　「多様な意見の統合」「顧客への率直な意見具申」「メンバーへの権限委譲と成長の重視」「メンバー間の信頼関係の構築」については実施後評価の平均得

第8章　越境的学習の効果（醸成される能力）の尺度化の試み

表8-6　実施前後の本人評価の平均得点の差

| | 実施前後の本人評価（N=42） | | | | |
| | 実施前評価 | | 実施後評価 | | |
	平均	SD	平均	SD	t 値
多様な意見の統合	3.67	0.67	3.90	0.44	2.00[†]
曖昧な状況での業務対処	3.85	0.86	3.81	0.89	0.24
メンバーへの権限委譲と成長の重視	3.51	0.78	3.63	0.62	0.90
顧客への率直な意見具申	3.63	0.90	3.93	0.79	2.13*
メンバー間の信頼関係の構築	3.54	0.74	3.74	0.69	1.87[†]

Note. †p<.10, *p<.05
出所：筆者作成

表8-7　実施前後の上司評価の平均得点の差

| | 実施前後の上司評価（N=21） | | | | |
| | 実施前評価 | | 実施後評価 | | |
	平均	SD	平均	SD	t 値
多様な意見の統合	3.34	0.55	3.42	0.59	0.51
曖昧な状況での業務対処	3.56	0.89	3.37	1.02	0.97
メンバーへの権限委譲と成長の重視	3.30	0.56	3.38	0.46	0.53
顧客への率直な意見具申	3.40	0.92	3.46	0.66	0.41
メンバー間の信頼関係の構築	3.24	0.82	3.35	0.63	0.68

出所：筆者作成

点のほうが高く、「曖昧な状況での業務対処」については実施前評価の平均得点のほうが高い。そのうち、「顧客への率直な意見具申」については有意に実施後評価の平均得点のほうが高い。「多様な意見の統合」「メンバー間の信頼関係の構築」については有意傾向として、実施後評価の平均得点のほうが高い。

第3の対応のある t 検定は、実施前後の上司評価をペアとした平均得点の差の分析である。分析結果を、表8-7に示す。

「多様な意見の統合」「顧客への率直な意見具申」「メンバーへの権限委譲と成長の重視」「メンバー間の信頼関係の構築」については実施後評価の平均得点のほうが高く、「曖昧な状況での業務対処」については実施前評価の平均得点のほうが高い。ただし、いずれの下位尺度においても、統計上有意な平均得点の差は存在しなかった。

第4の対応のある t 検定は、実施後の本人評価と上司評価をペアとした平均

表8-8 実施後の本人評価と上司評価の平均得点の差

| | 実施後の本人評価と上司評価（N=22） | | | | |
| | 本人評価 | | 上司評価 | | |
	平均	SD	平均	SD	t 値
多様な意見の統合	3.77	0.39	3.45	0.59	2.67*
曖昧な状況での業務対処	3.45	0.83	3.27	0.96	0.89
メンバーへの権限委譲と成長の重視	3.62	0.64	3.38	0.44	1.66
顧客への率直な意見具申	3.92	0.73	3.41	0.69	3.15**
メンバー間の信頼関係の構築	3.72	0.63	3.40	0.63	2.20*

Note. *$p<.05$, **$p<.01$
出所：筆者作成

得点の差の分析である。分析結果を、表8-8に示す。

　すべての下位尺度で本人評価に対し上司評価の平均得点のほうが低い得点になっている。特に、「多様な意見の統合」「顧客への率直な意見具申」「メンバー間の信頼関係の構築」については有意に上司評価の平均得点のほうが低い。これらの能力開発項目については、実施前と同様に、実施後も本人よりも上司が厳しく評価していることがわかる。

4　交差遅延効果モデルによる分析

　実施前後の本人評価で、「顧客への率直な意見具申」のみが有意な平均得点の上昇を示した。そこで、「顧客への率直な意見具申」については、交差遅延効果モデルにより、さらに分析を行うことにした。

　交差遅延効果モデルとは、共分散構造分析において、縦断データを分析する際の手法である。具体的には、初回調査の2変数が、追跡調査における両変数に対し、どのような影響をもたらしたのかについて分析できる。ただし、初回調査と追跡調査の適切な期間の長さを特定できないことがあるため、同時効果モデルを併用することがある（岡林, 2006; 豊田, 1998, 2007）。

　本調査の期間はサポートプロジェクトの期間であるため、初回調査と追跡調査の期間の長さは決まっており、また実施前後の評価の変化に着目するため、交差遅延効果モデルを採用することにした。分析モデルを図8-3に示す。

第8章　越境的学習の効果（醸成される能力）の尺度化の試み

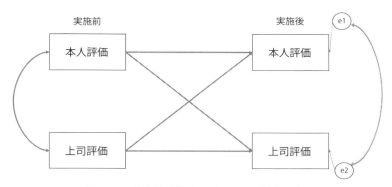

図8-3　交差遅延効果モデルによる分析モデル

出所：筆者作成

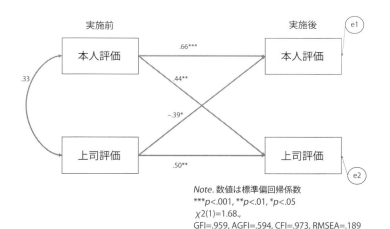

Note. 数値は標準偏回帰係数
***p<.001, **p<.01, *p<.05
χ2(1)=1.68.,
GFI=.959, AGFI=.594, CFI=.973, RMSEA=.189

図8-4　交差遅延効果モデルによる分析結果

出所：筆者作成

193

図8-3にあるように、このモデルは実施前の本人評価と上司評価に相関関係を想定したうえで、実施前の本人評価と上司評価が、それぞれ実施後の本人評価と上司評価にどのような影響を与えたのかについて分析している。なお、本分析のサンプル数は20である。これは実施前後の本人評価、上司評価の4種類すべてが行われているという条件を満たす個人（サポートプロジェクトの参加者）が20名にとどまったためであった。分析結果を図8-4に示す。

適合度指標の中で、AGFIとRMSEAは十分な値が示されなかった。これは実施前後の本人評価と上司評価がすべて行われたサンプル数が20であり、観測変数が4個あることに対してサンプル数が少なすぎたためと考えられる。

実施前の本人評価と上司評価については、.33の正の相関が存在したが、有意ではなかった。他方、実施前の本人評価からは、実施後の本人評価と上司評価に対し有意な正の影響が存在した。また実施前の上司評価から、実施後の本人評価に対し有意な負の影響、実施後の上司評価に対し有意な正の影響が存在した。

実施前の本人評価から実施後の本人評価と上司評価へ、実施前の上司評価から実施後の上司評価へと有意な正の影響があったことは、実施前後で本人評価と上司評価の平均得点が上昇している[38]ことを考慮すると、実施前後でランダムに評価が上昇したわけではなく、実施前の自己評価と他者評価と一定の関係を持ちつつ評価が上昇したことを示している。つまり、実施前の評価と整合しつつ、サポートプロジェクトの経験によって、各人に一定の能力向上の影響が生じたと考えられる。

ただし、実施前の上司評価から、実施後の本人評価に対し有意な負の影響が存在していた。これは、実施前の上司評価が高い者の本人評価の上昇幅がそれほど多くないことに対し、実施前の上司評価が低いにもかかわらず実施後の本人評価が大きく上昇した者が多かったためであろう。結果、実施前の上司評価が低いほど本人評価の上昇が観察される状況が生じたと考えられる。

つまり、本人評価において実施前後で大きく得点が上昇した者がいるが、これは本人が「顧客への率直な意見具申」の重要性に気づき、意識して行動するようにしているが、まだ上司から見て客観的に把握できるほど行動が変化していないという評価ギャップが生じている可能性がある、と解釈できるだろう。

第4節　考察とまとめ

1　理論的意義

　本章の調査と分析は2段階で行った。第1段階では第7章の事例における企業側メンバー9名のインタビュー調査を再分析し、越境的学習により醸成される能力の候補をコードとして案出した。第2段階では、案出したコードに基づく質問紙調査を、サポートプロジェクトの実施前と実施後の2波の調査として行った。

　その結果、第1段階では、「プロジェクトの性質」と「プロジェクトにおける経験」というサポートプロジェクトの特徴に基づき、越境的学習により醸成される能力の候補として「リーダー的立場での能力開発」（カテゴリーⅣ）の3種類の概念と、「メンバー的立場での能力開発」（カテゴリーⅤ）の2種類の概念、計5種類の概念を抽出した。「リーダー的立場での能力開発」の3種類の概念とは、「多様な意見の統合」「着地点が曖昧な状況での意思決定」「メンバーへの信頼に基づく権限委譲と成長の重視」が該当した。「メンバー的立場での能力開発」の2種類の概念とは、「認識している顧客との本質的なミッションの確認」「メンバー間の信頼関係の構築」が該当した。

　これら5種類の概念は、サポートプロジェクトにおける越境的学習の特徴と関係性がある。サポートプロジェクトの「プロジェクトの性質」は、「メンバーの多様性」「ミッションについての共通認識の未形成」「自己管理チームとの類似性」「実行により完結」「フラットな形態と役割の共有」の5種類があたる。サポートプロジェクトの「プロジェクトにおける経験」は、「メンバー間での認識がずれた議論」「曖昧な状況におけるプロジェクト進行」「出身母体の文化の差異による暗黙の前提のずれの認識の難しさ」の3種類があたる。これらの性質と特徴は、越境的学習の「自らが準拠している状況」から「その他の状況」へと境界を越えたことと関わりがあろう。「自らが準拠している状況」ではないからこそ、準拠している状況では出会えない多様なメンバーとやりとりをすることになる。準拠している状況ではないからこそ、簡単に「その他の

状況」におけるミッションを形成することができない。そのため「自らが準拠している状況」の「意味」が通用しないことになるが、「意味」の認識がずれていることで、「メンバー間での認識がずれた議論」「曖昧な状況におけるプロジェクト進行」「出身母体の文化の差異による暗黙の前提のずれの認識の難しさ」という経験を余儀なくされる。

　このようなサポートプロジェクトにおけるメンバーの多様性と「意味」のずれが、越境的学習により醸成される能力の候補としての5種類の概念の醸成に結びついたといえる。「多様な意見の統合」は多様な「意味」を統合する能力であり、「着地点が曖昧な状況での意思決定」は「意味」がずれているから生じる曖昧さへ対処する能力であり、「メンバーへの信頼に基づく権限委譲と成長の重視」は多様なメンバーを動機づける能力であり、「認識している顧客との本質的なミッションの確認」とは顧客との「意味」のずれに対処する能力であり、「メンバー間の信頼関係の構築」とは多様なメンバーに信頼関係を築くことで「意味」のずれを埋める基盤をつくる能力である。このようにメンバーの多様性と「意味」のずれに対処する越境的学習の能力の具体的な内容を特定したことが、第1の理論的意義である。

　第2段階の調査・分析では、5種類の概念と同様の内容である「リーダー的立場での能力開発」の3種類の下位尺度と「メンバー的立場での能力開発」の2種類の下位尺度の存在が明らかになった。また、この計5種類の下位尺度について、サポートプロジェクトの実施前後において、本人評価と上司評価を組み合わせ4種類の t 検定を行った。

　その結果、実施前と実施後のいずれも、上司評価のほうが下位尺度について厳しく評価しているという結果が示された。他者評価である上司評価のほうが本人評価よりも客観的である可能性が高く、本人評価についてはやや甘い評価になっている可能性を考慮する必要があるかもしれない。ただし、実施後の本人評価と上司評価の差は、交差遅延効果モデルからは、本人が評価対象の能力の重要性に気がつき、その能力を発揮しているつもりであっても、他者（上司）から観察可能な程度になるほどには客観的に把握可能な振る舞いに到達できていない、という可能性も考えられた。

　実施前後の評価については、本人評価においては、「多様な意見の統合」「顧

客への率直な意見具申」「メンバーへの権限委譲と成長の重視」「メンバー間の信頼関係の構築」については実施後評価の平均得点のほうが高く、「曖昧な状況での業務対処」については実施前評価の平均得点のほうが高い。そのうち、「顧客への率直な意見具申」については有意に実施後評価の平均得点のほうが高い。「多様な意見の統合」「メンバー間の信頼関係の構築」については有意傾向として、実施後評価の平均得点のほうが高い。上司評価においては、「多様な意見の統合」「顧客への率直な意見具申」「メンバーへの権限委譲と成長の重視」「メンバー間の信頼関係の構築」については実施後評価の平均得点のほうが高く、「曖昧な状況での業務対処」については実施前評価の平均得点のほうが高い。ただし、いずれの下位尺度においても、統計上有意な平均得点の差は存在しなかった。

　つまり、4種類の下位尺度で実施後のほうが平均得点は高いものの、明確にサポートプロジェクトによる得点の上昇が存在した下位尺度は本人評価の「顧客への率直な意見具申」のみであった。なお、交差遅延効果モデルで検証した結果、「顧客への率直な意見具申」については、実施前後でランダムに評価が上昇したわけではなく、実施前の本人評価と上司評価の影響に基づき評価が上昇したことが検証できた。

　つまり、現段階では定量的にサポートプロジェクトによる越境的学習の効果として示されたものは「顧客への率直な意見具申」だけということになる。「顧客への率直な意見具申」は、サポートプロジェクトにおいてパートナーNPOに対しても積極的に「意味」のすり合わせを行い、場合によっては意図と異なるが提案をぶつけるという行動から醸成される能力であった。パートナーNPOとのやりとりは、企業側メンバーが特に苦労し試行錯誤しつつも、最終的にはサポートプロジェクトにおいて遂行できた能力である。苦労しつつも遂行できた能力であるからこそ、統計上有意な得点の上昇を観察できた可能性がある。

　他方、「多様な意見の統合」「メンバーへの権限委譲と成長の重視」「メンバー間の信頼関係の構築」の3種類については、インタビュー調査でも、その重要性には気づきながらも、サポートプロジェクトでは必ずしもうまく対処できなかったという発話があった。現段階では重要性に気づいているものの、能

力が具体的に醸成される段階にまでは至っていない可能性があろう。またサポートプロジェクトの期間が3か月と比較的短期であることから、期間内だけでは能力が醸成しきれなかった可能性もある。ただし、サンプル数が少ないことから統計的に有意にならなかった可能性もあるだろう。

このように、越境的学習で醸成される能力に関して、定量的に「リーダー的立場での能力開発」の3種類の下位尺度と「メンバー的立場での能力開発」の2種類の下位尺度を確認し、さらにそのうち「顧客への率直な意見具申」については実際に能力の向上が存在することを確認できたことが、第2の理論的意義である。

なお、「曖昧な状況での業務対処」については、本人評価も上司評価も実施後の平均得点のほうが低くなっている。統計上有意ではないため、可能性の問題にとどまるが、他の4種類の下位尺度に比べて、この能力は醸成がより困難である可能性があろう。

2　実践的意義

本章の実践的意義としては、越境的学習の設計のあり方について指摘したい。越境的学習とは、「自らが準拠している状況」と「その他の状況」の境界を越えることであった。そのため、「その他の状況」には様々な種類が考えられるし、「その他の状況」は意図的に設計できるものとは限らない。他方、サポートプロジェクトは「その他の状況」に該当すると考えられるが、越境的学習を促進するために意図的に設計が可能であった。したがって、「その他の状況」を意図的に設計できる場合もあると考えられる。

では、「その他の状況」を意図的に設計する場合は、どのような点に留意すべきであろうか。理論的意義で述べたとおり、サポートプロジェクトにおけるメンバーの多様性と「意味」のずれこそが、越境的学習で醸成される能力を促進していた。そこで、設計で留意すべき第1の点として、「その他の状況」において「メンバーの多様性」を実現するということが指摘できよう。これは、表2-1で比較した同質的実践共同体と異質的実践共同体で考えると、異質的実践共同体を念頭に設計することが望ましい、ということを示唆している。

第2の留意点は、「意味」のずれを促進する設計である。サポートプロジェクトで「意味」のずれが生じたのは、「ミッションについての共通認識の未形成」「自己管理チームとの類似性」「実行により完結」「フラットな形態と役割の共有」というプロジェクトの性質が関係していると思われる。すなわち、「ミッションについての共通認識の未形成」だから、まずやるべきことを考えなければならず、「自己管理チームとの類似性」があり「フラットな形態と役割の共有」というチームの性質があるから個人が主体的に動かねばならず、「実行により完結」しなければならないため、納期を意識して迅速にプロジェクトを進めなければならない。このように、制約条件が多い中でプロジェクトを進めなければならないため、その焦りが「意味」のずれを生じさせると考えられる。したがって、「その他の状況」は環境が整備されたものであるより、上記の4種類のプロジェクトの性質に該当するような制約条件の多い、環境が未整備な状況であるほうが、越境的学習を促進する設計としては望ましいであろう。つまり、あえて環境が未整備な状況を設計することが求められることになろう。

3　本章の調査の限界と今後の課題

本章の調査は、サポートプロジェクトという、現段階では希少な機会に焦点を絞ったものである。越境的学習を分析する機会としては望ましいものであるが、サポートプロジェクトの参加者は少ないという点が課題である。そのため定量調査は、実施前の本人が50名という数にとどまり、その50名に対する実施後の本人評価、あるいは実施前後の上司評価はさらに少ない数となった。このようにサンプル数の少ないことが本章の調査の限界である。

また、サポートプロジェクトは、その特徴を考慮すれば、越境的学習を分析する機会として望ましいものである。しかしながら、越境的学習はサポートプロジェクトに限定されたものではなく、様々な特徴の学習が該当しよう。今回特定した越境的学習で醸成される能力が、他の種類の越境的学習においても同様に観察されるものであるのか、また他の種類の能力が存在するのか、これらの点についてのさらなる解明が望まれる。

終　章

組織と個人が越境的学習をいかすために
（理論的意義と実践的意義）

第1節　RQ の解明結果

　本書の関心は、越境的学習の学際的な研究成果に基づきながらも、企業の人材育成の領域における越境的学習について捉えていくことに焦点を当てることであった。そのため、様々な学問分野から言及されている越境的学習について、統一的な定義を試みた。その結果、次の5つの定義を行った。

定義1　広義の越境的学習の対象者は、「異なる状況をまたぐ人すべて」である

定義2　狭義の越境的学習の対象者は、「組織との関わりを有する働く人、働く意思のある人」である

定義3　越境的学習の境界とは、「自らが準拠している状況」と「その他の状況」との境を意味する

定義4　越境的学習の対象範囲は、越境者が境界を往還し、境界をつなぐ、一連のプロセス全体が該当する

定義5　越境的学習は、境界を往還しているという個人の認識が存在することで成立する

　上記の定義は、越境的学習は学際的な研究の成果に基づくものの、その中でも特に状況的学習の理論によって越境という概念を整理したことで導かれた。すなわち、境界とは、異なる状況の境であると考える。また、異なる状況の中でも、「自らが準拠している状況」と「その他の状況」を区分した。「自らが準拠している状況」においては自明のこととみなす事柄が、「その他の状況」においては必ずしも自明ではなかった、と気がつくことに意義があると考えたた

めである。

　次に、定義に基づき、越境的学習の命題について検討した。まず検討したのは、既存の企業における人材育成の枠組みとされる OJT・Off-JT・自己啓発に対する越境的学習の位置づけである。その結果、単一の状況と複数の状況という軸、および状況的学習と学習転移モデルという軸の2軸を考えた際に、OJT・Off-JT・自己啓発は「複数の状況で状況的学習を行う」という領域に限定的にしか対応しておらず、越境的学習は、主にこの領域に対応していることが明らかになった。

　また経験学習と越境的学習の位置づけの差異についても検討した。個体の熟達に関心を有する経験学習と、個人と状況が分かちがたくつながると考える状況的学習に依拠する越境的学習の差異は、本来大きなものである。しかしながら、経験学習サイクルは、越境元と越境先を往還する越境的学習の学習のプロセスを説明するために適した考え方である。本書では、経験学習サイクルが越境的学習の学習プロセスを説明できる可能性を示した。

　さらに、越境的学習には2つの段階があることについても考察した。第1の段階は、複数の集団（実践共同体を含む）に参加し、それぞれの集団の多様性を受容する段階であった。第2の段階は、複数の集団（実践共同体を含む）に参加し、それぞれの集団の多様性を統合し、集団そのものの変容をもたらすという知識の仲介に該当する段階であった。第2段階の知識の仲介を行う存在を、本書では先行研究の知見に基づき、ナレッジ・ブローカーと呼んだ。

　越境的学習に関して、このように定義と命題を設定することにより、本書では4つの RQ を導き出した。以降、それぞれの RQ について解明した結果を述べる。

RQ1　境界を往還することで生起する越境的学習には、具体的にはどのような学習が該当するのか。また、それらの学習の種類により、どのような特徴が存在するのか

　第6章において、RQ1 に関する分析を行った。まず聞き取り調査に基づき、越境的学習に該当する学習として、8種類の社外活動を設定した。社外活動

終 章　組織と個人が越境的学習をいかすために（理論的意義と実践的意義）

は、副業、ボランティア活動、プロボノ活動、趣味やサークル活動、地域コミュニティの活動、勉強会・ハッカソン、自社の業務外の活動、異業種交流会の8種類を設定した。定量調査によって、この8種類の社外活動の特徴を分析した。その結果、8種類の中でもボランティア、地域コミュニティ、異業種交流会の3種類が、本業の業務遂行の状況へ正の影響を有することが示唆された。この3種類の社外活動は、所属する企業とは明確に異なる領域の人々と交流するという性質があり、この性質に合致する社外活動が本業の業務遂行状況に正の影響を及ぼす可能性が示唆された。明確に異なる領域の人々と交流する、ということは、「自らが準拠している状況」とは異なる状況を経験していることになる。すなわち、越境的学習として境界を越えた状況が生起する場合には、本業の業務遂行状況に正の影響を及ぼす可能性が示唆されたともいえよう。

RQ2　境界を往還することで生起する越境的学習には、どのような学習の効果が存在するのか。その効果は、従来の学習とはどのように異なるものであるのか

　RQ2については、第7章および第8章の調査により分析した。第7章においては、越境的学習の効果に対して、異質性（異なる「意味」）の統合の3段階、とりわけ「未認知」と「認知」という段階の占める重要性が明らかになった。調査対象であるサポートプロジェクトにおいては、「意味」に差異があることを「未認知」のままでプロジェクトを進行しようとすると、「意味の交渉」は生じず、それぞれの「意味」が交わらないまま成果物が創出されてしまう。しかし「意味」の差異の認知には一定の時間が必要であり、この「未認知」の段階を経ることで、プロジェクトメンバーはお互いの異なる「意味」を「認知」でき、その後「意味」のすり合わせ（「意味の交渉」）は比較的順調に進む。つまり、越境的学習の重要な効果とは、学習者における異なる「意味」の存在の認知であった。境界を越えることで、学習者は「自らが準拠している状況」の「意味」とは異なる「意味」（「その他の状況」における「意味」）の存在を認知し、「意味の交渉」を行う可能性を広げることができるようになるのである。

203

第8章の調査においては、異なる「意味」における「意味の交渉」を行うための具体的な能力の特定を試みた。その結果、「リーダー的立場での能力開発」として「多様な意見の統合」「曖昧な状況での業務対処」「メンバーへの権限委譲と成長の重視」という3種類の下位尺度、「メンバー的立場での能力開発」として「顧客への率直な意見具申」「メンバー間の信頼関係の構築」という2種類の下位尺度、計5種類の能力項目を特定した。

　この5種類の能力項目は、インタビュー調査で抽出された5種類の概念に基づくものであり、インタビュー調査では越境的学習により醸成された能力と考えられた。しかし、サポートプロジェクト実施前後の2波の定量調査により分析したところ、サポートプロジェクトによる能力向上への明確な影響が確認できた項目は「顧客への率直な意見具申」のみであった。

RQ3　ナレッジ・ブローカーは、異質な他者と関係性を構築することで、どのように複数のアイデンティティを調停するのか

RQ4　ナレッジ・ブローカーは、複数の実践共同体の変容をどのように実現するのか

　RQ3とRQ4については、第7章の調査により分析を行った。その結果、ナレッジ・ブローカー（本調査におけるサポートプロジェクトのコーディネーター）は、「境界を越える環境を整える」「『意味の交渉』ができる環境を整える」「『意味の交渉』の実現」「個人の行動の変化の促進」という4段階の役割を果たしていることが明らかになった。

　本調査におけるナレッジ・ブローカーの役割は、Burt（2004）と共通する部分もあるが、差異もあった。Burtのブローカーは、ブローカー自身が仲介の役割をすべて果たしているのに対し、本調査のナレッジ・ブローカーは、メンバーが自律的に異なる「意味」の存在に気づき、すり合わせることの支援に重点を置いていた。つまり、本調査のナレッジ・ブローカーは越境的学習に関わる複数の学習者に異なる「意味」の存在を認知させ、複数の学習者全体の変化により知識の仲介を促進していた。異なる「意味」への学習者の自律的な気づきが、異なる「意味」において「意味の交渉」を生じさせ、学習者のアイデ

終 章　組織と個人が越境的学習をいかすために（理論的意義と実践的意義）

ンティティの「調停」をもたらしていた。また、複数の学習者のアイデンティティが「調停」されることで、実践共同体自体の変容も実現していた。

第2節　理論的意義

1　越境的学習の効果と内部労働市場

　本書の検討課題のひとつには、既存の企業における人材育成の枠組みとされるOJT・Off-JT・自己啓発に対し、越境的学習の位置づけを検討し、かつその意義を明らかにしたいということが含まれていた。しかし、従来は越境的学習の定義自体が曖昧であるため、自己啓発の1種類にすぎないなどの解釈も可能であり、そもそも位置づけや意義を検証することが困難であった。

　そこで、本書では越境的学習の定義を明確にしたうえで、OJT・Off-JT・自己啓発に対する位置づけを検討し、そのうえで越境的学習の効果を分析した。結果、明らかになった効果は、学習者は「自らが準拠している状況」の「意味」とは異なる「意味」の存在を認知し、「意味の交渉」を行う可能性を広げることができるようになることであった。換言すれば、所属する組織とは異なる多様な知識や情報を統合する能力が獲得できるということであろう。異なる多様な知識や情報を統合するための具体的な能力として、「多様な意見の統合」「曖昧な状況での業務対処」「メンバーへの権限委譲と成長の重視」「顧客への率直な意見具申」「メンバー間の信頼関係の構築」という5種類の能力項目が示された。この5種類の能力項目のうち、定量調査で明確な効果が示されたものは一部であるが、インタビュー調査ではその重要性を調査対象者が認識していた。また、ボランティア、地域コミュニティ、異業種交流会という所属する企業とは明確に異なる領域の人々と交流する3種類の社外活動は、本業の業務遂行の状況へ正の影響を有することが示唆された。

　つまり本書の一連の研究により、異なる状況という文脈を横断する（異なる領域の人々と交流する）からこそ、異なる多様な知識や情報に気がつき、それらを統合する能力が醸成されるという越境的学習の効果を示すことができたと考

える。OJT・Off-JT・自己啓発においては、異なる状況という文脈を横断することが前提になっているわけではないため、越境的学習との位置づけの差異が明確化されたと考える。

　このように明らかになった越境的学習の効果に対して、内部労働市場の境界において述べた2つの論点をあらためて検討したい。第1の論点は、小池（1981, 1991, 1997）の「知的熟練」や青木（1989）の「双対原理」が指摘するOJTの有効性である。強固な内部労働市場という境界があるからこそ長期の技能形成が生じ、それを促進するOJTが人材育成の中核として位置づけられている。OJTについては状況的学習の立場からも、単一の状況という前提において、その有効性が理論的に裏づけられている。したがって、越境的学習の効果の指摘は、OJTの有効性を否定するものではない。しかしOJTの有効性の過度な強調に対しては、越境的学習の効果の観点から問題提起が可能であろう。OJTの有効性の過度な強調とは、企業における人材育成の主要部分はOJTで網羅できてしまうという考え方を意味する。しかし本書の研究では、異なる文脈で学ぶからこそ、越境元の「意味」と越境先の「意味」の差異を認識でき、だからこそ本業の業務遂行に対し正の影響があったと考えられる。このメカニズムは、経験学習サイクルに基づき想定した図1-5の「越境的学習における学びのプロセスモデル」によっても説明できる。すなわち、OJTだけでなく、越境的学習を行うことで企業の人材育成の有効性は高まると考えられる。

　第2の論点は、金井（2002）の「一皮むけた経験」が指摘するような内部労働市場における配属・異動に伴う修羅場によって、越境的学習の効果は代替可能ではないか、という疑問だ。実際、企業は人事異動や転勤などによる人材育成効果を重視してきたと考えられる。しかし近年、武石（2016）などのように、企業は転勤の人材育成効果をいまだ重視しており施策として見直しを行う意向に欠けるが、そのコストおよび社員への負荷は大きく、多様な人材の活躍という観点から一定の見直しが必要ではないか、という問題提起もある。企業が転勤の人材育成効果を従前どおり重視するのは、広義のOJTとしての人事異動、転勤の効果への信頼であろう。しかしこの点も、広義のOJTの有効性のみを過度に重視するという課題の現れとも考えられる。越境的学習の文脈横

終 章　組織と個人が越境的学習をいかすために（理論的意義と実践的意義）

断の効果で転勤の人材育成効果が代替可能な場合もあるとすれば、わざわざ社員のライフスタイルや多大な企業の費用負担を行ってまで、常に転勤のみが人材育成のための唯一の選択肢、と考える必要はなくなるだろう。越境的学習の効果の明確化は、企業の人材育成の選択肢の増加につながり、企業の施策の柔軟性の向上に寄与できると考える。

2　実践共同体のジレンマ

　二枚目の名刺の事例においては、サポートプロジェクトを実践共同体と位置づけ分析を行った。このように、実践共同体は境界を越えた越境先として、有効な学びの場である。しかし、実践共同体は越境先の学びの場としての有効性のみならず、参加というアクセスによりはじめて学ぶことができるという性質から、越境的学習においてはジレンマをもたらすと考えられる。

　実践共同体では、参加と具象化という両輪により、実践共同体の境界内の世界を理解する。その世界の理解がアイデンティティの形成とも位置づけられる。参加と具象化という学びにアクセスできるためには、実践共同体に正統的に参加することが必要になる。正統的に参加すれば、実践共同体の境界内の世界において「意味の交渉」が生じ、「意味」を獲得することが可能となる。

　このように「意味の交渉」により、実践共同体における学習の有効性は担保されている。ところが、とりわけ同質型実践共同体においては個人のアイデンティティとしての「意味」の比重は大きくなり、異なる「意味」の存在が認識できなくなる可能性を大きくしてしまう。サポートプロジェクトの異質性の「未認知」段階がこの可能性を示していた。

　つまり、実践共同体における学習が有効であって単一の「意味」への理解が深まるほど、異なる「意味」の存在が認識できなくなる。しかし、異なる「意味」を認識する方法としては、新たなる実践共同体への参加が有効である。このように実践共同体は、異なる「意味」の可視化と不可視化の両方を促進するというジレンマを有する存在であることが示唆された。

　実践共同体のジレンマは同質型のみに存在するのではなく、異質型にも存在しよう。同質型とは違って、異質型のメンバーは日常的に交流するわけではな

く、たとえば月に1回程度など、その頻度は限られている。しかし、頻度が限られていても、自分にとって関心があり情熱を注ぐ領域の「意味」であるからこそ、異質型で獲得された「意味」が自明のこととなり、暗黙の前提に転ずる可能性は十分にある。そのため、単に異質型実践共同体に参加すれば実践共同体のジレンマから逃れることができるわけでもない。

　本書の理論的意義としては、異質性の「未認知」段階の発見に基づき、従来は指摘されていなかった実践共同体のジレンマを浮き彫りにしたことがあげられる。実践共同体のジレンマを根本的に解消することは難しいであろう。しかし、ジレンマの存在を理解していれば、対処することは可能になる。対処するためには、単一の「意味」を自明のものとしてしまうことを警戒し、異なる「意味」をすり合わせ、アイデンティティの「調停」を繰り返し行っていくという姿勢が求められよう。サポートプロジェクトの事例でも「体験の風化」という越境的学習の効果の逓減が指摘されており、ここからも継続的なアイデンティティの「調停」の必要性が示唆されたと考える。

3　越境的学習とキャリア

　キャリアにおける、越境的学習と関わりのある理論として、バウンダリーレスキャリアについて述べた。とりわけ、バウンダリーレスキャリア尺度の下位尺度である「バウンダリーレスキャリア志向性」尺度は、組織に在籍しつつ、組織外の人々と交流し、仕事の機会を獲得し、プロジェクトを行うことに対する志向性が示されており、越境的学習の往還の基盤となる志向だと考えられる。

　状況的学習および実践共同体の理論では、個人と状況が分かちがたくつながっていることが前提である。他方、キャリア理論は、個人の変遷に注目をする。したがって、状況的学習の理論に基づく越境的学習がキャリア理論を単純に受容することについて、批判が生ずるのは自然なことであろう。

　しかし、越境的学習においては、キャリア理論を包含して検討する必要性が十分に存在すると考えられる。サポートプロジェクトの事例で生じていたことは、異なる「意味」の認識と統合である。その結果、アイデンティティの「調停」が生じ、パートナーNPOの理念に共感し、プロジェクト終了後に、企業

終 章 組織と個人が越境的学習をいかすために（理論的意義と実践的意義）

に在籍しながらパートナー NPO に副事務局長として恒久的に参加した企業側メンバーが存在した。この場合、企業勤務と NPO 所属というキャリア境界の往還が生じていると考えられる。また、本業の業務遂行に正の影響が示唆されたボランティア、地域コミュニティの社外活動への参加なども、それ自体が新しいキャリアの構築であると考えることもできよう。

このように越境的学習がアイデンティティの「調停」を伴うもの、またむしろ前項で指摘したように、継続的なアイデンティティの「調停」を求めるものであるならば、それは高木（1999）の指摘するように通時的な個人史とならざるを得ず、結果的にキャリアの問題に行き着く。このように越境的学習では、共時的には個人と状況が分かちがたくつながっている側面が重視されるが、通時的にはキャリアの側面が含まれる。

本書の一連の研究では、越境的学習の学習者が異なる「意味」を認識し統合する中でアイデンティティを「調停」したプロセスが示されていた。継続的なアイデンティティの「調停」の基盤となる姿勢は、先述の「バウンダリーレスキャリア志向性」尺度が当てはまるであろう。

なお、継続的なアイデンティティの「調停」という観点では、キャリア構築理論やキャリアの転機の理論との関係性も考えられる。キャリア構築理論とは、世界を予測可能で安定的なものとは考えず、個別化した人生コースに対処することが必要であると考える。そのため、自らのキャリアを構築することを重視するが、その際には他者とともに自らのキャリアを物語として継続的に再構築する（Peavy, 1992; Savickas, 2011; Savickas & Porfeli, 2012; 下村, 2015; Young & Collin, 2004）。キャリアを再構築する際には転機を経験することもあるが、転機とは、アイデンティティの喪失、再発見、統合でもあり、「終わり」「中立圏」「始まり」という 3 つのプロセスがある（Bridges, 1980）。

キャリアにおけるアイデンティティ[39]と実践共同体におけるアイデンティティとは、必ずしも同義ではなく、留意が必要である。しかしながら、キャリア構築理論において自らのキャリアを他者との対話で再構築すること、およびキャリアの転機においてアイデンティティを揺るがすような自己の変化が生じることと、異なる「意味」の認識により継続的にアイデンティティを「調停」することには、関係性があると考えられる。

209

異なる「意味」を認識することは、自明のことであった「自らが準拠している状況」の「意味」が相対化し、自明のことでなくなるという衝撃が発生する。その衝撃に基づき、アイデンティティの「調停」も生ずる。このプロセスは、自らのキャリアを他者との対話で再構築すること、キャリアの転機を認識しアイデンティティを揺るがすような自己の変化が生じることと、共通性があると考えられよう。キャリア構築理論と越境的学習の関係性を見出したことは本書の意義であり、またこの点についてはさらなる研究の蓄積が求められよう。

4　ナレッジ・ブローカーの類型

　ナレッジ・ブローカーについては、本書では以下の命題を構築した。

命題１　個人が企業内外の異質型実践共同体の多重成員性を有する場合、各共同体で形成された異なるアイデンティティの併存を、自らの中で許容する。すなわち、多様な価値観を受容する

命題２　多重成員性を有する個人においては、ノットワーキングの習熟が促進される

命題３　多様な価値観を受容し、ノットワーキングに習熟した個人は、複数の実践共同体における異質な他者と関係性を構築し、複数のアイデンティティを調停する。すなわち多様な価値観を統合する

命題４　多様な価値観を統合する過程を経て多重成員性を有する個人は、ナレッジ・ブローカーとして知識の仲介行為に習熟していく

命題５　ナレッジ・ブローカーによって知識の仲介が成立すると、仲介先の実践共同体の正統性、すなわち知識体系が変容し、実践共同体の維持・向上に寄与する

　この５つの命題を踏まえ、RQ3、4として、ナレッジ・ブローカーがどのように個人における複数のアイデンティティを「調停」し、また、複数の実践共同体の変容をどのように実現するのかという点について解明を行った。このRQを設定した時点では、Burt（2004）のブローカーと同じく、個人としての

ブローカー自身が、すべての仲介の役割を果たしていることを想定して、事例の調査を行った。しかし、実際には、「境界を越える環境を整える」「『意味の交渉』ができる環境を整える」「『意味の交渉』の実現」「個人の行動の変化の促進」という４段階の役割によって、本事例のナレッジ・ブローカーは、他の複数の学習者が自らのアイデンティティを「調停」し、それらの複数の学習者が実践共同体を変容させる支援をしていた。

このように、個人として仲介を行うナレッジ・ブローカーだけではなく、複数の学習者を支援するナレッジ・ブローカーという新しい類型を見出したことが本書の理論的意義である。高木（1999）が想定していたように、実践共同体の多重成員性を持つ者がアイデンティティを「調停」することは容易なことではなく、また「調停」を個人が認知的に達成しているわけでもなかった。複数の異なる「意味」を持つ者が交流し、その交流の中で新しい「意味の交渉」が生じ、その過程でアイデンティティの「調停」がなされる。しかし、複数の異なる「意味」を持つ者が必然的に「意味の交渉」へと向かうのではない。そもそも異なる「意味」を認識できないので、「意味の交渉」が生じない可能性が大きい。そこで、支援者としてのナレッジ・ブローカーが、粘り強く「未認知」の段階を環境として整えることで、「意味の交渉」の段階へと向かうことが可能となる。それによって、複数の学習者がアイデンティティを「調停」するので、実践共同体の変容も可能となる。

アイデンティティの「調停」は困難な過程であるからこそ、支援者としてのナレッジ・ブローカーが求められていたことになる。困難さゆえに存在する新しいナレッジ・ブローカーの類型（支援者としてのナレッジ・ブローカー）の発見を、重要な理論的意義としてあげておきたい。

第3節　実践的意義

1　個人の視点

個人の視点からの越境的学習の実践的意義について、２点指摘する。第１の

意義は、越境的学習は個人の意図により、学習の選択肢を拡大できる効果があるということだ。先述のとおり、企業の人材育成として内部労働市場におけるOJTは有効であるし、「一皮むけた経験」が指摘するような内部労働市場における配属・異動に伴う修羅場も有効であろう。しかし、それらは個人としては、受動的な側面を持っている。広義のOJTである人事異動や転勤は会社命令によってもたらされる。新規事業の立ち上げや海外現地法人への出向などの修羅場は貴重な経験ではあるが、誰もが経験できるものではなく、一部の限られた社員しか経験できないであろう。

他方、越境的学習の種類は多く、個人が意図すれば経験できるものだ。ボランティア、地域コミュニティ、異業種交流会など、参加する期間、頻度など含めて個人が意図的に制御することができる。個人の意図だけでは経験することのできないOJTや「一皮むけた経験」に、個人が制御できる越境的学習を組み合わせることで、個人としては学習の選択肢を広げることができるであろう。

第2の意義は、個人が越境先である「その他の状況」を選ぶ際に、異質型実践共同体を含めることを選択肢として意識する必要性を示したことである。同質型実践共同体に越境することにも意義はあろう。日常的な交流が存在する同質型における「意味」は、学習者にとって「自らが準拠している状況」の「意味」との差異が明確でわかりやすい。明確な「意味」の差異の認識は、学習者にとって意義があるだろう。

他方、サポートプロジェクトのような異質型実践共同体では、それぞれのメンバーが異なる「意味」を有していて、その「意味の交渉」をメンバー間の交流によって行っていく。つまり異質型実践共同体においては、多様なメンバーと交流することで、複数の異なる「意味」を認知し、統合する過程が生じる。本事例では、この過程において、特定の能力が醸成されることが明らかになった。すなわち、異質型実践共同体の特徴と特定の能力の醸成には関係性があり、同質型とは異なる意義がある。したがって、個人にとって越境先の選択肢に異質型実践共同体を含めることは有用であろう。

終 章　組織と個人が越境的学習をいかすために（理論的意義と実践的意義）

2　企業の視点

　企業の視点からの越境的学習の実践的意義について、3点指摘する。第1
に、越境的学習の種類に着目して企業は人材育成の考え方を変える必要性があ
ろう。労働政策研究・研修機構（2005）によれば、78.5％の企業が副業には「メ
リットはない」と回答している。副業は社外活動の1種類であり、越境的学習
に含まれるが、その一部でしかない。したがって、副業に対する姿勢が企業の
越境的学習全体に対する姿勢を示すものではない。しかしながら、先述のとお
り、企業が人材育成の枠組みとして捉えてきたのはOJT・Off-JT・自己啓発
であり、越境的学習は人材育成の対象としては十分に認識されていなかった。
そのため、越境的学習全体に対する認識としては、副業と同様に、メリットを
感じていない企業が多い可能性がある。それに対し、本書の定量調査では、社
外活動のうち、ボランティア、地域コミュニティ、異業種交流会という所属す
る企業とは明確に異なる領域の人々と交流する性質がある3種類は、本業の業
務遂行へ正の影響を有することが示唆された。すなわち、所属する企業とは明
確に異なる領域の人々と交流する越境的学習については、本業の業務遂行に効
果を有することになる。企業としては、OJT・Off-JT・自己啓発という従来の
枠組みに加えて、越境的学習の効果を認識するように考え方を変化させる必要
があるだろう。

　第2に、企業が主導する人材育成の仕組みの中に越境的学習の要素を取
り入れていく必要性があろう。本事例にあったように、パーソルグループ、
NST、ギャップジャパンは企業が越境的学習の効果を認識し、企業主導の人
材育成の仕組みとしてサポートプロジェクトを行っていた。また、中間支援
組織の項で述べたクロスフィールズの「留職」は多くの企業に導入実績があ
り[40]、企業の人材育成の仕組みとして定着している。

　このように、企業が越境的学習を人材育成の仕組みの中核に取り入れる場合
もあるが、そうなると相応の費用負担などが企業に発生し、容易に導入できな
いことも考えられる。しかし、大がかりな施策として越境的学習を導入しなく
ても、既存の人材育成の枠組みの中に、その要素をうまく取り入れることがで
きる可能性はあるだろう。越境的学習においては、所属する企業とは明確に異

213

なる領域の人々と交流し、異なる「意味」を認知し統合することに意義があった。この要素を既存の人材育成の枠組みに取り入れるのである。

たとえば、既存の Off-JT にこの要素を取り入れることは、十分に可能だと考えられる。昨今では Off-JT において、座学だけでなく、グループ討議や対話の機会などが含まれていることも多いと思われる。こうした機会は、従来は自組織の社員だけで行うことが通常であっただろう。その機会に、自組織以外の異なる領域の人々を加えてグループ討議あるいは対話を行うだけでも、一定の越境的学習の効果を得られる可能性がある。こうした越境的学習の要素の取り入れの工夫が企業に望まれよう。

第3に、企業は自社の人的資源管理との関係性を意識したうえで、越境的学習の導入を検討する必要性があろう。企業の人材育成に OJT・Off-JT・自己啓発という従来の枠組みに越境的学習という選択肢が加わるならば、それは企業の人的資源管理施策と無縁ではないであろう。従来、OJT・Off-JT・自己啓発の中でも OJT を企業が重視してきた背景には、先述のとおり日本企業が職能資格制度を採用してきたという点が指摘できる。ところが、日本企業の人的資源管理施策も変わりつつあると考えられる。たとえば、三輪（2015）は知識労働者に対応した人的資源管理として、日本企業の人的資源管理の多様化[41]が進んでいるとする。人的資源管理の類型を無視して越境的学習の効果を導入することは望ましくないであろう。実際、パーソルキャリア[42]は三輪（2015）の類型では、強い成果・能力主義型に該当していた。強い成果・能力主義型では、社員が従事する仕事の先進・独自性が高いとされる。パーソルキャリアは高度な仕事の遂行を企業として重視しているからこそ、人材育成の仕組みの中核として越境的学習を導入したと考えられる。このように、自社の人的資源管理の類型を踏まえ、それに適合した方法で、越境的学習に対する取り組みを考慮することが企業には求められるであろう。

第4節　今後の研究課題の方向性

越境的学習に関する研究は緒についたばかりである。本書では越境的学習の

終 章　組織と個人が越境的学習をいかすために（理論的意義と実践的意義）

定義を明確化し、その種類や効果について分析した。しかし、本書の分析は越境的学習の存在と意義を示唆したにすぎず、その重要性を鑑みれば、研究すべき課題は膨大に存在していると考える。とはいえ、越境的学習の意義を示唆したのであれば、本書には重要な研究課題の方向性を示す責務もあるだろう。以降、4点の方向性について検討してみたい。

1　越境的学習の種類、特徴、効果

　本書では、主に二枚目の名刺の事例をとおして、越境的学習の効果を分析した。また、リクルートキャリアおよび二枚目の名刺と行った共同の定量調査では、越境的学習の種類を検討するために8種類の社外活動を実施した。しかし、二枚目の名刺の事例にせよ、8種類の社外活動にせよ、それは越境的学習の代表例であっても、越境的学習の一部でしかない。

　本書で定義したとおり、越境的学習とは「自らが準拠している状況」と「その他の状況」を隔てる境界を往還すれば成立する。本書で分析した二枚目の名刺の事例も8種類の社外活動も、組織外に存在する場と組織を往還する越境的学習であった。しかし、越境的学習は組織内外を往還するものとは限らない。

　たとえば、自治体の職員の一部は、自主研究活動という名称の活動を行う（大森, 1985）。自主研究活動は就業時間外に行われ、自治体の職員が主に自治体の課題など関心があるテーマについての研究・勉強を、自発的に参加し行う。これは「あるテーマに関する関心や問題、熱意などを共有し、その分野の知識や技能を、持続的な相互交流を通じて深めていく人々の集団」（Wenger, McDermott & Snyder, 2002, 邦訳書, 33頁）という実践共同体の定義に合致し、「その他の状況」とみなすことができる。しかし、あくまで自治体という組織内の活動であり、参加者は自治体内の職員であるから、多様なメンバーとの交流は期待できないように思える。ところが、自主研究活動は発展していくと、地域の関係者、該当するテーマの専門家、異なる自治体の職員が参加し、多様なメンバーとの交流が実現することがある。自治体の自主研究活動と同様な性質を有する若手社員の有志の会[43]が民間企業にも存在する（石山, 2016b）。つまり、越境的学習は社外活動に限らず社内の活動にも該当し、その社内の活動が、あ

215

たかも社外活動であるかのように社外のメンバーを多く取り込む場合もある。

　また、社外活動は定量調査で分析した 8 種類以外にも想定できるであろうし、本業の業務遂行に正の影響があったボランティア、地域コミュニティ、異業種交流会というカテゴリーもさらに細分化できるだろう。たとえば、地域コミュニティといっても、自治会、消防団、地域課題に取り組む NPO など多様な形態が考えられる。そうなると、細分化した活動によって、越境的学習の特徴や効果は異なると想定される。

　ここまで述べたように、越境的学習は多様であり、その類型ごとに、特徴や効果も異なるだろう。今後の研究課題として、多様な越境的学習の種類、特徴、効果の解明が求められるだろう。

2　実践共同体と越境的学習

　本書の事例では、サポートプロジェクトという異質型実践共同体について分析した。しかし、越境先としては、同質型実践共同体も対象として考えられる。「自らが準拠している状況」と同質型実践共同体としての「その他の状況」を往還した場合、本事例の分析結果とはどのような違いが生じるのであろうか。異質型とは異なる越境的学習の効果の存在も予想されるため、意義のある研究課題といえよう。

　また、サポートプロジェクトの分析によって異質型実践共同体の重要な特徴は抽出できたと考えるが、サポートプロジェクトとは異なる特徴を有する異質型実践共同体の存在も想定される。様々な異質型実践共同体について調査を行い、その類型化を行うことも重要な研究課題となるだろう。

3　キャリア理論と越境的学習

　本書では、主にバウンダリーレスキャリアと越境的学習の関連について論じた。とりわけ、バウンダリーレスキャリア尺度の下位尺度である「バウンダリーレスキャリア志向性」尺度と越境的学習の関係性は大きいと考えられる。したがって、「バウンダリーレスキャリア志向性」尺度と越境的学習の関係性

を実証的に研究する意義は大きいだろう。

　また、本書ではキャリア構築理論と越境的学習の関係性も示唆した。しかしながら、本書では、越境的学習におけるアイデンティティの「調停」と、キャリア構築理論における他者との対話による自己の再構築の類似性を指摘したものの、たとえば、越境的学習の過程がキャリア構築につながる具体的な事例を分析できたわけではない。キャリア構築理論と越境的学習の関係性のより詳細な解明も重要な研究課題であろう。

4　ナレッジ・ブローカー

　本書では、アイデンティティの「調停」を支援するナレッジ・ブローカー、すなわち支援者としてのナレッジ・ブローカーという新しい類型を明らかにした。しかし、その発見が、Burt（2004）型の、ブローカー自身が仲介の役割をすべて果たす、という類型の存在を否定したことにはならない。

　たとえば、石山（2013）では、ブローカーの行為において「他共同体実践の還流に対する反発」という事象が観察できることを報告している。この事象は、社外の勉強会における知識や情報を社内で紹介しようとすると、「社外にかぶれている」「（社外の知識や情報の）意味がわからない、うち（社内）では必要ない」などと社内から強い反発を受けることを意味する。つまり社外の勉強会（実践共同体）の異なる「意味」を、内部労働市場の境界を越えてナレッジ・ブローカーが還流させようとしても、「意味の交渉」に至らない事例の存在が観察されたと解釈できるだろう。Burt（2004）型のブローカーの段階でいえば、第3段階の「集団間の異質な行動や振る舞いの喩えによる翻訳」をうまく行うことができなかった状態と解釈できる。

　本事例では、支援型のナレッジ・ブローカーが存在することで、この段階を学習者が乗り越え、アイデンティティの「調停」と異質性の統合を成し遂げることができた。しかし支援型のナレッジ・ブローカーが存在せず、個人としてのナレッジ・ブローカー自身が仲介の役割をすべて果たすという類型については、本事例では観察することができなかった。この類型に密着した仲介のあり様を明らかにすることは重要な研究課題であろう。

あとがき

　本書は 2014 年夏から 2017 年夏に至る約 3 年間にわたる、二枚目の名刺に密着した調査に基づき執筆された。このような調査が可能であったのは、二枚目の名刺の松井孝憲氏にゲートキーパー[44] として、全面的に協力していただけたからである。松井氏自身が越境的学習に関心があり、その詳細を究明したいという情熱を有していたからでもあろう。松井氏の協力がなければ、本書が世に出ることもなかった。心より感謝申し上げたい。同様に、二枚目の名刺の創業者である廣優樹氏にも、越境的学習の価値を認めていただき、全面的にご協力いただいた。記して感謝申し上げたい。

　また、サポートプロジェクトに関する観察調査、インタビュー調査、定量調査については、東京経済大学の小山健太先生と共同で調査と分析を行った。調査と分析に関する小山先生の貴重なご指摘に心より感謝申し上げたい。

　リクルートキャリアと二枚目の名刺との共同の定量調査には、松井氏、小山先生にくわえて、リクルートキャリアの古賀敏幹氏と池津祐樹氏に参画いただき、筆者を含めた 5 名のチームで調査と分析を進めた。このチームが結成できなければ、やはり定量調査も実現することはなかった。

　さらにサポートプロジェクトについては、実施企業とパートナー NPO の関係者の方々にも多大なご支援をいただいた。パーソルホールディングス株式会社の樋浦武志氏、ギャップジャパンの志水静香氏、岸本しのぶ氏、NST の田口徹氏、勝田智秀氏、平山結香氏、鈴木いづみ氏には特に様々なご協力をいただいた。実施企業のみなさまの先進的な取り組みに対する情熱がなければ、ここでも本書の調査が成立する余地はなかった。

　筆者が実務家から研究者のキャリアへと転換することができたのは、社会人大学院の指導教員として、産業能率大学の城戸康彰教授と法政大学の諏訪康雄名誉教授に導いていただいたからに他ならない。本書が両先生の学恩に少しでも報いるものとなっていればと願うばかりである。

　また、個別の名前を記すことは難しいが、越境的学習という概念は、日々の

法政大学大学院政策創造研究科のゼミ生、また学生との議論により精緻化されたものである。政策創造研究科は学部を持たない社会人向けの独立大学院であり、学生はすべて越境的学習の学習者そのものであるといえる。ゼミ生、学生のみなさまに心より感謝申し上げたい。

　また、本書の出版は、中山由起子氏と田邉友恵氏にきっかけをつくっていただき、福村出版社長の宮下基幸氏には辛抱強く原稿をお待ちいただいた。心より感謝申し上げる次第である。さらに編集者として小山光氏から大変に緻密で丁寧なご指摘をいただいた。心より感謝申し上げたい。

　最後に、本書の執筆は、研究室という恵まれた環境があるものの、実際は多くの時間を自宅の食卓の片隅を占拠して行うこととなった。その間、家族との会話は上の空で行われるというありさまになってしまった。家族の協力にも感謝したい。

　この場でお名前をすべてあげることができないが、本当に多様な方々のご協力で、越境的学習という考え方を世に問うことができた。異質で多様な方々とのご縁に重ねて感謝申し上げたい。

　2017 年夏　室蘭へと向かう新幹線にて

注

1 日本最大のHRネットワーク日本の人事部 https://jinjibu.jp/keyword/detl/540/（2017年7月17日アクセス）。

2 中原（2012a）は越境的学習ではなく、越境学習と表記している。そこで、中原の定義については越境学習と表記する。

3 児童が、言語など、高度な概念を使いこなすことができるようになることを解明する研究で使用される概念である。もちろん、児童のみならず、人間の高度な精神活動を意味する。

4 むしろ柴田（2005）は、活動理論が共同学習・共同活動の意義を強調することに対し、Vygotskyの理論の核心は、共同学習の関係性が個人の概念的思考習得に貢献するところだとする。

5 総務省『就業構造基本調査』によれば、有業者における雇用者の比率は、2012年において、88.5％である。

6 インディペンデント・コントラクターとは、個人としての請負であって、主に高い専門性を有するホワイトカラーが、複数の企業と契約を結び働く形態を意味する。

7 厚生労働省『職業能力開発基本調査　用語の解説』http://www.mhlw.go.jp/toukei/list/dl/104-23c.pdf（2017年7月17日アクセス）。

8 チャールズ・アレンが開発した訓練である。

9 厚生労働省『職業能力開発基本調査　用語の解説』。

10 厚生労働省『職業能力開発基本調査　用語の解説』。

11 2008年10～12月に労働政策研究・研修機構が日本全国に居住する満25歳以上45歳未満の男女・就業者に実施した調査であり、分析対象者は3,604名である。

12 たとえば、不動産営業なら、「顧客のために誠心誠意つくす、お客様に喜んでいただく、顧客に信頼されるよう努力する、最後まであきらめない、謙虚な気持ち、感謝の気持ちを忘れない、お客様と同じ目線で考える、自分自身を売り込む」など、自動車営業なら「お客様に後悔はさせない、お客様との約束は必ず守る、常に誠意を持ってお客様に喜んでいただく、素早い対応を心がける、お客様との信頼関係を築く、お客様を好きになる、お客様の立場に立って物事を考える、お客様に満足していただく、継続は力なり」などの信念である。

13 Williamsonによれば、機会主義とは経済主体が自己の利益を追求するという考え方に戦略的行動を含める余地があるように拡張したものである。戦略的行動とは、自己の利益を悪がしこい方法で追求することと関わりがあり、たとえば自分が信じていないような虚

221

偽や脅しの約束をすることまで含まれる。

14　Wenger が経営コンサルタントであることからくる姿勢が影響していると後期実践共同体論は指摘する。

15　Kunda（1992）においては、DEC は「テック社」という仮の社名で示されている。

16　Engeström（2008）では、協働構成的な仕事の例として、救急医療チームがあげられている。救急医療チームは、救急医療が必要となった場合に、様々な部署から必要な人員を速やかに集めることになる。そのため短期間にのみ存在し、人員の構成は毎回変化し、しかし十分なコミュニケーションが図られなければならない。

17　キャリア・アダプタビリティとは、「関心」「制御」「好奇心」「自信」という 4 要素から構成される変化に対応するためのキャリア理論である。

18　この分析の結果では、キャリア・アダプタビリティの「関心」が多様な意見の統合と知識の仲介に正の影響を与えるが、「制御」は多様な意見の受容に正の影響を与え、知識の仲介に直接的には負の影響を与えることが示されている。「関心」は自身のキャリアに関心を有し、好奇心を持って行動することを意味する。「制御」は、キャリアに関しては、自己が責任を持って統御し、決断することを意味する。すなわち、知識の仲介に対しては、自身のキャリアに関心を有し、好奇心を持って行動することが正の影響を与えることが示された。他方、「制御」のように自己の判断を強調して考えすぎることは、自己決定に重きを置くあまり、多様な意見の統合ができず、知識の仲介を促進しないことが示唆されている。

19　二枚目の名刺は 2009 年、サービスグラントは 2005 年、クロスフィールズは 2011 年である。

20　サービスグラントのプロボノプロジェクトへの登録数は 3,168 名である（2016 年 11 月末時点。出所：サービスグラントホームページ、http://www.servicegrant.or.jp/program/data.php　2017 年 7 月 17 日アクセス）。クロスフィールズの「留職」プログラムはこれまでに 28 社以上が導入し、100 人以上の「留職者」が誕生している（出所：クロスフィールズホームページ、http://crossfields.jp/　2017 年 7 月 17 日アクセス）。

21　リクルートキャリア・二枚目の名刺（2017）「副業を含む社外活動がキャリア意識に与える影響」https://www.recruitcareer.co.jp/news/20170313_01.pdf（2017 年 7 月 17 日アクセス）。

22　石山（2017）においても、社外活動調査のデータにおける社外活動を行っている者のみを対象に、副業という観点で分析している。

23　社外での経験の場を求めるビジネスパーソンに対し、株式会社リクルートキャリアの仲介により、社外の知恵を求める企業とマッチングを行い、1 時間程度のディスカッションの機会が与えられる WEB 上のサービスである。

24　『就業構造基本調査』によれば、就業者において副業を行っている者の割合は 2012 年で 3.6％である。なお副業者の比率に言及した他の調査としては労働政策研究・研修機構

（2009）が実施した2007年のインターネット調査があるが、就業者において副業を行っている者の割合は8.1％と『就業構造基本調査』より、やや高い。

25　複数の仕事において、いずれの仕事を副業とするかは、本人の認識により定義されることが一般的であるが（川上, 2017）、判断できない場合には、「複業」という名称が使用されることもある（萩原・戸田, 2016）。

26　米国グーグル社の20％ルールとは、エンジニアが仕事時間の20％を好きなプロジェクトに自由に費やすことができる仕組みである。20％ルールが実施される理由は、日常使わないスキルを使い、ふだんは一緒に仕事をしない同僚と協力することによって、新しい試みに社員が挑戦することを促進することにある。すなわち、米国グーグル社において20％ルールは、社員教育の一環とみなされている（Schmidt, Rosenberg & Eagle, 2014）。

27　第3章で述べたように、メンバーシップ型として職務の限定性が少ない日本企業の場合、ジョブ・クラフティングを労働者が行う程度はより高くなる可能性もあるが、この点について定まった知見が現段階で存在するわけではない。

28　バックトランスレーションによる確認を行った。

29

付表1　ジョブ・クラフティングに関する重回帰分析

説明変数	β：改善ジョブ・クラフティング	β：関係構築改善ジョブ・クラフティング
年齢	.03	−.06
男性ダミー	−.01	.08*
転職ダミー	.01	−.03
勤続年数	.03	.00
社外活動ダミー	−.08	−.04
副業ダミー	.01	.02
ボランティアダミー	.09*	.13***
プロボノダミー	−.01	.01
趣味サークルダミー	.06	.05
地域コミュニティダミー	.09*	.04
勉強会・ハッカソンダミー	.04	.01
机の下ダミー	.04	−.03
異業種交流会ダミー	.09*	.12***
Adjusted R^2	.02**	.04***

Note. *p<.05, **p<.01, ***p<.001
N=1030, VIF: 1.05-3.54

30　調査当時の社名は、株式会社インテリジェンスであった。株式会社インテリジェンスは、2017年7月1日に社名をパーソルキャリア株式会社に変更している。

31　実施から3か月後のインタビューが1名実施できなかったため、のべ26回となっている。

32　東京経済大学の小山健太専任講師である。

33　人材派遣、人材紹介、求人広告など国内外 90 社を超える幅広い企業群からなるグループであり、パーソルキャリアもそのグループに属している。

34　企業に対して産休・育休のコンサルティングサービスを行う NPO 法人 Arrow Arrow、ミャンマーとベトナムで国際協力活動を行う NPO 法人ブリッジエーシアジャパン、主にバングラデシュとネパールで支援活動を行う NPO 法人シャプラニールの 3 団体である。

35　ギャップジャパンがサポートプロジェクトを実施するにあたり、筆者と打ち合わせを行い、越境的学習の概念に関する認識の共有を行った。またギャップジャパンで 2016 年 9 月に行ったマッチングセッションに先立ち、筆者がマッチングセッションに参加を検討しているギャップジャパンの社員に対し、越境的学習に関する講演を実施した。

36　通常、結果図においては、概念間、カテゴリー間の関係性を矢印などで図示し、その関係性の流れに基づいてストーリーラインが記述される。しかし、本事例の分析は、プロジェクトの時間経過に主眼を置いている。そこで、関係性の図示はプロジェクトの時間軸の関係性にとどめ、概念間、カテゴリー間の関係性については図示しなかった。

37　たとえば、数社の社員の共同チームをつくり、美瑛町に地域活性化を提案する研修（篠原, 2015）などがこうした取り組みにあたる。

38　この 20 サンプルに限定しても、実施前後の本人評価と上司評価の平均得点は上昇している。

39　Levinson（1978）などにあるように、キャリア理論におけるアイデンティティとは、個人の生涯発達に基づく概念である。

40　28 社以上が導入し、100 人以上の「留職者」が誕生している。

41　三輪（2015）は、具体的な多様化としては、強い成果・能力主義型、プロセス重視の成果主義型、市場志向型、非競争型の 4 類型が観察できるとする。

42　三輪（2015）においては、前の社名の株式会社インテリジェンスで示されている。

43　One Panasonic という若手社員の有志の会の事例について述べられている。

44　フィールドワークなどの観察調査を行う際の、観察対象の組織の窓口である、中核的な協力者を意味する（佐藤, 2008）。

参考文献

Abegglen, C. J. (2004) *21st Century Japanese management: New Systems, Lasting Values*. Tokyo: Nihon keizai shimbun.（山岡洋一訳『新・日本の経営』日本経済新聞社, 2004 年）.

秋山進・山田久（2004）『インディペンデント・コントラクター——社員でも起業でもない「第 3 の働き方」』日本経済新聞社.

Allen, T. J., & Cohen, S. (1969) "Information Flow in R&D Laboratories," *Administrative Science Quarterly*, Vol.14, pp.12-19.

Allen, T. J., Tushman, M. L., & Lee, D. M. (1979) "Technology Transfer as a Function of Position in the Spectrum from Research through Development to Technical Services," *Academy of Management Journal*, Vol.22, No.4, pp.694-708.

Anderson, J. R., Reder, L. M., & Simon, H. A. (1996) "Situated Learning and Education," *Educational Researcher*, Vol.25, No.4, pp.5-11.

安齋徹（2016）『企業人の社会貢献意識はどう変わったのか——社会的責任の自覚と実践』ミネルヴァ書房.

青木昌彦（1989）『日本企業の組織と情報』東洋経済新報社.

青山征彦（2010）「境界を生成する実践——情報を伝えないことの意味をめぐって」『駿河台大学論叢』Vol.41, pp.207-217.

青山征彦・茂呂雄二（2000）「活動と文化の心理学」『心理学評論』Vol.43, No.1, pp.87-104.

荒木淳子（2007）「企業で働く個人の『キャリアの確立』を促す学習環境に関する研究——実践共同体への参加に着目して」『日本教育工学会論文誌』Vol.31, No1, pp.15-27.

荒木淳子（2008）「職場を越境する社会人学習のための理論的基盤の検討——ワークプレイスラーニング研究の類型化と再考」『経営行動科学』Vol.21, No.2, pp.119-128.

荒木淳子（2009）「企業で働く個人のキャリアの確立を促す実践共同体のあり方に関する質的研究」『日本教育工学会論文誌』Vol.33, No.2, pp.131-142.

Arthur, M. B. (1994) "The Boundaryless Career: A New Perspective for Organization Inquiry," *Journal of Organizational Behavior*, Vol.15, No.4, pp.295-306.

Arthur, M. B., & Rousseau, D. M. (Eds.) (1996) *The Boundaryless Career: A New Employment Principle for a New Organizational Era*. New York: Oxford University Press.

Benner, P. (2001) *From Novice to Expert: Excellence and Power in Clinical Nursing Practice*. Upper Saddle River: Prentice-Hall.（井部俊子訳『ベナー看護論　新訳版——初心者から達人へ』医学書院, 2005 年）.

Boari, C., & Riboldazzi, F. (2014) "How Knowledge Brokers Emerge and Evolve: The Role of Actors'

Behavior," *Research Policy*, Vol.43, No.4, pp.683-695.

Bridges, W. (1980) *Transition*. Boston: Addison-Wesley. (倉光修・小林哲郎訳『トランジッション―人生の転機』創元社, 1994年).

Briscoe, J. P., Hall, D. T., & DeMuth, R. L. F. (2006) "Protean and Boundaryless Careers: An Empirical Exploration," *Journal of Vocational Behavior*, Vol.69, No.1, pp.30-47.

Brown, J. S., Collins, A., & Duguid, P. (1989) "Situated Cognition and the Culture of Learning," *Educational Researcher*, Vol.18, No.1, pp.32-42.

Brown, J. S., & Duguid, P. (1991) "Organizational Learning and Communities-of-Practice: Toward a Unified View of Working, Learning, and Innovation," *Organizational Science*, Vol.2, No.1, pp.40-57.

Brown, J. S., & Duguid, P. (2001) "Knowledge and Organization: A Social-Practice Perspective," *Organizational Science*, Vol.12, No.2, pp.198-213.

Burt, R. S. (1992) *Structural Holes: The Social Structure of Competition*. Cambridge: Harvard University Press. (安田雪訳『競争の社会的構造―構造的空隙の理論』新曜社, 2006年).

Burt, R. S. (2004) "Structural Holes and Good Ideas," *American Journal of Sociology*, Vol.110, No.2, pp.349-399.

Cable, D. M., & Parsons, C. K. (2001) "Socialization Tactics and Person-Organization Fit," *Personnel Psychology*, Vol.54, No.1, pp.1-23.

Callon, M., & Law, J. (1997) "After the Individual in Society: Lessons on Collectivity from Science, Technology and Society," *Canadian Journal of Sociology*, Vol. 22, No. 2, pp.165-182.

Chao, G. T., O'Leary-Kelly, A. M., Wolf, S., Klein, H.J., & Gardner, P.D. (1994). "Organizational Socialization: Its Content and Consequences," *Journal of Applied Psychology*, Vol.79, No.5, pp.730-743.

Chesbrough, H. (2006) *Open Business Models*. Boston: Harvard Business School Press. (栗原潔訳, 諏訪暁彦解説『オープンビジネスモデル―知財競争時代のイノベーション』翔泳社, 2007年).

中小企業庁 (2017)『兼業・副業を通じた創業・新事業創出に関する調査事業研究会提言―パラレルキャリア・ジャパンを目指して』.

Cohen, W. S., & Levinthal, D. A. (1990) "Absorptive Capacity: A New Perspective on Learning and Innovation," *Administrative Science Quarterly*, Vol.35, No.1, pp.128-152.

Cross, R., & Cummings, J. N. (2004) "Tie and Network Correlates of Individual Performance in Knowledge-Intensive Work," *Academy of Management Journal*, Vol.47, No.6, pp.928-937.

Davenport, T. H., & Prusak, L. (1998) *Working Knowledge*. Boston: Harvard Business School Press. (梅本勝博訳『ワーキング・ナレッジ―「知」を活かす経営』生産性出版, 2000年).

Doeringer, P. B., & Piore, M. J. (1971) *Internal Labor Markets and Manpower Analysis*. Lexington: D. C. Heath and Company. (白木三秀監訳『内部労働市場とマンパワー分析』早稲田大学出版部, 2007年).

Dore, P. R. (1973) *British Factory-Japanese Factory: The Origin of National Diversity in Industrial Relations.* Berkeley: University of California Press. （山之内靖・永易浩一訳『イギリスの工場・日本の工場―労使関係の比較社会学』筑摩書房, 1987 年).

Dreyfus, S. E. (1983) "How Expert Managers Tend to Let the Gut Lead the Brain," *Management Review,* Vol.72, pp.56-61.

海老原嗣生（2012）『雇用の常識　決着版―本当に見えるウソ』筑摩書房.

海老原嗣生（2013）『日本で働くのは本当に損なのか―日本型キャリア vs 欧米型キャリア』PHP 研究所.

Engeström, Y. (1987) *Learning by Expanding: An Activity-Theoretical Approach to Developmental Research.* Helsinki: Orienta-Konsultit. （山住勝広ほか訳『拡張による学習―活動理論からのアプローチ』新曜社, 1999 年).

Engeström, Y. (2008) *From Teams to Knots: Activity-Theoretical Studies of Collaboration and Learning at Work.* Cambridge: Cambridge University Press.

Foucault, M. (1984) *The History of Sexuality, Volume 1: An Introduction.* Harmondsworth: Penguin. （渡辺守章訳『性の歴史Ⅰ　知への意志』新潮社, 1986 年).

Fox, S. (2000) "Communities of Practice, Foucault and Actor-Network Theory," *Journal of Management Studies,* Vol.37, No.6, pp.853-867.

福井直人（2009）「日本企業における能力考課基準の変容―職務遂行能力からコンピテンシーへ」『北九州市立大学商経論集』Vol.44, No.(1・2・3・4), pp.19-41.

福島真人（1993）「解説：認知という実践―『状況的学習』への正統的で周辺的なコメンタール」. Lave, J., & Wenger, E. (1991) *Situated Learning: Legitimate Peripheral Participation.* New York: Cambridge University Press. （佐伯胖訳『状況に埋め込まれた学習―正統的周辺参加』産業図書, 1993 年, pp123-181).

福島真人（2010）『学習の生態学―リスク・実験・高信頼性』東京大学出版会.

福沢恵子（2009）「就業を中断した高学歴女性の現状とキャリア開発の課題―日本女子大学リカレント教育・再就職システムの事例から」『現代女性とキャリア：日本女子大学現代女性キャリア研究所紀要』Vol.1, pp.92-108.

Gherardi, S., & Nicolini, D. (2002) "Learning in a Constellation of Interconnected Practices: Canon or Dissonance?" *Journal of Management Studies,* Vol.39, pp.419-436.

Granovetter, M. S. (1973) "The Strength of Weak Ties," *American Journal of Sociology,* Vol.78, No.6, pp.1360-1380.

Gunz, H. T., Evans, M. G., & Jalland, R. M. (2000) "Career Boundaries in a 'Boundaryless' World," In M. A. Peiperl, M. A. Arthur, R. Goffee, & T. Morris (Eds.), *Career Frontiers: New Conceptions of Working Lives.* Oxford: Oxford University Press.

Hackman, J. R., & Oldham, G. R. (1976) "Motivation through the Design of Work: Test of a Theory," *Organizational Behavior and Human Performance,* Vol.16, No.2, pp.250-279.

Hackman, J. R., & Oldham, G. R. (1980) *Work Redesign*. Reading: Addison-Wesley.

萩原牧子・戸田淳仁（2016）「複業の実態と企業が認めるようになった背景」『日本労働研究雑誌』No.676, pp.46-58.

Hall, D. T. (1976) *Careers in Organizations*. Santa Monica: Goodyear.

Hall, D. T. (2004) "The Protean Career: A Quarter-Century Journey," *Journal of Vocational Behavior*, Vol.65, pp.1-13.

濱口桂一郎（2013）『若者と労働―「入社」の仕組みから解きほぐす』中央公論新社.

Hansen, M. T. (1999) "The Search-Transfer Problem: The Role of Weak Ties in Sharing Knowledge across Organization Subunits," *Administrative Science Quarterly*, Vol.44, No.1, pp.82-111.

原田勉（1999）『知識転換の経営学―ナレッジ・インタラクションの構造』東洋経済新報社.

原ひろみ（2014）『職業能力開発の経済分析』勁草書房.

Henry, A., & Mackenzie, S. (2012) "Brokering Communities of Practice: A Model of Knowledge Exchange and Academic-Practitioner Collaboration Developed in the Context of Community Policing," *Police Practice and Research*, Vol.13, No.4, pp.315-328.

平野光俊（2006）『日本型人事管理―進化型の発生プロセスと機能性』中央経済社.

平野光俊（2009）「内部労働市場における雇用区分の多様化と転換の合理性―人材ポートフォリオ・システムからの考察」『日本労働研究雑誌』No.586, pp.5-19.

平野光俊（2011）「2009 年の人事部―その役割は変わったのか」『日本労働研究雑誌』No.606, pp.62-78.

今野浩一郎・佐藤博樹（2002）『人事管理入門―マネジメント・テキスト』日本経済新聞社.

Ingram, P., & Roberts, P. W. (2000) "Friendships among Competitors in the Sydney Hotel Industry," *American Journal of Sociology*, Vol.106, No.2, pp.387-423.

Inkpen, A. C., & Tsang, E. W. (2005) "Social Capital, Networks, and Knowledge Transfer," *Academy of Management Review*, Vol.30, No.1, pp.146-165.

Inkson, K., Gunz, H. T., Ganesh, S., & Roper, J. (2012) "Boudaryless Careers: Bringing Back Boundaries," *Organization Studies*, Vol.33, No.3, pp.323-340.

石山恒貴（2011）「組織内専門人材の専門領域コミットメントと越境的能力開発の役割」『イノベーション・マネジメント』No.8, pp.17-36.

石山恒貴（2013）「実践共同体のブローカーによる、企業外の実践の企業内への還流プロセス」『経営行動科学』Vol.26, No.2, pp.115-132.

石山恒貴（2015）『時間と場所を選ばないパラレルキャリアを始めよう！―「2 枚目の名刺」があなたの可能性を広げる』ダイヤモンド社.

石山恒貴（2016a）「企業内外の実践共同体に同時に参加するナレッジ・ブローカー（知識の仲介者）概念の検討」『経営行動科学』Vol.29, No.1, pp.17-33.

石山恒貴（2016b）「企業からみた兼業とパラレルキャリアの効果とは」『人事実務』Vol.53, No.1161, pp.6-12.

Ishiyama, N. (2016) "Role of Knowledge Brokers in Communities of Practice in Japan," *Journal of Knowledge Management*, Vol.20, No.6, pp.1302-1317.

石山恒貴（2017）「副業を含む社外活動とジョブ・クラフティングの関係性─本業に対する人材育成効果の検討」『2017年労働政策研究会議発表論文』.

石山恒貴・新目真紀・半田純子（2016）「インストラクショナルデザイン理論に基づくインターンシッププログラムの学習効果」『人材育成研究』Vol.12, No.1, pp.99-120.

Jacoby, S. M. (2005) *The Embedded Corporation.* Princeton University Press.（鈴木良始・伊藤健市・堀龍二訳『日本の人事部・アメリカの人事部─日米企業のコーポレート・ガバナンスと雇用関係』東洋経済新報社, 2005年).

香川秀太（2011）「状況論の拡大─状況的学習，文脈横断，そして共同体間の『境界』を問う議論へ」『認知科学』Vol.18, No.4, pp.604-623.

香川秀太（2012）「看護学生の越境と葛藤に伴う教科書の『第三の意味』の発達─学内学習–臨地実習間の緊張関係への状況論的アプローチ」『教育心理学研究』Vol.60, No.2, pp.167-185.

香川秀太・茂呂雄二（2006）「看護学生の状況間移動に伴う『異なる時間の流れ』の経験と生成─校内学習から院内実習への移動と学習過程の状況論的分析」『教育心理学研究』Vol.54, No.3, pp.346-360.

加護野忠男・小林孝雄（1989）「資源拠出と退出障壁」今井賢一・小宮隆太郎編『日本の企業』東京大学出版会, pp.73-92.

金井壽宏（2002）『仕事で「一皮むける」─関経連「一皮むけた経験」に学ぶ』光文社.

金井壽宏・谷口智彦（2012）「実践知の組織的継承とリーダーシップ」金井壽宏・楠見孝編『実践知─エキスパートの知性』有斐閣, pp.59-104.

片岡亜紀子・石山恒貴（2016）「キャリアブレイクを経験した女性の変容─パソコンインストラクターを対象とした実証研究」『産業カウンセリング研究』Vol.18, No.1, pp.9-24.

川上淳之（2017）「誰が副業を持っているのか─インターネット調査を用いた副業保有の実証分析」『日本労働研究雑誌』No.680, pp.102-119.

Kim, T. Y., Cable, D. M., & Kim, S. P. (2005) "Socialization Tactics, Employee Proactivity, and Person-Organization Fit," *Journal of Applied Psychology*, Vol.90, No.2, pp.232-241.

木下康仁（2003）『グラウンデッド・セオリー・アプローチの実践─質的研究への誘い』弘文堂.

木下康仁（2007）「修正版グラウンデッド・セオリー・アプローチ（M-GTA）の分析技法」『富山大学看護学会誌』Vol.6, No.2, pp.1-10.

小池和男（1981）『日本の熟練─すぐれた人材形成システム』有斐閣.

小池和男（1991）『仕事の経済学』東洋経済新報社.

小池和男（1997）『日本企業の人材形成─不確実性に対処するためのノウハウ』中央公論社.

Kolb, A. Y., & Kolb, D. A. (2005) "Learning Styles and Learning Spaces: Enhancing Experiential

Learning in Higher Eduction," *Academy of Management Learning & Education*, Vol.4, No.2, pp.193-212.

Kolb, D. (1984) *Experiential Learning as the Source of Learning and Development*. New Jersey: Prentice Hall.

小沼大地 (2016)『働く意義の見つけ方—仕事を「志事」にする流儀』ダイヤモンド社.

紺屋博昭 (2016)「兼業・副業をめぐる労働法の問題点と今後の課題」『日本労働研究雑誌』No.676, pp.59-68.

厚生労働省 (2016)『平成 28 年度能力開発基本調査』.

熊沢誠 (1997)『能力主義と企業社会』岩波書店.

Kunda, G. (1992) *Engineering Culture: Control and Commitment in a High-Tech Corporation*. Philadelphia: Temple University Press.（金井壽宏監修, 樫村志保訳『洗脳するマネジメント—企業文化を操作せよ』日経 BP 社, 2005 年）.

楠見孝 (2014)「ホワイトカラーの熟達化を支える実践知の獲得」『組織科学』Vol.48, No.2, pp.6-15.

Latour, B. (1987) *Science in Action: How to Follow Scientists and Engineers through Society*. Cambridge: Harvard University Press.

Lave, J. (1988) *Cognition in Practice: Mind, Mathematics and Culture in Everyday Life*. New York: Cambridge University Press.（無藤隆ほか訳『日常生活の認知行動—ひとは日常生活でどう計算し, 実践するか』新曜社, 1995 年）.

Lave, J., & Wenger, E. (1991) *Situated Learning: Legitimate Peripheral Participation*. New York: Cambridge University Press.（佐伯胖訳『状況に埋め込まれた学習—正統的周辺参加』産業図書, 1993 年）.

Leana C., Appelbaum, E., & Shevchuk, I. (2009) "Work Process and Quality of Care in Early Childhood Education: The Role of Job Crafting," *Academy of Management Journal*, Vol.52, No.6, pp.1169-1192.

Leont'ev, A. N. (1978) *Activity, Consciousness, and Personality*. Englewood Cliffs: Prentice-Hall.（西村学・黒田直実訳『活動と意識と人格』明治図書, 1980 年）.

Levinson, D. J. (1978) *The Seasons of a Man's Life*. New York: Knopf.（南博訳『ライフサイクルの心理学（上）（下）』講談社, 1992 年）.

Lin, N. (2001) *Social Capital: A Theory of Social Structure and Action*. Cambridge: Cambridge University Press.（筒井淳也ほか訳『ソーシャル・キャピタル—社会構造と行為の理論』ミネルヴァ書房, 2008 年）.

Lomas, J. (2007) "The in-between World of Knowledge Brokering," *British Medical Journal*, Vol.334, No.7585, pp.129-132.

Marsden, D. (1999) *A Theory of Employment Systems: Micro-Foundation of Society Diversity*. Oxford: Oxford University Press.（宮本光晴・久保克行訳『雇用システムの理論—社会的多様性の比

較制度分析』NTT 出版, 2007 年).

松本雄一（2011）「教育事業会社における実践共同体の形成と相互作用」『日本認知学会第28 回発表論文集』pp.591-600.

松本雄一（2013a）「実践共同体の学習活動が職場組織にもたらす影響についての研究─『学習療法普及の事例から』」『日本労務学会第 43 回全国大会研究報告論集』pp.100-106.

松本雄一（2013b）「実践共同体における学習と熟達化」『日本労働研究雑誌』No.639, pp.15-26.

松尾睦（2006）『経験からの学習─プロフェッショナルの成長プロセス』同文舘出版.

McCall, M. W. (1998) *High Flyers: Developing the Next Generation of Leaders*. Boston: Harvard Business School Press.（金井壽宏監訳, リクルート・ワークス研究所訳『ハイ・フライヤー─次世代リーダーの育成法』プレジデント社, 2002 年).

湊美和（2013）「典型的な過疎地に創造的な人材が集まる」『Works』No.120, pp.26-31.

三輪卓己（2011）『知識労働者のキャリア発達─キャリア志向・自律的学習・組織間移動』中央経済社.

三輪卓己（2015）『知識労働者の人的資源管理─企業への定着・相互作用・キャリア発達』中央経済社.

森口千晶（2013）「日本型人事管理モデルと高度成長」『日本労働研究雑誌』No.634, pp.52-63.

森永雄太・鈴木竜太・三矢裕（2016）「従業員によるジョブ・クラフティングがもたらす動機づけ効果─職務自律性との関係に注目して」『日本労務学会誌』Vol.16, No.2, pp.20-35.

Morrison, E. W., & Phelps, C. C. (1999) "Taking Charge at Work: Extrarole Efforts to Initiate Workplace Change," *Academy of Management Journal*, Vol.42, No.4, pp.403-419.

長岡健（2006）「学習モデル─学び方で効果は変わるか」中原淳編著『企業内人材育成入門』ダイヤモンド社, pp.63-100.

長岡健（2015）「経営組織における水平的学習への越境論アプローチ」香川秀太・青山征彦編『越境する対話と学び─異質な人・組織・コミュニティをつなぐ』新潮社, pp.65-81.

Nagy, J., & Burch, T. (2009) "Communities of Practice in Academe (Cop-iA): Understanding Academic Work Practices to Enable Knowledge Building Capacities in Corporate Universities," *Oxford Review of Education*, Vol.35, No.2, pp.227-247.

内閣府（2011）『新しい公共支援事業の実施に関するガイドライン』.

内閣府（2013）『市民の社会貢献に関する実態調査』.

中原淳（2012a）『経営学習論─人材育成を科学する』東京大学出版会.

中原淳（2012b）「学習環境としての『職場』─経営研究と学習研究の交差する場所」『日本労働研究雑誌』No. 618, pp.35-45.

中原淳（2013）「経験学習の理論的系譜と研究動向」『日本労働研究雑誌』No.639, pp.4-14.

中原淳・金井壽宏（2009）『リフレクティブ・マネジャー─一流はつねに内省する』光文社.

中西善信（2013a）「熟達化における副次的実践コミュニティの意義─航空分野における技術

会合参加を通じた学習」『経営行動科学』Vol.26, No.1, pp.31-44.

中西善信（2013b）「知識移転の構成概念とプロセス─知識の使用とルーチン形成の相互作用」『日本経営学会誌』Vol.31, pp.27-38.

西口光一（1999）「状況的学習論と新しい日本語教育の実践」『日本語教育』Vol.100, pp.7-18.

西村孝史・守島基博（2009）「企業内労働市場の分化とその規定要因」『日本労働研究雑誌』No.586, pp.20-33.

西澤正樹（2008）「山形県長井市の取り組み」伊藤実ほか『地域における雇用創造─未来を拓く地域再生のための処方箋』雇用開発センター, pp.140-162.

沼上幹（2000）『行為の経営学─経営学における意図せざる結果の探究』白桃書房.

岡林秀樹（2006）「発達研究における問題点と縦断データの解析方法」『パーソナリティ研究』Vol.15, No.1, pp.76-86.

奥山睦（2013）『下町ボブスレー─僕らのソリが五輪に挑む』日刊工業新聞社.

大森弥（1985）「自治体職員による自主研究活動」『地域開発』No.244, p69-72.

大野正和（2005）『まなざしに管理される職場』青弓社.

大谷尚（2011）「SCAT: Steps for Coding and Theorization─明示的手続きで着手しやすく小規模データに適用可能な質的データ分析手法」『感性工学』Vol.10, No.3, pp.155-160.

Ouchi, W. G. (1981) *Theory Z: How American Business Can Meet the Japanese Challenge.* Reading: Addison-Wesley.（徳永二郎監訳『セオリー Z─日本に学び、日本を超える』CBS ソニー出版, 1981 年).

Peavy, R. V. (1992) "A Constructivist Model of Training for Career Counselors," *Journal of Career Develpoment*, Vol.18, No.3, pp.215-228.

Ponton, R. F. (2014) "Sharing Knowledge, Building Knowledge: The Journal as a Community of Practice," *Journal of Mental Health Counseling*, Vol.36, No.4, pp.283-287.

Ramirez, M., & Dickenson,P. (2010) "Gatekeepers, Knowledge Brokers and Inter-firm Knowledge Transfer in Beijing's Zhongguancun Science Park," *International Journal of Innovation Management*, Vol.14, No.1, pp.93-122.

Roberts, J. (2006) "Limits to Communities of Practice," *Journal of Management Studies*, Vol.43, No.3, pp.623-639.

労働政策研究・研修機構（2005）『雇用者の副業に関する調査研究』労働政策研究報告書No.41.

労働政策研究・研修機構（2009）『副業者の就労に関する調査』JILPT 調査シリーズ No.55.

労働政策研究・研修機構（2016）『第 7 回勤労生活に関する調査』.

佐伯胖（1995）「文化的実践への参加としての学習」佐伯胖・藤田英典・佐藤学編『学びへの誘い』東京大学出版会, pp.1-48.

嵯峨生馬（2011）『プロボノ─新しい社会貢献、新しい働き方』勁草書房.

佐藤郁哉（2008）『質的データ分析法─原理・方法・実践』新曜社.

佐藤勝典（2011）「伝統的湯治場における地域活性化の課題—東鳴子温泉の取り組み」『地域活性研究』Vol.2, pp.255-262.

Savickas, M. L. (1997) "Career Adaptability: An Integrative Construct for Life-Span, Life-Space Theory," *The Career Development Quarterly*, Vol.45, No.3, pp.247-259.

Savickas, M. L. (2005) "The Theory and Practice of Career Construction," In S. D. Brown, & R. W. Lent (Eds.), *Career Development and Counseling: Putting Theory and Research to Work*. Hoboken: John Wiley & Sons, pp.42-70.

Savickas, M. L. (2011) *Career Counseling*. Washington: American Psychological Association.（日本キャリア開発研究センター監訳, 乙須敏紀訳『サビカス キャリア・カウンセリング理論—〈自己構成〉によるライフデザインアプローチ』福村出版, 2015 年）.

Savickas, M. L., & Porfeli, E. J. (2012) "Career Adapt-Abilities Scale: Construction, Reliability, and Measurement Equivalence across 13 Countries," *Journal of Vocational Behavior*, Vol.80, No.3, pp.661-673.

ソーヤーりえこ（2006）「社会的実践としての学習—状況的学習論概観」上野直樹・ソーヤーりえこ編著『文化と状況的学習—実践、言語、人工物へのアクセスのデザイン』凡人社, pp.41-89.

Saxenian, A. (1996) "Beyond Boundaries: Open Labor Markets and Learning in Silicon Valley," In M. B. Arthur, & D. M. Rousseau (Eds.), *The Boundaryless Career: A New Employment Principle for a New Organizational Era*. New York: Oxford University Press, pp.23-39.

Schmidt, E., Rosenberg, J., & Eagle, A. (2014) *How Google Works*. New York: Grand Central Publishing.（土方奈美訳『ハウ・グーグル・ワークス—私たちの働き方とマネジメント』日本経済新聞出版社, 2014 年）.

Schütz, A., & Luckmann, T. (2003) *Strukturen der Lebenswelt*. Konstanz: UVK Verlagsgesellschaft mbH.（那須壽監訳『生活世界の構造』筑摩書房, 2015 年）.

清家篤（2013）『雇用再生—持続可能な働き方を考える』NHK 出版.

関口倫紀（2010）「大学生のアルバイト経験とキャリア形成」『日本労働研究雑誌』No.602, pp.67-85.

柴田仁夫（2014）「実践の場における経営理念の浸透—関連性理論と実践コミュニティによるインターナル・マーケティング・コミュニケーションの考察」未刊行博士論文, 埼玉大学.

柴田義松（2005）「訳者解説」. Vygotsky, L. S. (1962) *Thought and Language*. Cambridge, U.K.: The MIT Press.（柴田義松監訳『文化的－歴史的精神発達の理論』学文社, 2005 年, pp.399-406）.

下村英雄（2015）「コンストラクション系のキャリア理論の根底に流れる問題意識と思想」渡部昌平編著『社会構成主義キャリア・カウンセリングの理論と実践』福村出版, pp.10-43.

篠原匡（2015）『ヤフーとその仲間たちのすごい研修』日経BP社.

Suchman, L. A. (1987) *Plans and Situated Actions: The Problem of Human-Machine Communication.* New York: Cambridge Univaersity Press. (佐伯胖監訳, 上野直樹・水川喜文・鈴木栄幸訳『プランと状況的行為―人間-機械コミュニケーションの可能性』産業図書, 1999 年).

須藤廣 (2017)「観光者のパフォーマンスが現代芸術と出会うとき―アートツーリズムを中心に, 参加型観光における『参加』の意味を問う」『観光学評論』Vol.5, No.1, pp.63-78.

Sullivan, S. E., & Arthur, M. B. (2006) "The Evolution of the Boundaryless Career Concept: Examining Physical and Psychological Mobility," *Journal of Vocational Behavior*, Vol.69, No.1, pp.19-29.

諏訪康雄 (2017)『雇用政策とキャリア権―キャリア法学への模索』弘文堂.

田島悠史・小川克彦 (2013)「緩やかなつながりをつくる『よそ者』の地域コミュニティ参入モデル」『地域活性研究』Vol.4, pp.75-84.

高木光太郎 (1999)「正統的周辺参加論におけるアイデンティティ構築概念の拡張―実践共同体間移動を視野に入れた学習論のために」『東京学芸大学海外子女教育センター研究紀要』Vol.10, pp.1-14.

高橋弘司 (1993)「組織社会化研究をめぐる諸問題―研究レビュー」『経営行動科学』Vol.8, No.1, pp.1-22.

武石恵美子 (2016)「転勤政策の現状と課題」『生涯学習とキャリアデザイン』Vol.14, No.1, pp.49-65.

谷口智彦 (2006)『マネジャーのキャリアと学習―コンテクスト・アプローチによる仕事経験分析』白桃書房.

舘野泰一 (2012)「職場を越境するビジネスパーソンに関する研究―社外の勉強会に参加しているビジネスパーソンはどのような人か」中原淳編著『職場学習の探求』生産性出版, pp.282-311.

Tims, M., Bakker, A., & Derks, D. (2012) "Development and Validation of the Job Crafting Scale," *Journal of Vocational Behavior*, Vol.80, No.1, pp.173-186.

豊田秀樹 (1998)『共分散構造分析［事例編］―構造方程式モデリング』北大路書房.

豊田秀樹 (2007)『共分散構造分析［Amos 編］―構造方程式モデリング』東京図書.

豊田義博 (2012)「勉強会は［成長の危機］を救えるか?」『Works review』Vol.7, pp.36-49.

Tushman, M. L. (1977) "Special Boundary Roles in the Innovation Process," *Administrative Science Quarterly*, Vol.22, No.4, pp.587-605.

内田恵里子 (2016)「Off-JT と有機的に連環させた OJT 学習モデルの提案―学習理論に基づいた OJT 学習モデルの3類型」未公刊博士論文, 北九州市立大学.

Uzzi, B., & Spiro, J. (2005) "Collaboration and Creativity: The Small World Problem," *American Journal of Sociology*, Vol.111, No.2, pp.447-504.

Viskovic, A. R. (2005) "'Community of Practice' as a Framework for Supporting Tertiary Teachers' Informal Workplace Learning," *Journal of Vocational Education and Training*, Vol.57, No.3, pp.389-

410.

Vygotsky, L. S. (1962) *Thought and Language.* Cambridge, U.K.: The MIT Press.（柴田義松訳『思考と言語』明治図書, 1971 年）.

Wenger, E. (1998) *Communities of Practice: Learning, Meaning, and Iidentity.* New York: Cambridge University Press.

Wenger, E. (2000) "Communities of Practice: The Key to Knowledge Strategy," In E.L. Lesser, M. A. Fontaine, & J. A. Slusher (Eds.), *Knowledge and Communities.* MA: Butterworth-Heinemann, pp.3-20.

Wenger, E., & Snyder, W. M. (2000) "Communities of Practice: The Organizational Frontier," *Harvard Business Review*, Vol.78, No.1, pp.139-146.

Wenger, E., McDermott, R., & Snyder, W. M. (2002) *Cultivating Communities of Practice.* Boston: Harvard Business School Press.（野村恭彦監修, 櫻井祐子訳『コミュニティ・オブ・プラクティス―ナレッジ社会の新たな知識の実践』翔泳社, 2002 年）.

Williamson, O. E. (1975) *Markets and Hierarchies, Analysis and Antitrust Implications: A Study in the Economics of Internal Organization.* New York: Free Press.（浅沼萬里・岩崎晃訳『市場と企業組織』日本評論社, 1980 年）.

Wrzesniewski, A. (2003) "Finding Positive Meaning in Work," In Cameron, K. S., Dutton, J. E., & Quinn, R. E. (Eds.), *Positive Organizational Scholarship.* San Francisco: Berrett-Koehler, pp.296-308.

Wrzesniewski, A., & Dutton, J. E. (2001) "Crafting a Job: Revisioning Employess as Active Crafters of Their Work," *Academy of Management Review*, Vol.26, No.2, pp.179-201.

谷内篤博（2002）「企業内教育の現状と今後の展望」『経営論集』Vol.12, No.1, pp.61-76.

山田久（2016）『失業なき雇用流動化―成長への新たな労働市場改革』慶應義塾大学出版会.

山田久（2017）『同一労働同一賃金の衝撃―「働き方改革」のカギを握る新ルール』日本経済新聞社.

山本勲・黒田祥子（2014）『労働時間の経済分析―超高齢社会の働き方を展望する』日本経済新聞社.

山根淳平（2014）「ハッカソンを一過性のイベントで終わらせないために」『赤門マネジメント・レビュー』Vol.13, No.12, pp.499-506.

山住勝広・ユーリア・エンゲストローム（2008）『ノットワーキング―結び合う人間活動の創造へ』新曜社.

八代尚宏（2009）『労働市場改革の経済学』東洋経済新報社.

Yin, R. K. (1994) *Case Study Research: Design and Methods. (2nd ed.)* Thousand Oaks: Sage Publications.（近藤公彦訳『ケース・スタディの方法（第 2 版）』千倉書房, 1996 年）.

横山恵子（2003）『企業の社会戦略と NPO―社会的価値創造にむけての協働型パートナーシップ』白桃書房.

Young, R. A., & Collin, A. (2004) "Introduction: Constructivism and Social Constructionism in the

Career Field," *Journal of Vocational Behavior*, Vol.64, No.3, pp.373-388.

Yukl, G. (2008) *Leadership in Organizations. (7th ed.)* Upper Saddle River: Prentice-Hall.

湯澤正通（1998）「学校の授業は子どもの生きる力を育てているか？」湯澤正通編著『認知心理学から理科学習への提言―開かれた学びをめざして』北大路書房, pp.2-22.

著者略歴

石山 恒貴（いしやま・のぶたか）

法政大学大学院政策創造研究科教授　博士（政策学）

1964 年　新潟県に生まれる
1988 年　一橋大学社会学部卒業
2006 年　産業能率大学大学院経営情報学研究科修士課程修了
2012 年　法政大学大学院政策創造研究科博士後期課程修了

　　　　NEC、GE、米系ライフサイエンス会社を経て、現職。
　　　　人材育成学会論文賞、人材育成学会奨励賞、本書が日本の人事部「HR
　　　　アワード 2018」書籍部門入賞

主要業績
著書：

『定年前と定年後の働き方―サードエイジを生きる思考』光文社、2023 年（日本
　の人事部「HR アワード 2023」書籍部門入賞）

『カゴメの人事改革―戦略人事とサステナブル人事による人的資本経営』（共著）
　中央経済社、2022 年（日本の人事部「HR アワード 2023」書籍部門入賞）

『越境学習入門―組織を強くする冒険人材の育て方』（共著）日本能率協会マネジ
　メントセンター、2022 年（日本の人事部「HR アワード 2022」書籍部門最優秀賞）

『日本企業のタレントマネジメント―適者開発日本型人事管理への変革』中央経
　済社、2020 年（2020 年度経営行動科学学会優秀研究賞・日本の人事部「HR アワード
　2020」書籍部門入賞）

『地域とゆるくつながろう！―サードプレイスと関係人口の時代』（編著）静岡新
　聞社、2019 年

『会社人生を後悔しない 40 代からの仕事術』（共著）ダイヤモンド社、2018 年（日
　本の人事部「HR アワード 2019」書籍部門入賞）

『時間と場所を選ばないパラレルキャリアを始めよう！―「2 枚目の名刺」があなた
　の可能性を広げる』ダイヤモンド社、2015 年（日本の人事部「HR アワード 2016」
　書籍部門ノミネート）

Mechanisms of Cross-Boundary Learning: Communities of Practice and Job Crafting, （共著）
　Cambridge Scholars Publishing, 2019.
　　そのほか著書多数

論文：

Role of knowledge brokers in communities of practice in Japan, *Journal of Knowledge Management*,
　Vol.20, No.6, 2016.

「大学生のアルバイト経験が職業能力とジェネリックスキルに与える影響」『人材
　育成研究』Vol.13, No.1, 2017 年（2018 年人材育成学会論文賞）

「インストラクショナルデザイン理論に基づくインターンシッププログラムの学習
　効果」『人材育成研究』Vol.12, No.1, 2016 年（2016 年人材育成学会奨励賞）
　　そのほか論文多数

越境的学習のメカニズム
——実践共同体を往還しキャリア構築するナレッジ・ブローカーの実像

2018 年 1 月 25 日　初版第 1 刷発行
2023 年 8 月 1 日　　　第 3 刷発行

著　者　　石　山　恒　貴

発行者　　宮　下　基　幸

発行所　　福村出版株式会社
〒 113-0034　東京都文京区湯島 2-14-11
電　話　03 (5812) 9702
ＦＡＸ　03 (5812) 9705
https://www.fukumura.co.jp

印　刷　　株式会社文化カラー印刷

製　本　　協栄製本株式会社

© Nobutaka Ishiyama 2018
Printed in Japan
ISBN978-4-571-24064-5 C3011
落丁・乱丁本はお取替えいたします
定価はカバーに表示してあります

福村出版◆好評図書

M. L. サビカス 著／水野修次郎・長谷川能扶子 監訳

サビカス キャリア構成理論
●四つの〈物語〉で学ぶキャリアの形成と発達

◎3,500円　　ISBN978-4-571-24106-2　C3011

キャリアカウンセリングの大家サビカスの理論の集大成。4つの物語でキャリアの形成・発達を明らかにする。

M. L. サビカス 著／日本キャリア開発研究センター 監訳／乙須敏紀 訳

サビカス キャリア・カウンセリング理論
●〈自己構成〉によるライフデザインアプローチ

◎2,800円　　ISBN978-4-571-24055-3　C3011

キャリア構成理論の旗手，サビカス初の邦訳。クライエントの人生物語を再構成し，最適な職業選択へと導く。

水野修次郎・長谷川能扶子 著

「仕事」に満足してますか？
●あなたの適職・天職・転機がわかるライフデザイン・ワークブック

◎2,000円　　ISBN978-4-571-24094-2　C0011

レッスンを通して本当にやりたい仕事がわかる！ 今の仕事を続けてよいか悩む社会人，復職が不安な主婦に最適。

S. S. ハンセン 著／平木典子・今野能志・平和俊・横山哲夫 監訳／乙須敏紀 訳

キャリア開発と統合的ライフ・プランニング
●不確実な今を生きる6つの重要課題

◎5,000円　　ISBN978-4-571-24050-8　C3011

グローバルな変化のなかで，人生というキャリアを追求しているキャリア支援の専門家，実践者，研究者に贈る。

渡部昌平 著

キャリア理論家・心理学者77人の人物で学ぶキャリア理論

◎2,600円　　ISBN978-4-571-24099-7　C3011

キャリアコンサルタントが知るべき種々の理論を，それらを提唱した理論家・心理学者の人物像を元に紹介。

渡部昌平 編著

実践家のためのナラティブ／社会構成主義キャリア・カウンセリング
●クライエントとともに〈望ましい状況〉を構築する技法

◎3,000円　　ISBN978-4-571-24061-4　C3011

ナラティブ／社会構成主義キャリア・カウンセリングの現場で活躍する専門家達が，各自の実践ノウハウを公開。

渡部昌平 編著

社会構成主義キャリア・カウンセリングの理論と実践
●ナラティブ，質的アセスメントの活用

◎3,200円　　ISBN978-4-571-24056-0　C3011

社会構成主義キャリア・カウンセリングとナラティブ，またそれらを背景とした質的アセスメントを多面的に詳解。

◎価格は本体価格です。